MARE DI VIN GRECO
Melloni al campo tutto l'anno freschi
Campagna di frittate alte sei braccia
Monte di prouature marzoline
Caua di fegatelli cotti, e buoni
Tiran fiaschi di uin l'artiglerie
PANNIGON
Prendon costui, che lauora in paese,
Il Pegro, e l'Otio sbirri del paese.
Quest'è un paese d'altro, che Alamagna
Doue si sguazza a l'hosteria pagando.
Quiui si da buon tempo, ogni mangiando
Senza dinari, e chiamasi CVCAGNA
Qui chi manco lauora piu guadagna,
E chi non e poltron segli da bando.
Qui senza alcun pensier si ua cantando
La Ghirinetta, che d'amor si lagna.
Qui producon da lor pagnotte, i forni,
Piouendo pioue lasagne, et offelle
E folgorando cascan fegatelli.
Fonti fiumi di grechi, e moscatelli,
Surgono nel paese, e i prati adorni.
Di marzapani son torte, e frittelle.
Et altre cose belle
Come uedete in questa gieografia,
Fatta da un ser così detto bugia.
Nicolo Nelli V·F· 1564·

地獄地圖

THE DEVIL'S ATLAS

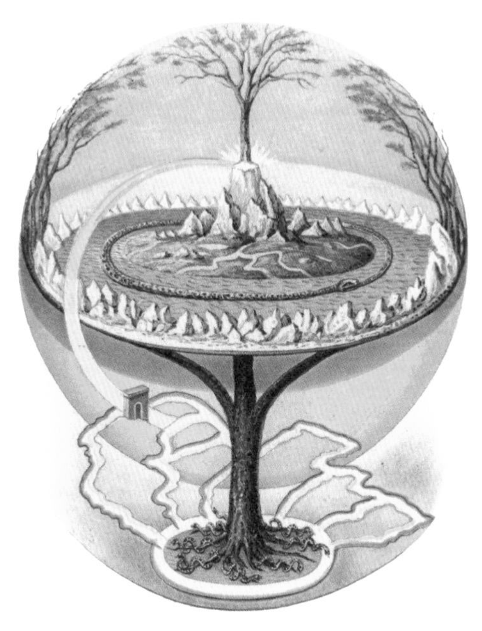

1724年，亞歷山大·皮耶（Alexandre Perier）
著作《罪人的覺悟》（*Desenganno dos Peccadores*）
封面，由德布里（GFL Debrie）雕製而成。

地獄地圖

天堂、煉獄、生命交界，靈魂歸處的終極解答

THE DEVIL'S ATLAS

An Explorer's Guide to Heavens, Hells and Afterworlds

愛德華・布魯克希欽
EDWARD BROOKE-HITCHING

Cōme nr̄e seigr̄ crea adam et porta en paradis terrestre et fait eue de son coste et leur deffent le fruit

獻給法蘭克林和艾瑪

'For they shall be an ornament of grace unto thy head'

Proverbs 1:8-9

因為這要作你頭上的華冠

《舊約・箴言》 1:8-9，和合本

伊甸園，收錄於《貝德福德祈禱書》（*Bedford Hours*）一書。此書可謂現存文獻之中，最為富麗的中世紀泥金裝飾手稿，約莫是在1410至1430年於法國製作完成，乃是貝德福德公爵夫婦（Duke and Duchess of Bedford）送給亨利六世（Henry VI）的禮物。

目次 CONTENTS

死神紋章（coat of arms），出自16世紀德國紋章學手繪本。

引言

我們死後才能摸得到星星。
WE TAKE DEATH TO REACH A STAR .

——文森・梵谷 *Vincent van Gogh*

主後2019年，1月的第31天，發生了一件大事。但若你沒注意到，也構不成無可饒恕的滔天大罪。這天的頭條新聞包括：野火肆虐澳洲塔斯馬尼亞州；73歲的法國帆船手范登・希德（Jean-Luc Van Den Heede）在無任何現代科技的輔助之下，獨自駕駛帆船環遊世界獲得冠軍；美國麻省理工學院研究員公開發表精通UND疊疊樂的機器人（說到這裡，總算是聽到你的驚呼聲了）。然而，所謂的大事，其實是指氣象史創下新紀錄——「地獄」被冰凍了——事實上，地獄鎮（Hell）的氣溫急凍到-26°C，這是百年多來從未經歷過的酷寒溫度。地獄鎮隸屬於美國密西根州利文斯頓郡（Livingston County, Michigan）的非建制區，計有約80位居民，該鎮的口號就是「下地獄吧（Go to Hell）！」這天，極地渦旋來襲，重創房屋，不單單只是造成生活不便，其擾人的程度，差不多就跟全國新聞媒體大肆拿該鎮鎮名來開諷刺玩笑一樣惹人心煩。[1]

我們人類打從出現在這世界上，就一直對死後世界的模樣好奇不已。而我開始萌生想要撰寫這本書的念頭，大約是從2011年開始的，那時我人在倫敦一間專門賣珍本書的小書店地下室，瞥見了一疊相互摺疊的粗紙。那疊粗紙嚴重泛黃斑駁不說，皺褶處還帶著幾分陰森感，不過把整張粗紙打開之後，卻讓我大開眼界。紙上畫作的名稱是《天國的地圖與道路指引》（*La carte du royaume des cieux, avec le chemin pour y aller*），詳細描繪了天堂、滌罪所（purgatory）、地獄的壯觀景象，推測這應是1650年巴黎街頭張貼的勸世大型畫作（圖見195頁）。此幅畫的繪製過程想必相當費工，創作者將那不可見的世界裡，我們無從知曉的空間樣貌，藉由確實的線條和精密估算過的空間比例，出

1 地獄鎮的取名由來有兩個說法，一樣都很可信。第一個說法發生在1830年代某個陽光閃耀無比的午後，一位初來到本地的德國旅行家，在踏出驛馬車的那一刻，瞇著眼睛在陽光下對同行夥伴讚嘆道：「So schön hell!」（好美的光！）當地人在一旁聽到了這句話，自此就把該地取名為「hell」。老實說，我比較中意第二個說法：第一位來到這裡定居的拓荒者喬治・里維斯（George Reeves）被問到該如何給這地方命名時，喬治回想起那一群群的蚊子、又黑又密的森林、危險難測的濕地，還有一堆初到這裡所遭遇的痛楚，於是回答：「我才不在乎取什麼名字！叫地獄我也不管！」你瞧，1841年10月13日，此地果真就命名為地獄了。

拜火教的地獄虐刑，出自先知瑣羅亞斯德（Zarathustra）之作《阿達維拉茲書》（*Book of Ardā Wīrāz*），此作約莫是1589年的版本。

色地捕捉到了這雄大主題的精髓所在。我著迷地細細欣賞這幅畫，越是沉浸其中，就越能領會它的傑出之處；不光是由於它的形式罕見——這種街頭張貼用的海報很容易就會被隨意丟棄，能留到今日真的非常稀奇——更因為這幅畫的「地圖」主題。打開世界地圖，除了能找到前面提到的利文斯頓郡地獄鎮，還可看到天堂（Heaven）、樂園（Paradise）……等各種以另一個世界為命名靈感的地名。[2]那麼，有多少地圖能指引我們前往這些靈感來源的所在位置呢？

想要撰寫這本書的念頭點燃了我的熱忱，自此開始，我便在世界各地尋找與死後世界有關的各類作品，年代貫穿古今，找尋了各種敘述性和繪製塗刷的資料。我花了將近十年的時間，這個死亡系列的收藏才逐漸成形，從世界各處蒐

2 挪威也有個地獄鎮「Hell」，遊客會在火車站的標示牌前自拍，牌子上除了地獄站名，還寫著「GODS-EXPEDITION」，英文是「上蒂遠征」之意，但其實這是「貨運服務」在古挪威文的寫法。挪威小姐莫娜．葛烈特（Mona Grudt）的家鄉正是此地，因此她自稱自己是「來自地獄的選美皇后」（The beauty queen from Hell），同時也為1990年的環球小姐比賽增添了些許懸疑氛圍。

集來的文獻資料中，有圖書館館藏資料，有私人收藏，還有在商店裡幸運挖到的寶貝。舉個在法國的例子，我在布列塔尼（Brittany）一帶的古董店裡，挖到一個讓我下巴差點掉下來的珍寶，這是一幅16世紀繪製在羊皮紙上的畫作，以獨特的斜角對切方式，呈現拜火教的天堂與地獄（圖見28頁）。另有一次，我去拜訪一位波蘭商人，結果找到了據傳是18世紀晚期，以輕浮嬉笑的反基督為主題的肖像創作（圖見103頁）。還有一次，我在馬德里找到一封象形文字的書信，內容竟是惡魔寫的信！實在相當有趣。諸如此類的境遇，我還有很多很多。

我也四處拜訪歐洲城鎮，找到許多繪製在教堂牆壁上的大型濕壁畫（fresco），以及文藝復興時期的偉大作品，內容有描述天堂的，也有講述地獄的畫作。我還去了中世紀的「死亡壁畫」（doom murals）朝聖，全是些深藏在英國全國各地教會的畫作，像是在倫敦南方的薩里郡查爾頓村（Chaldon, Surrey），就有一幅5.2公尺寬的巨型畫作（圖見85頁）。而本書正是我這麼多年來，尋尋覓覓的結晶與成果。

這是一本關於另一個世界的圖冊，指引讀者一窺這「未曾被發掘的國度，且沒有旅行家能從這國度歸來」（出自莎士比亞在《哈姆雷特》第3幕第1場寫的台詞）。在這個國度裡，有城鎮、有群山、有宮殿、有地底世界、有苦虐牢房、有飲血廊廳、有惡魔議會、有金色田野，還有流滿鮮血的河川，以及整片火海的湖泊，全加在一起，就成了世界各地宗教與文化裡的死後世界。這些地方究竟長成什麼模樣？在這裡，我們又會遇見誰？

幾百年以來，許多專家學者、藝術家、製圖專家都著手回應了這類棘手難解的問題，但有點知識背景的人都曉得，人類是找不出答案的。在此，本書詳細紀錄了各種相關的資料文獻，將無法繪製的東西描繪出來，將難以描述的東西呈現出來，為的就是要探尋那無法探索的領域。在此先說清楚了，這不是一本講述世界宗教歷史的書，也沒有要探究為何會這樣那樣的類似問題，更沒有要討論各種的為什麼，而是專注於探討**在何處**的一本書。期望讀者可以抱持著普世觀的精神，一起洞悉歷史上攸關死亡的各種想像，而長久以來，這也一直是個讓人感到坐立難安的議題。

目前有關死後世界的具體描述，全都出自於非常古老且受到尊崇的文獻，像是猶太教和基督教共有的《聖經》、伊斯蘭教的《可蘭經》（*The Qur'an*）和《聖訓》（*Hadiths*），以及其他只有內行人才曉得的資料，像是末日啟示證詞（apocalyptic testimonies）、屬天啟示（divine revelations）等，甚至還有非教徒的其他多元觀點。本書除了探討相關典籍文獻，也會附上相關創作，作品全都是藝術家和製圖家

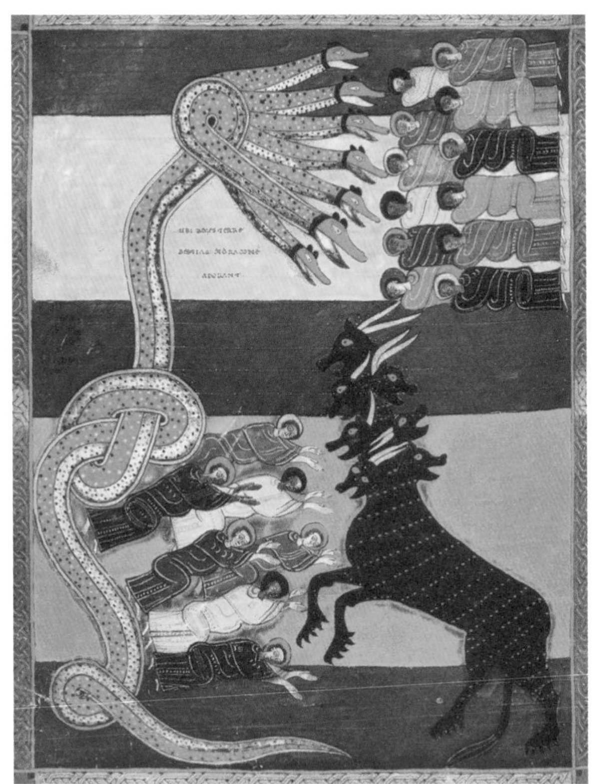

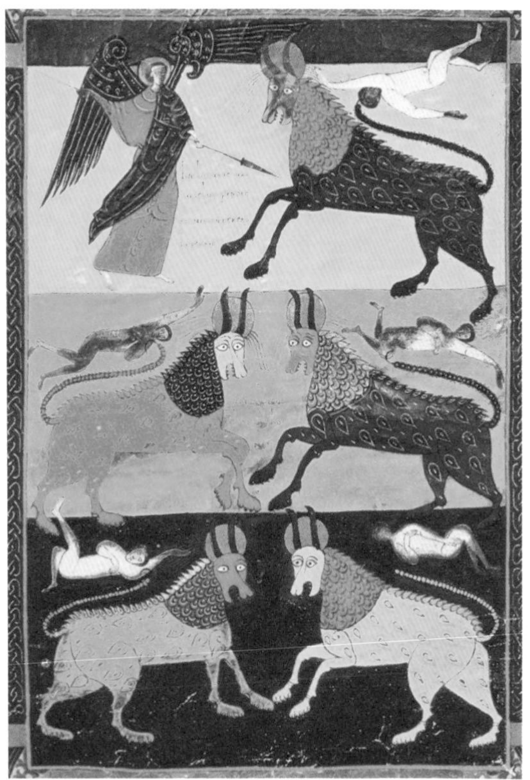

左圖：《龍把能量傳授給野獸》（*The Dragon gives his power to the Beast*）。右圖：《第五號角蝗蟲化身為英雄》（*The fifth trumpet, the locusts transform into horses*）。兩幅畫都出自8世紀黎耶巴納的比亞圖斯（Beatus of Liébana）著作《啟示錄注釋書》（*Commentary on the Apocalypse*）。

在所屬的年代，受到此類文獻描述啟發所繪製而成的作品。此外，本書也可做為死後世界探險員的田野手冊，因為書中會紀錄各種天上的動植物，以及在各個地方見到的一切、聞到的氣味、聽到的聲響，還有不同宗教地理環境中會出現的各種惡魔與神明形象。

其中每當遇到有人把在地球上使用的度量衡，實際套用在那些難以描述的地方時，總會讓我覺得十分有趣，而時間就是最常見的一種。像是許多中世紀基督教的月曆上，便把2月13日這天標示為地獄創建日。印度教中，整個宇宙所存在的時間只是梵天（Brahma）在一天之中做的一場白日夢而已，但對我們來說，這場白日夢可是延續了340億年之久；當梵天的一天接近黃昏，宇宙就會隨之黯淡消失，接著隔日，梵天會展開新的一天，又會再做一場新的白日夢。這讓人想起艾什爾（Ash'ari）的神學觀點，也就是阿拉（Allah）從未停止毀滅與再造宇宙，部分穆斯林哲學家也贊同此看法（絕妙的是，這個論點竟然近似於現代的量子場論，該理論認為，我們的存在其實在每一秒鐘，都被不斷地消滅與再造）。

另一個時常引來智者爭論的話題，就是天堂與地獄裡的住民。神學家湯瑪斯．伯納特（Thomas Burnet）的推論指出，天堂裡有政府機關，且還有國家之分，所以即便在

第12、13頁圖：法蘭德斯畫家克萊斯貝的尤斯（Joos van Craesbeeck）於約莫1650年繪製的《聖安東尼的誘惑》（*The Temptation of St Anthony*）。畫中聖安東尼被魔鬼折磨，而周遭環境都是出自尤斯的想像（畫中央的那顆大頭即是畫家本人）。

「天上」，英國人、法國人、德國人、義大利人也都還是分開的。另有許多學者詳細研究《聖經》的最後一卷書《啟示錄》（*Revelation*），計算出惡人的數量和地獄的階層；中世紀數學家麥可·斯科特（Michel Scot，生於1175年，約卒於1232年）得到的數字是14,198,580，西班牙主教亞爾豐索（Alphonsus de Spina，活躍於1491年）提出的數字擴張到133,306,608，且還做了魔鬼分類。就連1591年國王詹姆士六世（King James VI）以及其他許多人，也都做了不少分析，其中特別邪惡的就屬1818年雅克·科蘭·布蘭西（Jacques Collin de Plancy）在《地獄辭典》（*Dictionnaire infernal*）所提出的階層分類，該書於1863年再版時，還附上69張各種不同的惡魔畫作，我們也是從中得知地獄裡的階層組織，以及各種惡魔的解釋說明，像是十大主要惡魔之中排名第八順位的「火王」阿得梅克（Adramelech, king of fire），其實是地獄大總理。

雷根斯堡的柏托德（Berthold of Regensburg，約生於1210年，卒於1272年）是方濟會托缽會修士，他相信10萬人中只有1位能獲准進到天堂；這想法的確符合《啟示錄》21章對天堂的敘述，也就是只有少部分的基督徒可以進到天堂。《啟示錄》還記載，天堂是個正方形，每邊長1萬2000弗隆（furlong）；1弗隆約等於約200公尺，所以基督教的天堂每邊長約2414公里，要是直接擺放到地球上的話，這尺寸大小差不多是美國領土的一半。相對來看，印度教毗濕奴（Vishnu）的天堂毗恭吒（Vaikuntha），其外圍可是長達約128,750 公里。此外，梵文史詩《摩訶波羅多》（*Mahabharata*）揭露梵天的天堂尺寸分別是長約1288公里、寬約644公里，高約64公里。

那麼神的外形和大小呢？13世紀喀巴拉實踐（Practical Kabbalah，猶太教神秘主義）的魔法書《天使拉結爾之書》（*Sefer Raziel HaMalakh*），據傳由天使拉結爾撰寫，書中指出猶太教神明的身高達23億帕拉桑（parasang），等同於116億公里，這尺寸可是超過地球到冥王星的兩倍距離。印度教書籍《美之波流》（*Saundarya Lahari*）據稱是在神秘的蘇迷盧山（Mount Meru）寫成的，該本書告訴我們，整個宇宙只不過是至尊女神摩訶提毗（Mahadevi）腳邊的一粒塵埃罷了。《薄伽梵往世書》（*Bhagavata Purana*）是本很受尊崇的印度教書籍，書中告訴我們整個宇宙的大小實在讓人嘆為觀止，且會完整重複循環，另外還附上一段相當有詩意的話：

上圖：地獄大總理阿得梅克。
下圖：巴力（Bael），地獄的頭一位王。兩幅畫都出自1863年插圖版的《地獄辭典》。

「在這宇宙之外，還有無數個宇宙。雖然宇宙大到沒有邊際，但在你身體裡面卻像顆原子在移動。因此，你是不受邊際限制的。」

製圖方面，文藝復興時期非常著迷於「地獄製圖」，採取實證方式來處理無從量測的空間，為的是要挑戰精準繪製出但丁《神曲．地獄篇》中的景色（圖見108頁），試圖完整繪製出西歐一帶想像中的地獄構造組成。畢竟地獄深埋在地表下那麼深的地方，當有人繪製出但丁這位義大利詩人描述的圓錐狀死後世界時，也沒人有辦法爭論哪裡不妥或是不正確。但對於想在地圖上標出地上天堂（圖見224頁）位置的製圖家來說，可就沒這麼幸運了，因為此時期的製圖剛好正從寓言性製圖，逐漸發展為重新被拿出來應用的托勒密座標系統（Ptolemaic system of coordinates），也就是運用數學計算方式，首次計算出陸地的輪廓。突然之間，地圖轉變成要有實際、精確的地理資訊，那麼傳統認知的伊甸園應該要標在哪裡呢？

啟蒙時代之際，想把天堂和地獄置入物質宇宙之中的難題依舊未解。有著獨門見解的思想家，像是托比亞斯．史文登（Tobias Swinden）在其1714年的著作《地獄本質與地點之調查》（*Enquiry Into the Nature and Place of Hell*）中，重新幫地獄的位置定位，可說是相當巧妙的構思，既聰明簡單，但又因為怪異而驚奇（圖見121頁）。這情況一直延續到現代，仍難以達成共識。有個特別有趣的例子：有位美國博士常上電視佈道，名叫傑克．梵英佩（Jack Van Impe，生於1931年，卒於2020年），隸屬梵英佩事工機構（Jack Van Impe Ministries）；2001年時，梵英佩博士聲稱黑洞符合地獄位置的全數技術資料描述（到了2007年，梵英佩又語出驚人，聲稱在《聖經》裡可以找到汽車的基本設計描述）。

就今日而言，大眾主流思想是如何看待天堂與地獄的呢？2017年，英國電視台BBC做了一份英國宗教信仰調查（UK Religion Survey），發現有46%的人相信人死後還會以某種形式繼續存在，其中有65%的人相信死後要不是進天堂，要不就是下地獄。此外，美國相信撒旦的人數顯然是越來越多，根據近幾十年來的蓋洛普民意調查，1990年時，美國有55%的人表示自己相信有撒旦，到了2001年，數目成長到68%，2007年則來到70%。還有另一家媒體捷孚凱民意調查（GfK poll）在2011年發現，美國成人中有77%的人相信

智利奇洛埃群島上長了一顆傳奇的樹，據說樹的形狀像極了在十字架上的耶穌；出自1791年神父佩德羅．貢札雷茲．阿奎羅斯（Pedro Gonzalez de Agueros）的《繪製古奇洛埃群島》（*Descripción historial archipielago de Chiloé*）。

《人的靈魂》（The Soul of Man），出自1705年英文版的《世界圖繪》（*The World of Things Obvious to the Senses*），為第一本專為孩童教育編制的圖畫書。

有天使。1997年時，《美國新聞與世界報導》（*US News & World Report*）找到1000位美國人，詢問他們認為哪些人「很有可能」進到天堂，結果比爾·柯林頓（Bill Clinton）獲得52%的人認可，黛安娜王妃（Princess Diana）是60%，德蕾莎修女（Mother Theresa）是79%，至於獲得87%認可的榜首，則是回覆問卷的本人，他們都投給了自己一票。

現代主流的各種信念之中，天堂與地獄的蓬勃發展程度不盡相同，但仍是屬於直覺本能上的興趣，進而相信有個神祕的未來將會來到。本書蒐集與此有關的敘述、地圖、畫作，以及各種材料創作的作品，整個工程簡直是無窮無盡，原因正是因為實在有太多人都努力想要完成這項不可能達成的工作。的確，正如5世紀聖奧古斯丁（St Augustine，生於354年，卒於430年）把「ineffabilis」（難以言喻）這個拉丁字引入神學領域時，他表示，與其解釋神和天堂到底是什麼，不如解釋神和天堂不是什麼才比較簡單。在未來等著我們的世界，根本就超出人類語言所能表達的範疇。聖奧古斯丁還引用了保羅（Paul）在《哥林多前書》（1 Corinthians）2章9節所寫的一段話：「神為愛他的人所預備的，是眼睛未曾見過，耳朵未曾聽過，人心也未曾想到的。」總而言之，本書整理出人類為了揭開秘密，努力數千年的成果。

右頁圖：1498年，阿布雷希特·杜勒（Albrecht Dürer）的木刻版畫《啟示錄四騎士》。

地獄與地底世界

歡迎來到地獄！來句但丁進到地獄前瞥見的一句話：「凡從這兒進入的人，撇棄所有希望吧！」（Abandon all hope, ye who enter here.）受到這句話的啟發，奧古斯特丁．羅丹（Auguste Rodin）構想出了名作《地獄門》（*The Gates of Hell*），觀賞者可望向這道地獄門，想像自己受邀入內遊走。以歷史的角度來看，地球上真的有幾個「真實」（真實讓人害怕的）入口，可前往不同信仰的地獄和地底世界。

時間一到就會進到地獄，這點每個信仰都一樣（但也沒有明確的規則就是了，這部分我們後續會再談到）。倒是現實世界的地理環境之中，多種地形和地點串接起地球與信仰領地。為了要到古時的黑帝斯（Hades），前往黑暗王國（Kingdom of the Shades），可以跟隨奧費斯（Orpheus）和大力士海克力斯（Herules）的腳步，來到希臘本島最南端的馬塔潘角的洞穴（Cape Matapan Caves），又或者是前往梅索波達摩（Mesopotamos）艾菲拉的奈格邁德依雍（Necromanteion of Ephyra）。長久以來，火山就與炙熱的地底世界入口扯上關係；冰島有座層狀火山，叫做赫克拉火山（Hekla），按照基督教的傳統，這座火山是前往撒旦火坑的入口。中國的話，重慶市有個「豐都鬼城」，著名地標有鬼門關和望鄉台，還有許多隨處可見的雕像，展現惡鬼日常施虐的場景。

上述的入口都只能讓我們輕輕一瞥地獄的情形，可是到底地獄和地底世界是如何運作的呢？想要探究全球的死後信仰，就必須先從非洲開始，特別是那些擁有最華麗的祭祀禮儀、對於死後世界有著最縝密想像的非洲古文明，重新回顧它們是如何點亮人類的思想之光。

背景圖：1695年，為了討波蘭國王奧古斯特二世（Augustus II）的歡心，德勒斯登市（Dresden）舉辦了一場遊行，本圖為隊伍中的惡魔花車。

HELLS AND UNDERWORLDS

《地獄門》；羅丹直到1917年逝世前，花費了37年的時間，雕刻這座以但丁《神曲．地獄篇》為場景的作品，現藏於墨西哥市的索馬亞博物館（Museo Soumaya）。

古埃及的杜埃

THE ANCIENT EGYPTIAN DUAT

談到古埃及人，我們就會聯想到死亡，因為埃及文化存留至今的形象，便是比其他文明都還要注重、講究死後的祭祀儀式。埃及人的日常住所是用蘆葦桿、木頭、泥磚建造而成，早就已經消滅殆盡，不過法老王用石頭砌成的墳墓卻挺過了數千年的摧殘，成為我們對遠古創造者的形象記憶。木乃伊屍體是埃及人相信要擁有美滿死後生活必得做的事，這想法仍殘存在現代大眾文化之中。談到古埃及文明，我們想得到的知名埃及文物都與葬禮有關。遠古法老王的金字塔墳墓和各種陪葬品，全都是為了引導及協助亡者能在杜埃（Duat，地底世界）享有榮華富貴。

巫沙布提俑（ushabti）是最常從金字塔挖掘出來的藝品，這是專門為了死後生活的富貴所製作的人偶（見22頁）。《死亡之書》（*Book of the Dead*，原始書名其實沒那麼沉重，而是《通往光明之書》*Book of Emerging Forth into the Light*），這本形象頗為負面的一本書是由多位祭司歷時一千多年彙編而成，內容包含與祭祀相關的咒語，目的是要幫助過世的人順利走完杜埃這段旅程。人偶身上通常都刻有《死亡之書》第6章經文，連同其他陪葬品一起被放入墳墓，任務是協助處理亡者在死後生活中的大小事情（刻在人偶腳上的經文，代表著他們願意卑躬屈膝服侍過世的人）。數量僅次於巫沙布提俑的是聖甲蟲雕飾，一種甲蟲造型的護身符，兼具掌管封印的作用，於早期新王國時期（New Kingdom）被大量使用，負責在墳墓裡看守木乃伊，在儀式裡具有保護效力。

埃及人過世之後，終極目標就是要抵達極樂的奧西里斯王國（Kingdom of Osiris），以及蘆葦田（A'aru），也稱為「燈心草田」（Fields of Rushes，見150頁），這是在地上行為正直的人才能獲得的獎賞。所以，埃及人滿懷期待，並在墳墓的牆面上，雕繪鬱鬱蔥蔥的景色作為裝飾。門納（Menna）生前是管理皇室貴族資產的管家，他的墳墓位於埃及東部樂蜀（Luxor）附近的貴族谷（Valley of the Nobles），其中便有此類的牆面裝飾（有機會在此住下的皇家貴族啊，你們有巫沙布提俑這群助手幫你們耕耘富饒的麥田，別憂心了）。不過，想要順利抵達這極樂之地，人死後得設法完成杜埃這段旅途，來到瑪特女神之殿（Hall of

亞尼（Ani）在底比斯王朝（Theban）負責掌管文書，此圖乃出自亞尼的《死亡之書》，約是在西元前1250年製作完成。圖中描繪有著人頭鳥身的巴鳥（ba），這是多種人類靈魂想像的其中一種。

這份古埃及莎草紙繪製了死後世界的旅途，正式的作品全名為《給阿蒙神殿財產保管人的死後生活指南，及各種神祕世界險境的象徵描繪》（*Guide to the Afterlife for the Custodian of the Property of the Amon Temple Amonemwidja with Symbolic Illustrations Concerning the Dangers in the Netherworld*）。

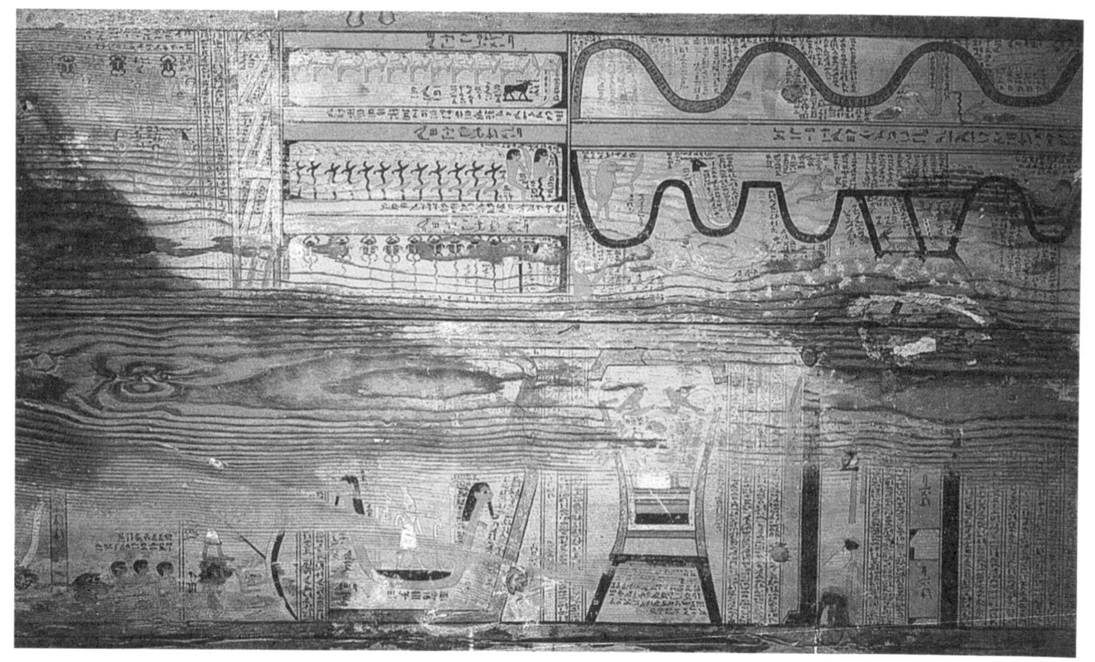

谷娃（Gua）是首長底庫地侯特（Djehutyhotep）的醫生，此圖出自西元前1795年谷娃的棺材。此畫說明了人在死後前往死後世界有海陸「兩種途徑」，迂迴的線條構成一張指引死人抵達死後世界的地底地圖，就連假門也畫入其中，方便死人的卡（ka，靈魂）知道要避開。

Ma'at）「秤一秤心的重量」，此份判斷工作是由犬頭人身之神阿努比斯（Anubis）負責，冥王奧西里斯（Osiris）也會在一旁緊盯監督。

想要順利通過審判，就務必確實遵守《死亡之書》裡的每一步指示：包括牢記全部42位神明與惡魔，祂們全是在死後世界的旅途上會遇到的對象，還要記得旅途中會經過的每一個地點。亡者更必須肯定表示自己生前沒有犯下42項罪過中的任何一項，因為只要有犯罪，就可能無法通過考驗；「我沒有褻瀆過神，我沒有對孤兒痛下狠手，我沒有做神所不喜愛的事……我沒殺人，我沒有把人交給凶手……我沒有從孩童的嘴中搶走奶，我沒有把小牛從草原上趕走……」等等，且要完完整整講完才行。接著，阿努比斯就要來審判了，祂會取人的心和一根羽毛比較重量，因為羽毛在埃及

象徵正義、和諧、平衡，意即瑪特（ma'at）。一顆公正的心，輕如空氣，所以比羽毛還重的心便無法通過審判，會被專吃靈魂的阿米特（Ammit）給吞食掉。不幸沒通過審判的死人於是只能止步於此，至於通過的靈魂則會獲准繼續前行，進入蘆葦田。

就算有好好遵照《死亡之書》或是其他類似文字的指引，想要順利前往另一個世界，依舊不是件簡單的事。遊蕩的亡者得克服艱困的地形，以及各種靈界的陷阱。每個區域、宮廳、陰暗的角落，隨處都有相當血腥的肉體虐待和懲罰，不過最讓人感到新奇的是，這裡竟有著上下顛倒的的引力。

正如世間把燈心草田誇大成完美的天堂，埃及神秘世界與人類大自然界的秩序呈現顛倒的鏡像關係。現在罪人都在地球這塊平地之下的地底世界了，由於踩踏在活人世界的下方，所以勢必得顛倒過來行走，否則便會直直掉落。一般認為，這麼一來，人死後的消化機制也會上下調換，排便會改從嘴巴狂瀉而出。《金字塔文》（*Pyramid Texts*）是埃及最古老的墓文和魔法文字，我們在其中第 210 節談話中找到一些文獻，指出法老王準備進入死後世界時，要求要吃一頓烤小牛，但又擔心之後要顛倒走路，會有慘不忍睹的下場：「我不喜歡糞便，也不愛尿液……我絕對不要吃這兩種討厭的東西。」

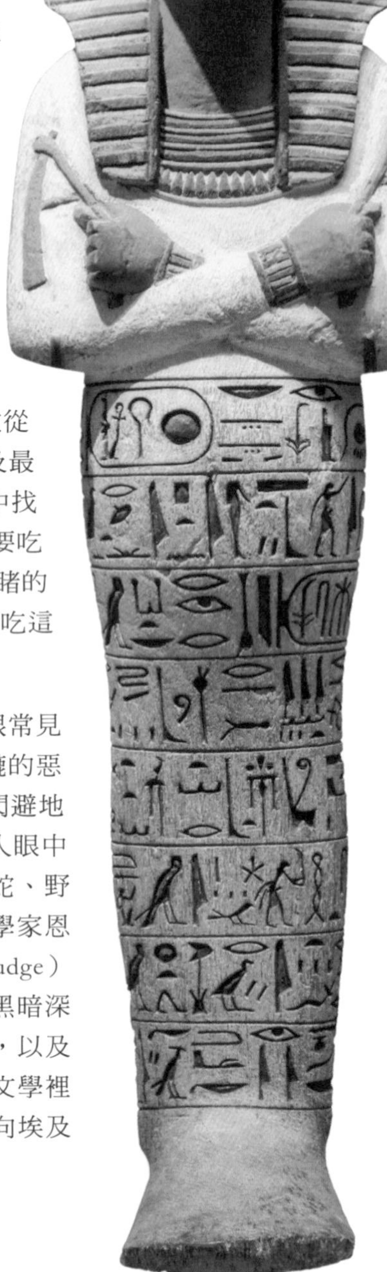

亡者必須避開滿是烈火的湖泊（這是在地獄裡很常見的地形），因為在那裡等待著的，是一群群飢腸轆轆的惡鬼，他們把那當成烤肉的大爐子。遊蕩的死人也得閃避地底世界裡的狒狒，只要一不警慎，就會被這隻埃及人眼中的神秘動物給斬首。另外，飢餓的地獄豬、鱷魚、蛇、野狗也會在黑暗平原上獵食，所以得格外留心。埃及學家恩奈斯特．阿爾弗雷德．華立斯．巴吉（E. A. Wallis Budge）曾寫道：「每本書都會談到那個異世界……火坑、黑暗深淵、噴火龍、駭人的怪物和其他有動物頭顱的生物，以及各方面都相當殘暴凶猛的生物……都跟中世紀早期文學裡寫的很像。看來幾乎可以確定的是，現代各國都是向埃及習得地獄相關的概念。」

上圖：胡內弗爾（Hunefer，約活躍於西元前1300年）在第十九王朝負責掌管文書，此圖是出自胡內弗爾的《死亡之書》。由左至右，阿努比斯手牽著胡內弗爾，領他來審判、上秤。胡內弗爾的心被放在鍋子裡，和羽毛比較重量。結果，胡內弗爾通過審判，被奧西里斯的兒子荷魯斯（Horus）帶到奧西里斯面前。要是胡內弗爾沒有通過審判，就會直接被圖中間那隻阿米特吃掉。阿米特是隻凶殘的「吞食生物」，身體組成有部分是鱷魚，部分是獅子，還有部分是河馬。

左圖：《金字塔文》的細節近照，出自法老王特提（Teti，統治期為西元前2323至2291年）的金字塔，位在開羅以南的薩卡拉（Saqqar），這一帶是古埃及首都孟菲斯（Memphis）的古塚。

左頁圖：巫沙布提俑（陪葬俑），象徵法老王拉美西斯四世（Ramesses IV），製作於西元前1143至1136年，時值埃及的第二十王朝（西元前1189年至1077年）。

古美索不達米亞的庫爾神秘世界
THE KUR NETHERWORLD OF ANCIENT MESOPOTAMIA

有著兩對翅膀的精靈在生命樹（刻在另一塊石板上）的前面，從籃子裡拿出花粉撒下賜福。此浮雕作品是刻在亞述國王薩爾恭二世王宮（Palace of King Sargon II）北面的牆壁上，這座王宮位在亞述帝國的杜爾沙魯金（Dur Sharrukin, Assyria），也就是今日伊拉克境內的科爾沙巴德（Khorsabad），完成時間介於西元前716至713年之間。

古美索不達米亞人一出生就是為了迎接死亡。舊巴比倫時期的史詩《阿特拉哈西斯》（*Atrahasis*）指出，維依魯（We-ilu）是叛亂之神，而諸神為了創造人類便殺了維依魯，取維依魯的血混合黏土製成人類。因此，人類身上同時具有地上和天上的成分，不過人並不會因為擁有屬天的元素而獲得永恆。在蘇美文明裡，智慧與魔法之神恩基（Enki）直接點出，死亡從人一來到世上的那一刻起就一直在等著了。的確如此，在美索不達米亞的文獻之中，最常見關於死亡的委婉說法是「這是每個人命中註定的事」。《吉爾伽美什史詩》（*Epic of Gilgamesh*）的目的就是要說服讀者明白，追求永恆不死是沒有意義的，反之，人應該要靠著在地上的功成名就來過活，至於不死的生命，則會活在其他人的記憶之中。[3]

左頁圖：取名為夜后（the Queen of the Night）的美索不達米亞石板，製作於西元前1800至1750年之間。翅膀展開，獅子待在爪腳邊慵懶，這位女神象徵伊絲塔／伊南娜（Ishtar / Inanna），也就是那位在地底世界被殺死、吊在火刑柱上的女神。從殘留的色素屑片得知，人物和貓頭鷹的部分原本有上紅色的漆。

3 這讓人想起伍迪．艾倫（Woody Allen）對死亡的評論：「我不想要藉由工作來得到永生，我想要因為不死而得到永恆。我不想要藉由活在同胞心中而存活下去，我想要一直活著住在我的公寓裡。」

不同於埃及墳墓的豐沛文獻，目前並未找到古美索不達米亞對於死後世界的說明指南。因此，為了能夠滿足對近東文化（Near Eastern cultures）的想像，我們改從西元前3000至1000年之間大量且多元的文學創作中，拼揍出蛛絲馬跡，因為當中常會探討到死亡和地獄。

天堂是神明才能住的家，死後的人都要前往陰暗、無色無彩的神秘世界，這地方有許多不同的名字。在蘇美文明裡，稱為庫爾（Kur）、伊里伽爾（Irkalla）、庫庫（Kukku）、阿拉利（Arali）、基伽勒（Kigal），阿卡德語（Akkadian）則稱之為爾賽圖（Ersetu）。比喻而言，庫爾是個很遙遠的地方，但實體而言，則是位在地球表面下不遠的洞穴裡，這裡被形容是「沒有回頭路之地」、「有去無返的屋子」。庫爾也被想像成是間用沙子做成的大屋子，有沙子積壓而成的螺栓和門，連屋子本體也是沙子做的。當然了，沙子也成了死人的飲食來源（在地上奔喪的家屬，依據傳統會往沙子裡倒酒水，為的就是要送去給亡者享用）。

一般認為，在札格羅斯（Zagros）山脈裡可以找到前往庫爾的通道，那是一個往下直通地底世界入口的階梯。然而，根據其他傳統信仰，前往庫爾的入口其實位在遙遠西方一個難以想像的偏遠之地（暗指真正的河川是在距離蘇美很遙遠的地方，有時也被稱為「通往地底世界的河川」），位於另一個地底神話之地阿勃祖（Abzu）的下方，而阿勃祖是地底下的淡水聚集之處。

再次與古埃及比較來看，蘇美文明裡，死去的人無須面對社會階層的問題。有些文獻把庫爾描述成牢不可破的堡壘城市，蘇美語稱之為伊瑞革（iri-gal），在此設有7處門緊緊的入口，且進去了就無法再回到活人的世界。在這個神秘世界裡的生活，可說是陰暗、無生氣版本的地上生活，不過掌管正義的太陽神沙瑪什（Shamash）每晚穿越整個宇宙時，都會遊走地底世界一回，因此黑暗就會天天隨之劃破。地底世界既沒有充滿歡笑，也不是極其苦惱，就只是個枯燥無趣版本的人間生活，不是我們認知的那種地獄生活，但卻和充滿開心與活力的天堂成為

右頁上圖：楔形文字石板，刻有伊南娜（Inanna）下到地底世界的傳奇故事，出自亞述巴尼拔國王（King Ashurbanipal，統治期為西元前669至631年）的圖書館。

右頁下圖：巴比倫咒語碗，上頭有用亞蘭語（Aramaic）描述惡魔的一段文字，來自6至7世紀。這種「抓惡魔的碗」會放置在門邊地上，用來捕捉從地底下冒出來、想衝進家裡的惡魔。

一位在敬拜的美索不達米亞男性，製作完成於西元前2750至2600年間，地點是在伊施努那（Eshnunna，現今伊拉克的泰爾阿斯瑪〔Tell Asmar〕）。這座雕像放置在泰爾阿斯瑪的矩形殿（Square Temple）內，代替所要代表的人，不停歇地敬拜禱告。

對比。通常不會有依據在世行為決定獎賞或處罰的審判系統，但埋葬的條件倒是會決定你下一次存在的狀態。

把地底世界描述最為栩栩如生的，非《伊南娜下冥界》（*Descent of Inanna into the Underworld*）這則蘇美故事莫屬了。這故事是在講述「天后」（Queen of Heaven，阿卡德族一開始是以伊絲塔〔Ishtar〕之名來敬拜）到庫爾去的故事。天后是掌管性愛與戰爭的女神，同時也是在天上執行正義的女神。地底世界是由天后的姐妹埃列什基伽勒（Ereshkigal）負責管理，埃列什基伽勒住在地底王宮甘茲爾（Ganzir）裡頭，且已經結了婚，但在不同版本的故事裡有不一樣的老公，有說她嫁給安努的運河巡官（canal-inspector of Anu）古伽蘭那（Gugalanna），後來也有比較精彩的版本，說她是嫁給死神奈格爾（Nergal）。

蘇美版的故事是這樣的，伊南娜來到入口，要求進入地底世界。埃列什基伽勒同意伊南娜通過七道入口，但伊南娜得用盡氣力開啟每一道門才行。這等於是迫使伊南娜使出混身力氣才能把自己擠進去，且每通過一道入口，伊南娜身上的衣服就會被扯掉一塊，並逐漸失去氣力。等到伊南娜抵達埃列什基伽勒的王宮時，已是全身赤裸，但她還是想辦法打贏了埃列什基伽勒。後來一群居在此的眾神，名為「阿努納基（Anunnaki）」，聽到這件事情後非常憤怒，便把伊南娜變成一具屍體，掛在鉤子上。

最後，埃列什基伽勒同意將生命之水和食物灑到伊南娜的屍體上，好讓伊南娜復活，但有個條件，那就是要換取一條活命。伊南娜表示，不可以是她那忠誠的僕人寧舒布爾（Ninshubur），也不可以是美容師撒拉（Shara），因為撒拉有為伊南娜的死哭泣哀傷。後來，埃列什基伽勒的惡魔伽拉（galla）提議取杜姆茲（Dumuzid）的命。杜姆茲是伊南娜的另一半，是一位牧人，面對伊南娜的死，他倒是調適良好，成天玉石錦服，坐在老婆的王位上，任由女僕逗樂，笑得開懷。生氣的伊南娜隨即同意，命令惡魔去抓杜姆茲。杜姆被拖到這神秘世界時，衣領上還有剛沾上去的唇印。接著，伊南娜就獲准回到地上的世界了。

拜火教的死後世界：謊言堂和聖樂堂

ZOROASTRIAN AFTERWORLDS: THE HOUSE OF LIES AND THE HOUSE OF SONG

尉各伽墓（Tomb of Wirkak），一般也稱為史君墓（Tomb of Master Shi），建造於西元580年（北周時期），但卻是到2003年才在中國陝西西安市未央區被挖掘出來。這石棺上的淺浮雕作品非常豐富，內容是關於拜火教的神明和各種獻祭場景。在東面牆上，可以看到史君夫妻倆正要走上欽瓦特橋，準備被接到天國去。

拜火教又稱祆教（Zoroastrianism，又稱 Mazdayasna），屬於世界上最古老且持續有在奉行的宗教之一，其依據的是西元前1500至1000年伊朗先知瑣羅亞斯德（Zarathustra，波斯文為「Zartosht」，希臘文為「Zoroaster」）的教導。從這個古老的信仰系統之中，我們找到了架構起全球信仰的核心教條。先知瑣羅亞斯德否定掉伊朗雅利安人（Irano-Aryan）的古代宗教，開始教導大家要敬拜的神只有一位，也就是阿胡拉．瑪茲達（Ahura Mazda），祂是智慧之主，這世界都是祂創造的。而這麼一來，先知瑣羅亞斯德除了加深印度雅利安人（Indian-Aryan）和伊朗人之間的鴻溝之外，同時也可能成為歷史上頭一位講述一神論的人。

伊朗帝國擁有超過千年的歷史，從西元前550至330年的阿契美尼德帝國（Achaemenid），到西元前247至224年的帕提亞帝國（Parthian Empire），再到西元224至651年波斯薩珊王朝（Sasanian Empire）末期凋零的拜火教政府。這麼一段期間裡，拜火教在近東和中東地區一直都是有著重大文化影響力的宗教。舉例來說，這股影響力讓猶太教漸漸發展出末世的觀念，包括死亡、審判、靈魂和惡魔最後的終點，且分支出來的思想也進到基督教裡，後來更進入伊斯蘭教之中。

當然，神只有一位，不代表就沒有其他超自然的生物，以及靈魂引領者的存在。拜火教虔誠信徒過世之後，會跋涉前往地獄，來到欽瓦特橋（Chinvat bridge），這趟旅途之中便會認識到神以外的鬼神。《阿維斯陀》（*Avesta*）彙編了拜火教經文，其核心落在解說敬拜儀式，也就是《亞斯那》（*Yasna*），計有17首瑣羅亞斯德編寫的讚歌，稱為《卡塔斯》（*Gathas*）。

左頁圖：16世紀精美的羊皮紙繪畫，與眾不同的是這幅畫採用斜切對半的方式，畫出拜火教的地獄與天堂。左邊部分是靈魂被惡魔、蛇、蠍給吞噬、凌虐，右邊部分可以看到其他的靈魂被迎入進到太陽的光照裡。

在古老的詩句之中，我們找到最早有關死後世界的關鍵參考敘述，像是《亞斯那》46篇11節就提到壞人達納（daēnā，這個字有許多種翻譯，但基本上就是指一個人的良知本性）來到欽瓦特橋的謊言堂（House of Lies）作客。根據末世觀念的傳統，欽瓦特橋（亦稱為「分離橋」，若依據較近代的思想，也可稱為「討債橋」）是這個世界與下一個世界的連接點，每個啟程的靈魂都得經過這座橋，近似於伊斯蘭教的色拉特橋（As-Sirāt，見60頁）。欽瓦特橋的橋頭是在地上世界這邊，位在神話中的哈巴茲山（Harburz）山峰，往南來到橋的終點，即可通往天國聖樂堂（House of Song）。依據中古波斯語（Middle Persian）寫成的《眉那谷咿傅拉多》（*Mēnōg-ī Khrad*），欽瓦特橋的橋身懸掛在地獄上方，「很高」、「很恐怖」。《阿維斯陀》中的《維德達》（*Vidēvdād*）這一卷書指出，有兩隻駭人的狗負責看守橋。《本達依斯》（*Bundahišn*）則寫道，欽瓦特橋看起來像是一把鋒刃，另有文獻形容是「具有許多面的刀刃」。

最後一份描述文獻，談到欽瓦特橋有著強大的「篩查」功能。人死後3天，靈魂便會抵達橋的入口，伴隨靈魂左右的有慈善的神明、也有駭人的惡魔，這一群吵鬧的組合會一路來到密特拉（Mithra）掌管的審理之地。密特拉在拜火教裡，負責守護契約、光明和誓言，也保護真理和監護牛隻。依據《達斯坦依德尼格》（*Dādestān ī dēnīg*）的描述，靈魂的惡行與善行加總起來之後，會放置在屬靈的天秤上；如果這死人是良善的，那麼他的單（dēn）就會顯現成為一位妙齡女子，這是純真擬人化的形象，然後便可通過欽瓦特橋，此時橋會變寬到三十七奈（nay）。穿越橋、通往天國，這可謂是一條簡單的路，就是在氣候宜人、芳香滿溢的春日，「深受祝福，遠離沈痛悲傷」之後，走上奢華的白鼬地毯。

依據《達斯坦依德尼格》，遇到惡行與善行的重量不分軒輊時，就得前往哈米斯坦根（Hamistagan，圖見132頁），那是個停滯不前的地方，死人在這兒可再活一次，改善自己的行為，以賺取善行進到聖樂堂。如果人死後被判定是惡人，那麼單就會顯現為滿臉皺紋、長相醜陋的老太婆，然後領著死人走上那噁心不堪的欽瓦特橋，就像是走入存放屍骨的房子一樣（有著腐爛屍體的墓穴）。此時，橋會縮窄、變尖銳，成刀刃狀，任憑杜魯安特（druuant，不善良的死人）走來跌跌撞撞，並被群鬼惡魔拉到地獄謊言堂裡去。

不過，被流放到地獄並非是永久的判決，地獄的本質比較偏向還有機會被原諒的暫時處置地，和本書他處談到的地獄截然不同。這裡的地獄比較偏向是教化場所，處罰乃是

為了修正以前犯下的錯誤行為。不過，這裡終究不是個討人喜歡的地方，四處都是有毒的煙霧，黑茫茫一片，讓人感到窒息（事實上，拜火教的宇宙起源論書籍《本達依斯》27章53節曾提到，地獄裡的黑暗紮實到可以直接握在手裡，氣味則厚重到可以拿刀子切成塊）。這裡只找得到有毒的食物，靈魂即便被塞進哀哭聲不止的群體之中，仍會被極其孤單的寒意給填滿。

左頁圖和上圖：依據古波斯先知瑣羅亞斯德的教導，以及《阿達維拉茲書》裡的描述，痛苦難忍的施虐處罰在等著違反拜火教律法的死人，此幅作品據悉是完成於1589年。

據稱《阿達維拉茲書》（*Book of Ardā Wīrāz*）這本書完成於波斯薩珊王朝（Sasanian Empire，建於224年，結束於651年）期間，書中作者描述自己的一段夢境旅途，提供我們像圖畫般詳細的地獄模樣敘述。夢境裡，光明之神阿胡拉·瑪茲達（Ahura Mazda）帶著阿達維拉茲去了趟天堂之後，接著就來到地獄，一窺惡人被處罰的狀況。在這段旅途中，阿達維拉茲看到了亞歷山大大帝（Alexander the Great），因為攻佔波斯而被發配到地獄。地獄這個地方像是一口很深很深的井，又黑又臭且還相當狹小。據說地獄生物黑卡史達（Xrafstars）跟山一樣高大，專吃惡人的靈魂。為了處罰違反拜火教律法的惡人，更安排了許多不同的處罰等著，光是針對犯姦淫的，《阿達維拉茲書》就討論了80章（本文提及幾項懲罰）。

9世紀祭司瑪奴斯依荷（Manuščihr）在《達斯坦依德尼格》26章指出，在地獄裡受苦的人是有希望的。被譴責的靈魂終有一天能夠忍受3天行走在熔鐵河川之中的苦難，走出來之後，善良的人會是毫髮無損，而不潔淨之人的惡行會被洗淨，這也是拜火教末世教學的最終篇。未來的某個時間點，月亮會變黑暗，冬日會降臨到這世界上，阿利曼（Ahriman）會從地獄逃脫到地球上為非作歹。正當不知所措之際，拯救的力量會以救世主薩奧希亞那特（Saošyant）的形象來到。薩奧希亞那特原本是位處女，有天在湖泊裡游泳時，因為接觸到先知瑣羅亞斯德的精液而懷了孕。薩奧希亞那特會來拯救死人，包含在天堂的死人、在地獄的死人（神明艾亞曼〔Airyaman〕會用一個大網把死人聚集在一起），以及在靜止之地哈米斯坦根的死人，並把死人浸入熔融的金屬，完成淨化磨難。

因此，地獄是真實的，但不會是永久的：魔鬼會被擊潰（但不會被消滅），大山會崩塌，山谷會隆起，地球和聖樂堂會在月亮上聚集，人類會獲得永生。

古印度的地獄

THE HELLS OF ANCIENT INDIA

在印度教這把大傘底下，孕育出了許多不同的宗教派別。探索其中便會發現，這是一場古老的混戰，各宗派有著截然不同的神明、教條、傳統與哲理。就我們的目的而言，還好印度教各宗派都有論及地獄，這是種以輪迴（saṃsāra）為主軸的觀念，佛教、耆那教（Jainism）亦有輪迴觀念。然而，輪迴這觀念可能與一般對印度末日觀點的看法有所衝突；靈魂是永恆的，長期困在轉生轉世的循環之中。即便如此，印度傳統裡還是有天堂與地獄，用來獎勵、處罰人在一生中所犯下的善行與惡行，不過天堂和地獄並非是剛死去之人的最終目的地，而是在展開新一輪生命之前，審判生前行事為人的地方。印度教和其他宗教相比起來，天堂與地獄的重要性比較小，不過仍傾注了相當可觀的細節。

一如繼往，我們可以藉由搜查宗教文本，來達到與祖先通靈的效果，以利了解地獄如何隨著時間發展與演變。事實上，印度宗教支派發展最初的時期裡，輪迴觀念並不存在，但仍可以在三大古印度文學當中找到有關地獄的文獻記載。歷史最久遠的文獻分別為《吠陀經》（*Vedas*）、《過去如是說》（*Itihasa*，也被稱為「史詩文學」）、《往世書》（*Puranas*，字面上係指「古代的」）。《吠陀經》最具權威性，推斷可能是在西元前2世紀時，第一本用梵語（Sanskrit）寫成的書籍，但其歷史恐怕更加悠久，因為早從西元前2000年開始，其中內容就有很長一段時間都是以口語相傳的方式在傳承。

最早的一卷書是《梨俱吠陀》（*Rigveda*，意指歌頌吠陀），帶我們首次窺見該死之人的地獄，地獄位在世界河川底下的深處。在2卷第39首詩裡，作者哀求眾神之首因陀羅（Indra）不要把自己送去地獄，因為在那裡「罪人周圍盡都是惡鬼，且被放在火堆上的大鍋烹煮……」，那裡有「無底的大山洞」，還可以聽到「石頭大聲擊撞，準備要消滅惡鬼」，並「把我們從深坑和深谷中拯救出來」。在這裡，該死的人（像是笨蛋、叛徒、小偷、吃喝無度的人等）都會被烹煮、燒烤、串成肉串、肢解。《阿闥婆吠陀》（*Atharvaveda*，意即年老有智慧的吠陀）提到，凡是對姓婆羅門（Brahman，印度最高等級的種姓）的人吐口水或犯罪，或是不交出所要求的牛隻數量，那麼就會下地獄，坐到

右頁圖：約完成於1800至1805年間，此為齋浦爾（Jaipurian）畫作，畫中是宇宙相（Vishvarupa）的毗濕奴，其雙腿上描繪了地上的生活，以及地底世界帕塔拉（Patala）裡的七地。

毗濕奴的人獅化身那羅僧訶（Narasimha）；毗濕奴以此化身，用爪子把邪惡的國王金床（Hiraṇ yakaśhipu）開膛，因為金床非常傲慢，居然嚴禁其王國內祭拜毗濕奴。

血河裡頭、「吞食毛髮」、飲用「沖洗屍體和浸溼鬍鬚」的水。

《摩訶波羅多》（*Mahabharata*）是梵文史詩文學兩大巨作的第一本作品，其18卷2章講述了堅陣國王（Yudhishthira）跑去地獄理論朋友與家人所遭遇的苦難。

時間而言，遠早於基督教耶穌的「地獄劫」（harrowing of hell），因此這故事算是第一則以拜訪地獄為主題的故事：

空氣中充滿惡人和血肉泥濘的臭氣，到處都有虻蟲和會叮刺的蜜蜂和小蟲子，野熊也會入侵為害。腐爛的屍體隨處可見，骨頭和頭髮也到處都是，還有煩人的各種蠕蟲和飛蟲。周圍滿是炙熱的烈火。烏鴉、禿鷲和各種鳥類大肆出沒，牠們的喙都是鐵打的，另外還有許多邪靈，嘴跟針一樣尖刺……

國王的靈魂是正直的，所以可以往前行進，國王內心裡起了許多各種不同的念頭。國王看到一條河裡頭，滿是滾燙的水，難以渡河，接著又看到一處森林，森林裡頭的樹長滿了刀刃般的葉子，還有幾處有細緻白沙的平原，相當炙熱，平原上頭的石頭都是鐵做的。周圍還有許多鐵罐，裡頭滿是滾燙的油……

譯者 凱薩里．穆罕．甘古立
（Kisari Mohan Ganguli，生於1883年，卒於1896年）

另一本史詩巨作《羅摩衍那》（*Ramayana*）之中，蘭卡島（Lanka）的魔王羅波那（Ravana）去了地獄，一路來到死神閻摩（Yama）與邪惡力量那落迦（Naraka）的地獄城。羅波那順利渡過滿是鮮血的河流——若是正直的人要渡河，那麼鮮血就會變成花蜜——砝鉈拉尼河（Vaitarani River），這條河區隔開地獄與活人的世界。正直的人不需要渡過這條河，但是邪惡的人一定要過去。不過，邪惡的人若曾或多或少有過奉獻的話，像是捐錢或是獻牛隻，那麼就可以獲得船隻來接應。不然的話就得等上好幾年的時間，等到死神閻摩的僕人來拉他們過河。

那麼，到底印度地獄的確切位置在哪裡呢？針對這個問題，我們可以查看《往世書》，這本內容豐富、應有盡有的厚厚一本書，寫滿了遠古時代和中世紀印度宇宙學的歷史和傳說，總計有超過40萬首敘事詩，約是在西元300至1500年首次編輯完成。縱使內容包羅萬象，但只有一小部分論及地獄。《薄伽梵往世書》（*Bhagavata Purana*）指出，地獄在地球的下方，位在名為帕塔拉（Patala）的七層地底世界之中（然而在印度傳統裡，帕塔拉與地底下的地獄不同，一般認為帕塔拉是個地底下的天堂，甚至比天堂斯砝爾岡〔Svarga〕還要美麗，而位在宇宙最底部的是喀爾波達卡海〔Garbhodaka Ocean〕）。《女神薄伽梵往世書》（*Devi Bhagavata Purana*）裡頭也提到，地獄是宇宙最南端的一個點，《毗濕奴往世書》（*Vishnu Purana*）則是說地獄位在宇宙水域之下。

《摩根德耶往世書》（*Markandeya Purana*）的描述指出，「苦難」地區在甚為黑暗的地方燃燒，「就算是最有膽識的人類看到了，無不感到恐懼、戰慄發抖、面色發白、眼神懼怕。」在那裡，鳥用鐵喙撕裂罪人屍體的肉，面露凶狠的陰間官吏持續不斷用厚實的鐵棒痛打惡人，而惡人的鮮血直接淹沒整個地區。這是原始的處罰方式，另有其他處罰方法，包含被埋入「巨大的罐子，罐子裡裝滿了滾燙的熱沙」，任憑惡人在裡頭痛苦地扭動軀體。

《往世書》裡，地獄分成很多不同的區域，每個區域各自有不同的細節要件。《侏儒往世書》（*Vamana Purana*）約可追溯至西元450至900年，其重要貢獻就是提供了第一份印度地獄的分區清單，一般認為共分21區，但《侏儒往世書》裡說是25區（當然了，其他文獻提出的數字都不盡相同）。最受注目的是每個區域都大得不得了；羅力瓦（Raurava，又稱「叫喚地獄」）裡有發熱的煤塊，有2000里格這麼大（1里格等於4.8公里）；比羅力瓦大兩倍的是摩訶羅力瓦（Maharaurava，又稱「大叫喚地獄」），達4000里格，佈滿熱熔銅沼澤地，在田野、穀倉、村莊裡放火的人就會被送來這裡；偷竊的人會被送到怛米司鐸（Taamistra）被鞭打，這裡又再大了一倍達8000里格；諳哈噹斯創（Andhataamistra）則是有1萬6000里格這麼大，其餘區域就依序變大。偷涼鞋的人會被送去干須怛（Kalmsikta），不聽話的小孩則是送到阿普狄須（Aprathisth），光腳觸碰到長者的會送來羅力瓦。發生旱災時，只顧著餵飽自己的自私之人，則是被送往嘶哇布畯（Swabhojan）。在聖潔之日行房的人會發現自己來到了沙爾瑪力（Shaalmali ），這裡隨處都是炙燒的荊棘。

《蓮花往世書》（*Padma Purana*）形容死神閻摩像是「一堆凌亂的黑黏土，相當凶猛、殘暴、無情，身邊都是滿有病菌寄生的壞心使者……騎著一頭水牛，這頭水牛的牙齒大又粗，也是非常狂暴駭人。有一張很像死亡的臉。軀體

約莫完成於1780年的摩蹉（Matsya）畫像，毗濕奴的第一種化身，畫中毗濕奴成功擊退惡魔循卡色（Śankhāsura）。

死神閻摩的王宮，此作約莫完成於1800年。

龐大的死神閻摩給自己戴上紅花，壞心的人會見到閻摩。死神閻摩……會用大木槌和各種凌虐方法懲罰壞心的人。」此外，《蓮花往世書》提出了不同的地獄結構，主要分為7大區域（每個區域可以再劃分出6個地方，每個地方還有分給蓄意犯罪和非蓄意犯罪的罪人，所以總計有84個地方）。不過，《蓮花往世書》的作者倒是頗為享受描述各項懲罰的細節：

犯罪的人有時會被放在燒牛糞的火堆上烘烤，有時是送去給凶橫的獅子、狼群、老虎、蛇蟲、蠕蟲大快朵頤。有時是被大水蛭、眼鏡蛇、恐怖的飛蠅吃掉，有時則是送去給有劇毒的蛇吃。有時會被送去給凶暴抓狂的象群吃，有時是被用尖刺大角沿路刮地飛奔來的大公牛啃食，有時惡人是被水牛用頭上的大角鑿刺身體後吃掉，有時是讓憤怒的女鬼怪吃，有時是給駭人的惡魔享用。這當中有絕佳的制衡關係，

17世紀創作的作品，內容描述耆那教宇宙學裡的地獄懲罰。

就在被各種可怕的疾病殘虐、放到野火裡燒過之後，犯罪的惡人就會來見死神閻摩。惡人被可怕的強風無情吹打而顫動，被片狀石頭大雨給打個粉碎，也被聽起來像雷電的恐怖墜落隕石給擊打碎一地。等到被燒得炙熱的炭火雨給打完之後，犯罪的惡人就會去見死神閻摩。

終究——廣義而言——印度教對於死後世界的核心看法，乃認為轉世之後並無法改善在世上的這一回生命。救贖倒是以末喀裟（moksha，佛教和耆那教亦同）的概念存在，自我的解脫解放就是與婆羅門神合一，也就是那一位不具人格的終極存在（the impersonal Absolute），而人只是一個要素罷了。《歌者奧義書》（*Chandogya Upanishad*）指出，

婆羅門神是人「內心的自我」，同時也是整個宇宙，比一顆米粒還小，但也大過整個世界與天空。合一之後，便可找到那唯一的永生，平和進入那既存在但也不存在的境界之中，且沒有一個靈魂能脫離這終極命運。

印度古吉拉特州（Gujarat）一處耆那教寺廟裡的畫像，1613年的作品，描述耆那教宇宙學裡的七層地獄。

東方的地獄

HELLS OF THE EAST

佛教是在西元前500年，源自北印度的恆河（Ganges）文化，與印度教有許多相似之處，不過在西元前5至4世紀之間，部分印度教義成了悉達多．喬達摩（Siddhārtha Gautama，即「釋迦摩尼」）屏棄的教誨。悉達多．喬達摩出身貴族，是一位托缽僧、思想家，死後兩百年被奉為佛陀（Buddha，即「悟道者」）。佛陀捨棄多神觀念，以及法師和動物獻祭的法事，同時也棄置種姓階級制度。反之，佛陀鼓勵大眾要以靜坐的方式來尋求悟道，以達到最終目標涅槃（nirvana，即「滅盡」），也就是與宇宙合一，跳脫死與重生的巡迴。佛教認為自我是虛幻的，追求個人的永生其實會阻礙達到涅槃。涅槃是種難以描述的經歷，遠超過人類所能理解的範疇。佛教後來在印度被印度教給吸收，佛陀則納為印度出名的諸神之一。佛陀的教誨傳流至今，擴及中亞、東亞和南亞。

印度教的那落迦（Naraka）地獄城分為多個不同的區域，此點也保留於佛教之中，因此得用古老宗教的觀點來探

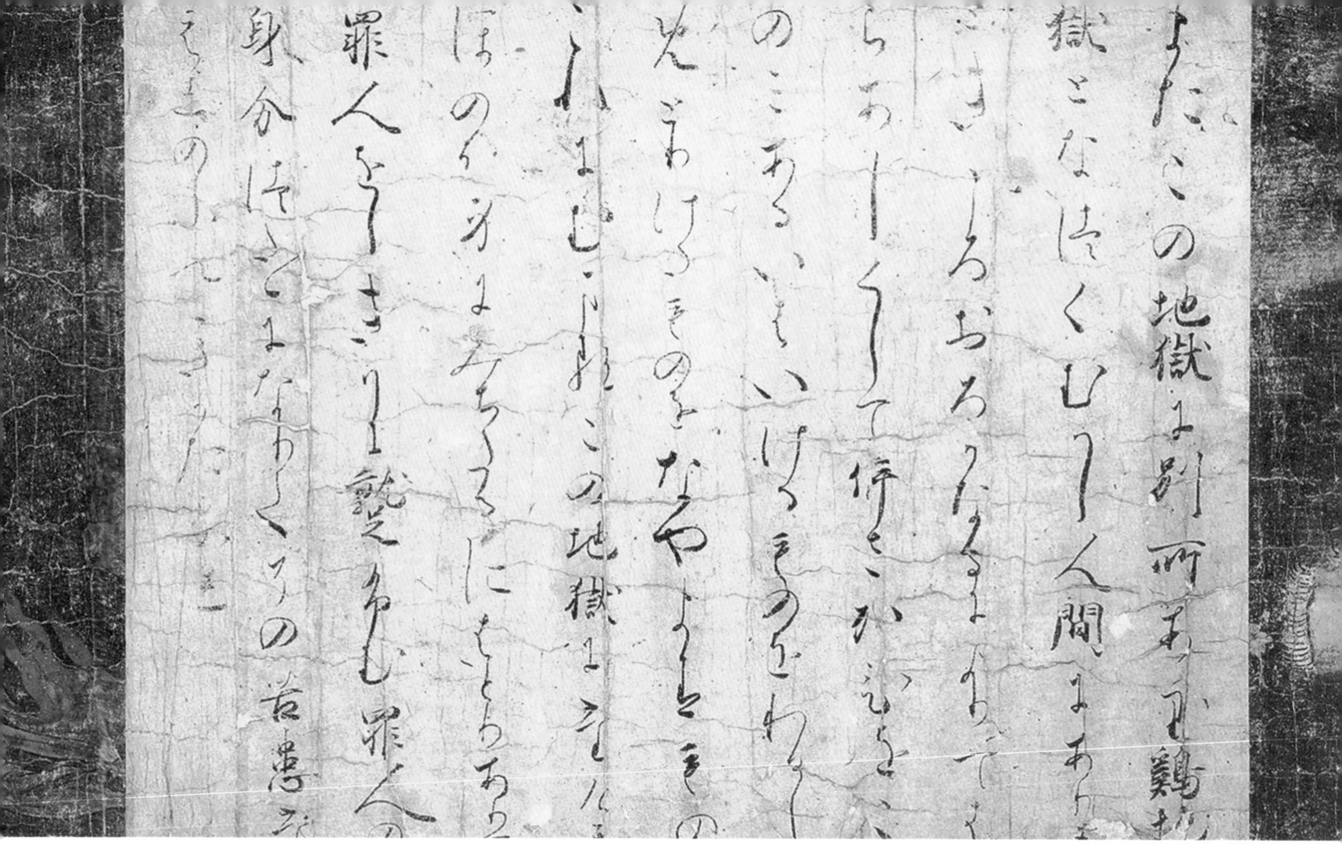

究才行——地獄不是靈魂被責難後的最終站，而是存在於再生輪迴過程中，給惡人的短暫報應與處罰。但是，這並不表示待在地獄裡的時間（地獄裡的時間計算同地上）一點都不難熬——實則恰恰相反。佛教典籍提及的時間數字非常難以理解，從數百萬年到十垓（1021）年不等。舉個例子來說，西元100至200年完成的著作《十八泥犁經》（*Sutra on the Eighteen Hells*）提到，惡人在先就乎獄（Hsien-chiu-hu）得相互赤手空拳打架1350億年，死人在居盧倅略獄（Chü-lu-ts'ui-lüeh）會被火凌虐2700億年，在都意難且獄（Tu-i-nan-ch'ieh）裡得花上8兆6400億年的時間，輪流被火炙烤和躺在極其饑餓的蠕蟲坑裡，反覆不斷。

地獄究竟有多少層這點，現存的典籍裡各有不同的數字。隨著佛教四處廣播，在各地宗教數百年來的影響之下，想要一探死後世界情況的人無不感到氣餒，因為文獻顯示佛教的地獄數量從8000到上萬不等。主因是許多文獻會針對犯下的罪孽，描述說明對應的地獄區域，所以才會有這麼多不同的地獄。不過，傳統上（就是從最古老的文獻中所找到的資料）主要的佛教地獄一般可分為8個。想像一下，巨大的山洞，一個堆疊一個，每個洞穴裡有16處小地獄，而每個主地獄層都有4個出入口，每個出入口可通往4處小地獄。而時間也是逐層增加，每一個那落迦小地獄得待上的囚期，要比

噴火公雞地獄（Hell of the Flaming Rooster），16個地獄中的第11個，由一隻巨大的噴火鳥禽負責掌管。出自12世紀日本佛教神話手抄本《地獄草紙》（*The Hell Scroll*），另外還有糞屎泥地獄（Hell of Excrement）、鐵磑地獄（Hell of the Iron Mortar）、黑雲沙地獄（Hell of the Black Sand Cloud）、膿血地獄（Hell of Pus and Blood）、狐狼地獄（Hell of Foxes and Wolves）。

上一個那落迦多上8倍。這種由核心外散而出的架構包含下列幾個區域：

等活地獄（Samjiva）：持續不斷重新再來一次的地獄；這裡的地面是炙熱的鐵面，因為底下有把炬火持續燃燒著。你正擔心可能會被襲擊時，就會有個人形出現，用鐵爪和燒得正熱的武器來攻擊你，被打至昏厥之後會神奇地復活，然後襲擊行動又會重新再來一次。此地獄據說位在南贍部洲（Jambudvīpa，《往世書》宇宙學中的世界有7個同心圓島大陸，南贍部洲為其中一個）下方1000由旬（yojanas，量測單位，約等於12至15公里）的位置，大小則是每個方向都往外擴1萬由旬而成。

黑繩地獄（Kalasutra）：黑繩或黑線的地獄；地獄裡的守衛會用黑繩綑綁受苦者的全身，然後用斧頭劈砍或鋸下黑繩標記處，並以此為樂。

堆壓地獄（Samghata）：石板壓擠的地獄；在此地獄裡，巨石會把罪人的身體重擊打成細緻的紅色膏狀物。重擊之後，巨石會回到原本的位置，罪人的身體也會恢復原狀，接著就會重新再重擊一次。

叫喚地獄（Raurava）：驚聲喊叫的地獄；在這裡，靈魂和生物驚慌尖叫，疲於奔命尋找能躲過火熱之地的地方，正當以為找到了、安全了，卻又發現被困住了，所以當火焰再度靠近燃燒時，又得開始尖叫奔逃。

大叫喚地獄（Maharaurava）：更加驚聲喊叫的地獄；這裡有更大的苦難，因為有很多名為瓜必亞達（kravyada）的動物會來撕裂肉體。

燒炙地獄（Tapana）：灼熱高溫的地獄；來到這裡的罪人會被叉在地獄守衛的火燒矛槍上，這火焰會把眼睛和嘴巴給燒到炸開。

大燒炙地獄（Pratapana）更加灼熱高溫的地獄；虐刑和燒炙地獄相差不了多少，只不過更殘忍的是會把身體穿刺在三叉戟上，且得掛在上頭長達「中劫」（antarakalpa，約3億年）那麼久的時間，真是久到無法想像。

無間地獄（Avici）：在這地方囚禁多久就會持續多久，這是個不中斷、沒有停歇的地獄；位處地獄最底層，苦

左頁圖：死神閻摩緊握巴法恰夸（Bhavacakra，生命之輪〔Wheel of Life〕），此輪說明佛教徒死亡與重生的生命輪迴。中心圓裡的蛇、豬、公雞分別代表慾望、仇恨、愚昧，其外圍的六等分，分別代表天神、巨人、人類、動物、餓鬼、惡魔。

佛教徒的擦卡利卡（tsagli，又寫做 tsakali，求道卡），用以警告地獄有這麼一個地方，凡是沒有好好做功課的僧侶就會被送來這裡，在此不停地被巨大的書本重擊。

難是最艱鉅難熬的，來到這裡就會被放入一個大烤箱烹煮，且中間完全不會有暫停的時間，專為罪孽至為深重的罪人所準備的。據悉，這方形烤箱每邊長約2萬由旬（約等於30萬公里）。

若我們把藏傳佛教也涵蓋進來的話，那麼介於地球表面和這些主要的熱地獄之間，還有八寒地獄。各個冷地獄的命名皆是以人體面對冰凍天候的痛苦反應而定，譬如說凍到牙齒會咯咯作響的「緊牙地獄」，以及皮膚凍成青色還裂成花瓣狀的「裂如青蓮花地獄」。每個寒地獄也各自有16個小地獄，因此總計有256個地獄。

佛教一路從印度傳到東亞，傳統信仰觀念逐步擴張，同時還加入各地的神話傳說。舉例來說，日本和尚源信（Genshin）於985年撰寫的重要佛教典籍《往生要集》（*Ōjōyōshū*，淨土重生要集），書裡提到的鐵樹（sword-blade trees），指出森林裡有非比尋常的大樹，目的是要折磨那些慾望很多的罪人：

抬頭往森林裡的樹梢望去，會看見穿著華麗的漂亮女子，其面貌就是自己曾深愛過的女人。這情景讓人喜悅無比，於是想要奮力爬往樹梢，但一開始爬的時候，樹的枝葉就都會變成刀劍，身體被刺傷，骨頭也被刺穿。爬到樹梢的時候，又發現那渴求的對象其實在地面，正誘惑自己爬下去……往下爬的時候，刀劍製成的葉子會往上翻過來穿刺肉體。而回到地面的時候，便再次發現女人已跑回樹梢了……這整個過程會持續進行10兆年。

佛經是佛教教義的核心，因為佛經裡有部分內容被認為是佛陀口傳的教誨，而佛經也記錄了許多有關佛教地獄的細節。《大事》（*Mahavastu*，梵語「偉大故事」的意思）完成於西元前2世紀至西元後4世紀之間，書中指出地獄共有8個大地獄，每個大地獄各自有16個地獄，總計有128個地獄。此書形容地獄是個方形堡壘，長寬高各有100由旬，係以矩陣方式排列（且每個角落都有通往附屬地獄的入口），周圍還有鐵打的大隔欄，上方天花板用鐵封死，下方底下則有炙熱的鐵板。

中國北京市的東嶽廟裡，遊客可以看到地獄各個官吏在施行的懲罰虐刑；圖中為地獄官吏在準備剪掉說謊的人的舌頭。

《中部》（*Majjhima Nikaya*，佛陀的中等長度談話）約完成於西元前200至100年，從此書我們得知這些堡壘的牆面和上下都會有火焰流下來。每一面牆都有敞開的門，只不過每當你靠近門的時候，門就會砰地關上。終於拼了命通過東邊的門之後，你會發現自己來到了糞屎泥地獄（Hell of Excrement），在這裡被各種生物給吞噬。然而，你所能做的只有逃往炙煤地獄（Hell of Hot Embers），再前往剛剛提到過的鐵樹森林，四肢會在這裡被蹂躪殆盡，接著便會滾落腐蝕大河（River of Caustic Water）。當你爬到河岸邊的時候，陰間官吏會把融化的銅液和燒得滾燙的鐵球灌到你的喉嚨裡去，直到你犯下的罪被償還為止。這些虐刑沒有完成之前，你都無法死而重生。

儘管印度、藏族、日本等各地佛經所描述的地獄細節有所出入，文字拼法也不盡相同，但絕大多數的特徵描述都是一致的。不過，中文關於地獄的敘述之中，我們發現佛教觀念常受到道教和其他民俗宗教的影響，所以中國神話裡的地獄可說是獨樹一格。中國各地都有實景再造，諸如重慶豐都的古塚、北京的東嶽廟（圖見45頁）等，皆演示了中國地獄的獨特特點，那就是具備組織性發展的「十殿閻羅」；罪人先來到一殿接受處世為人的審判，站在業鏡台（Tower of Reflection）前回顧自己生前的時光，接著前往二到九殿忍受各種地獄虐刑，再到十殿轉輪台（Wheel of Transformation）準備投胎，並到醧忘台（Terrace of Oblivion）去刪除記憶。

傳說故事裡，玉皇大帝指派死神閻摩（也就是閻羅王）去負責管理地獄，那裡計有1萬2800個大小不同的地獄，而位置是在宇宙的邊緣。抵達地獄時會先遇到「牛頭」和「馬面」，日本稱之為「ごず」（Gozu）和「めず」（Mezu），兩位陰間的守衛。人往生後，都會被送往地獄，要是沒有犯下什麼過錯的話，很快就能離開陰間，不然就是得走完十殿閻羅才行。地獄還有個都府，稱為幽都（跟約翰．米爾頓〔John Milton〕著作《失樂園》〔*Paradise Lost*〕裡的幽冥界〔Pandemonium〕很相似）；據傳陰間的宮殿和各個都府都聚集在此，且跟活人的都府長得很像，只不過這裡極其黑暗。

在中國文化裡，地獄偏向有階級制度。死去的人被迫等待聽候命令，還得自己去找到決定自己目的地去向的官吏

傳統對地獄虐刑的描繪；中國地獄深受印度教和佛教的那落迦影響。由上至下分別為石壓獄（Chamber of Rocks）、牛坑獄（Chamber of Oxen）、拔舌獄（Chamber of Tongue-ripping）。

都府，這過程相當曲折，但就是得嚴格遵從。當然了，既然是地獄，肯定會發生搞烏龍的管理事件。發生在西元921年之前的中國傳說故事《目連救母》中，目連發現餓鬼道貪得無厭的鬼神因階級問題搞了烏龍，被搞錯的受害者也來不及修正，因為世上的家屬連後事都辦好了。以這個例子來說，

18世紀泰國的手抄本摺頁，剛失去親人的家屬會買來這手抄本，幫往生者在死後世界累積善行，錢花越多，得到的回報就越多。圖中是泰國常傳講的故事，就是比丘帕拉（Phra Malai）飛去地獄的傳說。

地獄仍舊是個傳統上會虐待肉體的地方。不過，大家都有察覺到，地獄會隨著時間發展而跟著演變。在《目連救母》的故事裡，緊抓住讀者想像的是那無腦又愚蠢的官僚制度，導致靈魂深受無窮無盡的虐刑煎熬——凡是有和地方政府機關交手過的，應該都能明白這其中的滋味。

上圖：冥紙，跟法定貨幣很像，傳統祭祖時會燒來當作獻祭，用意是要給在陰間的祖先傳送錢財供花用。玉皇大帝是中國傳統宗教裡的最上位神明，所以有些冥紙上會有玉皇大帝的圖樣，不過現代冥紙上還會出現特別的名人，像圖中這張1960年代的冥紙上就印有美國總統約翰．甘迺迪（John F. Kennedy）。

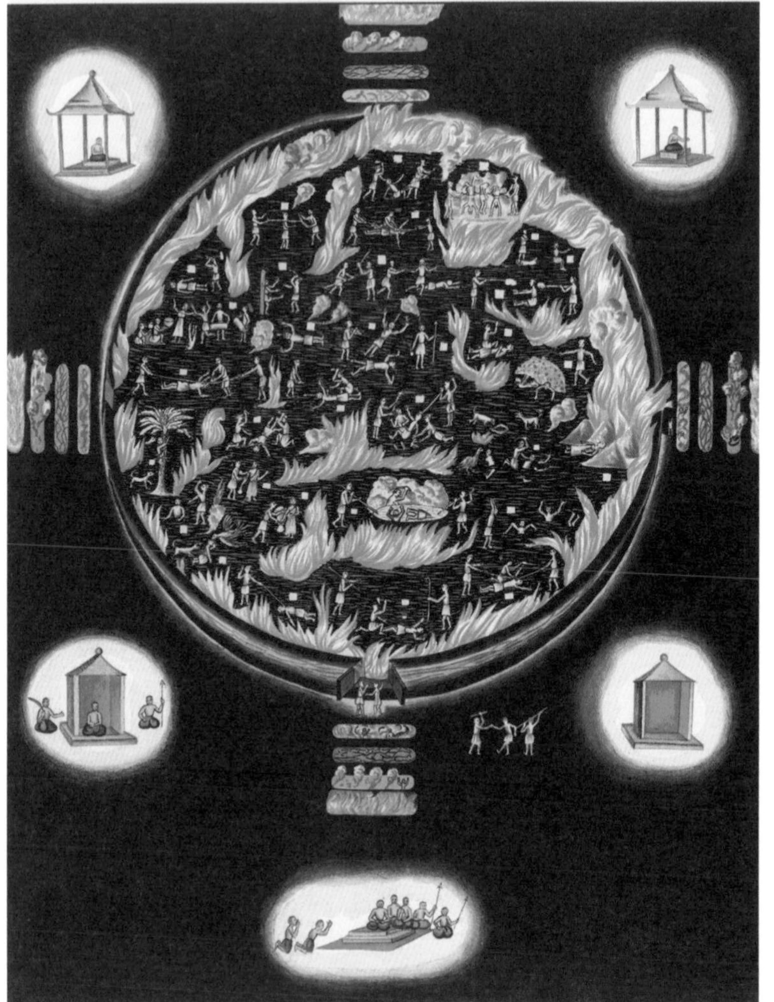

左圖：出自1906年理查．卡內．譚保爵士（Sir Richard Carnac Temple）的著作《三十七位神明：緬甸盛行的祭拜行為》（*The Thirty-Seven Nats, A Phase of Spirit-Worship Prevailing in Burma*），圖為緬甸對那落迦（佛教地獄）的詮釋。

右頁圖：泰國手抄本，圖中演示了地獄官吏懲罰死人的情形。

黑帝斯

HADES

荷馬（Homer）著作《奧德賽》（*Odyssey*）之中，阿基里斯（Achilles）對著奧德修斯（Odysseus）哭喊道：「閃耀的奧德修斯呀！不要光照我！我寧可在地上當個低賤的人，受雇於貧乏的主人，也不願當那些時日終結死人的王。」希臘講述死後世界最早的紀錄便是荷馬的作品，其所描繪的亡靈模樣是到處遊蕩的陰影、前世那個自己的鬼魂，缺乏力氣和行動的能力。這麼一個撲朔迷離的神秘世界，係以掌管本地的神明黑帝斯為名，黑帝斯負責管理這處不見天日的地方，並持續補抓靈魂來擴大該地。

以地理位置來說，隨著時間發展，黑帝斯的地點也一直在轉換。荷馬在《伊里亞德》（*Iliad*）說有一條莫大的河川歐辛納斯河（Oceanus），圍繞著平坦成碟狀的地球，並為地球提供淡水水源；太陽、月亮、星星既從河面升起，也沈入河面之中。黑帝斯則是在歐辛納斯河之上，位在很遙遠的西邊；這部分扭轉了一般認為黑帝斯是個地底世界的認知。其他作家則指出，在世的人可以藉由隱藏的入口進到黑帝斯，那地點深藏在我們周圍大自然的山谷高山裡。

《伊尼亞斯與女先知來到地底世界》（*Aeneas and the Sibyl in the Underworld*），此作約完成於1630年，創作者小楊．勃魯蓋爾（Jan Brueghel the Younger）是受到老楊．勃魯蓋爾（Jan Brueghel the Elder）作品的啟發，至於老楊則是領受耶羅尼米斯．波希（Hieronymus Bosch）作品的啟迪。

《女先知用卡戎的船載伊尼亞斯遊地底世界》（*The Sibyl showing Aeneas the Underworld with Charon's Boat*），為雅各．史汪那堡（Jacob Van Swanenburg）之作，約莫完成於1620年。此為古典時代（Classical antiquity，西元前8世紀至西元6世紀）的地底世界，冥神普魯托（Pluto）在空中騎乘雙輪馬車，左下方有船夫卡戎和他掌舵的船，右下方巨大地獄之口中則繪製了七原罪。

舉例來說，希臘馬尼半島（Mani Peninsula）上，有個馬塔潘角的洞穴（Cape Matapan Caves），古時稱為「泰拿隆角」（Cape Taenarum），據傳大力士海克力斯就是從這裡把在地獄看門的三頭犬塞拜羅（Cerberus）抓出來的，另外奧費斯（Orpheus）也是從這裡進入地底世界，去拯救妻子尤麗狄絲（Eurydice）。

希臘伯羅奔尼撒區（Peloponnesus）東岸阿戈斯市（Argos）南方的勒拿（Lerna）一帶，有個無底湖阿西尼亞湖（Alcyonian Lake，現為沼澤地）。阿西尼亞湖以前是地獄的入口，由駭人的九頭蛇海德拉（Hydra）負責看守，酒神戴歐尼斯（Dionysus）應該就是從這裡進入神秘世界，去尋找母親西密麗（Semele）。鮑桑尼亞（Pausanias）在《希臘指南》（*Description of Greece*）裡寫道：「阿西尼亞湖的深度是無極限的……。我也知道沒有人有辦法發明出個什麼東西來觸及湖底，就算羅馬帝國皇帝尼祿（Nero）也是沒輒。尼祿有可以繞上體育館好幾圈那麼長的繩索，可以綁在一起投入湖裡，且也沒遺漏任何有助於成功挑戰的細節，但依舊無法得知此湖究竟有多少深……。每個下到湖裡游泳渡湖的人都會被扯進湖裡，吸往深淵去，消失無影無蹤。」另一個地獄入口的選項則是火山口；義大利南部坎佩尼亞省（Campania）有座阿弗努斯湖（Lake Avernus），羅馬人相信這個火山口是地底世界的入口，也是維吉爾（Virgil）所著《伊尼亞斯紀》（*Aeneid*）裡，伊尼亞斯（Aeneas）前往地底世界的入口。

不過，人過世並抵達黑帝斯之前，還有個很大的阻礙，這阻礙也是靈界地理景觀中甚為出名的一處：可怕的斯堤克斯河（Styx），整整圍繞地底世界7圈，是一條憎恨之河、守誓之河，有時神明會到這裡發誓，且想要過這條河一定要請出船夫卡戎（Charon）來才行。[4]

除了斯堤克斯河，據稱還有其他河川流經地底世界：亞開龍河（Acheron）是一條暗黑不見底的哀痛傷心之河，克塞特斯河（Cocytus）是條悲嘆之河，弗列革騰河（Phlegethon）是火焰之河，能通往冥界塔耳塔洛斯（Tartarus）深處。最後是麗息河（Lethe），只要沾到麗息河的河水便會失去記憶，亡者為了轉世就會喝這河水來忘卻上一世發生的事。

想前往黑帝斯探險的勇士們，共有幾處地方值得好好調查一番：罪行深重的靈魂得去冥界塔耳塔洛斯，而至福樂土（Elysian Fields，詳見168頁）則是具備高尚美德的靈魂才可以去的天堂，至於浪費生命單相思的靈魂得前往哀悼之地（Lugentes Campi），然後沒犯下什麼嚴重過失，但也沒有好到可進到至福樂土、表現平平的靈魂，就是去水仙平野（Asphodel Meadows）。

過了斯堤克斯河，就會遇到一批批野獸在大門前巡視，舉凡斯庫拉（Scylla）、布里阿瑞俄斯（Briareus）、戈爾貢（Gorgons）、勒拿九頭蛇（Lernaean Hydra）、巨人革律翁（Geryon）、客邁拉（Chimera）、許多鳥身女妖（Harpy）等，另外還有最凶劣的克爾柏洛斯（Kerberos，塞拜羅的拉丁文），是負責看守地獄大門的多頭惡犬。只要

16世紀，約阿希姆．帕蒂尼爾（Joachim Patinir）繪製的斯堤克斯河，圖中船夫卡戎載著靈魂渡過斯堤克斯河，準備從滌罪所前往天堂，至於地獄和那充滿不祥的拱形門入口則位在右上角。

4 船夫卡戎到底是在哪一條河川上划船，不同的文獻有不一樣的答案，不過斯堤克斯河是現今普遍認同的地點。事實上，鮑桑尼亞、品達（Pindar）、尤瑞匹底斯（Euripides）、柏拉圖（Plato）等多位古希臘作者，在其創作中指出船夫卡戎是在亞開龍河（River Acheron）上划船。至於羅馬詩人，像是普羅佩提烏斯（Propertius）、奧維德（Ovid）、史達提烏斯（Statius）則說是斯堤克斯河，這或許是受到維吉爾（Virgil）在《伊尼亞斯紀》裡地底世界景觀描述影響所致。

你有辦法躲過這些看守地獄之門的野獸，那麼——想到你是在自找麻煩的話，就不會特別開心就是了——你就能進到黑帝斯了。黑帝斯是個黑暗的迷宮，每個廳廊都很寒冷，周圍滿是上了鎖的出入口。

《奧德賽》中，荷馬特別強調那黯淡無光的情景。在11章裡，主人翁奧德賽前往黑帝斯，為了找先知泰瑞西斯（Tiresias）商討事情，他發現那裡的靈魂都沒有生氣，也沒辦法跟他講話，直到奧德賽拿出公羊血給靈魂喝下才恢復些氣力。黑帝斯裡的靈魂逃不出去，也無法自我了結，是個懲罰之地，但仍不及有些基督教地獄裡對臟腑施虐的恐怖責罰。《奧德賽》描述到提堤俄斯（Tityos）的刑罰是永遠得

希臘神話裡，宙斯下令塞薩利（Thessaly）的國王伊克西翁（Ixion）永生都得待在黑帝斯，且得綁在有翅膀的火輪上，目的是要處罰國王謀殺了岳父；此雕刻作品出自柯尼利斯·布盧馬特二世（Cornelis Bloemaert II）之手。

躺在地上被兩隻禿鷲撕裂肝臟和腸胃，目的是要懲罰他對宙斯老婆所做的暴行。坦塔羅斯（Tantalus）則是被迫站在水深及下巴的水域裡，且每當他想張口喝水的時候，水位就會瞬間下降。當然也有寫到薛西弗斯（Sisyphus），他被詛咒得推著一顆沈重的巨石上丘陵，一推到頂端的時候，巨石就會滾落回地面。

這則精彩的神話故事，敘事手法相當扣人心弦，但對於後來的古代哲學家來說，都不足以來論斷末日論觀點。舉例來說，在世時間與耶穌相當的羅馬斯多葛學派（Stoic）哲學家盧修斯·阿奈烏斯·塞內卡（Lucius Annaeus Seneca），其總結了自身對於存在層面（the planes of existence）的想法：「死後，什麼都不是；死本身就什麼都不是。」（「post-mortem nihil est ipsaque mors nihil」）。（想必塞內卡可能會想和愛爾蘭劇作家喬治·蕭伯納交個朋友，因為蕭伯納曾這樣寫道：「人怎麼可以荒唐到自負地相信，自我的永生竟是自己所能忍受的？」）1942年，歷史學家理查·拉鐵摩爾（Richard Lattimore）在其著作《希臘文與拉丁文的墓誌銘主題》（*Themes in Greek and Latin Epitaphs*）也有相同的質疑：

近看器皿容器上繪製的一位年輕亡者，出自人稱為「地底世界畫家」（the Underworld Painter）之手，這位藝術家在希臘普莉亞（Apulian）一帶專門從事花瓶繪畫，其作品可追溯到西元前4世紀下半葉。

旅人啊！路經我的墓誌銘時，請停下來傾聽，等你學到真理之後再往前行吧！在黑帝斯，沒有船夫卡戎，也沒有艾亞哥斯（Aeacus）在看守鎖匙，更沒有條叫做塞拜羅的狗。我們這些死去下到這裡的，全都是骨頭和骨灰：除此之外什麼都不是。我跟你說的都是真的！旅人啊！你就保持沈默吧！這樣你就不會認為我死了還話這麼多。

不過，古代羅馬墳墓上，常常可以看到下列這串文字，約當於現代的墓誌銘，或許正好總結了羅馬人後來的觀念：縮寫是「n.f. f. n.s. n.c.」——*non fui, fui, non sum, non curo*（我以前不是。我以前是。我現在不是。我現在倒也不在意）。

西元前4世紀下半葉奧菲斯教（Orphism）的黃金牌片（也稱為「totenpass」，意思是死亡通行證），內容說明該如何走完死後世界這一段路，並針對地底世界審判官的提問，預先準備好答案。

海爾：古斯堪地那維亞的地底世界

HEL: THE NORSE UNDERWORLD

有關維京文化的許多細節資訊，早已隨著族人嚥下張口說話的最後一口氣之後，跟著相繼消失了：維京人傳統習慣是靠口述，歷史的傳承都依賴吟唱詩人（skald，斯堪地那維亞詩人）朗誦名為「薩迦」（saga）的敘事史詩。一直到相對晚期，維京人改信基督教之後，手抄本的傳統才逐步展開。維京文化裡，沒有所謂的核心教會，人民各地四散，知名的神明有許多位且各有所不同，因此當我們透過檢視薩迦的內容，將其視為了解維京死後世界教義的主要資料來源時，便發現維京人的觀念相當琳瑯滿目、種類很多。就像歷史學家希達．羅德克．愛麗絲．戴維森（H. R. Ellis Davidson）所說的：「古斯堪地那維亞文學裡，關於亡者命運的傳統觀念描述並不一致……但若因而簡單帶過的話，那就有竄改之嫌了。」儘管如此，我們借助考古學的挖掘工

1831年，亨利．惠頓（Henry Wheaton）在其著作《古斯堪地那維亞人的歷史》（*History of the Northmen*）中，竭力畫出古斯堪地那維亞神學中，各個存在大地（plains of existence）的地圖。其中，地底世界尼福爾海姆（Niflheim），與古斯堪地那維亞觀念裡的海爾（Hel）有所重疊。

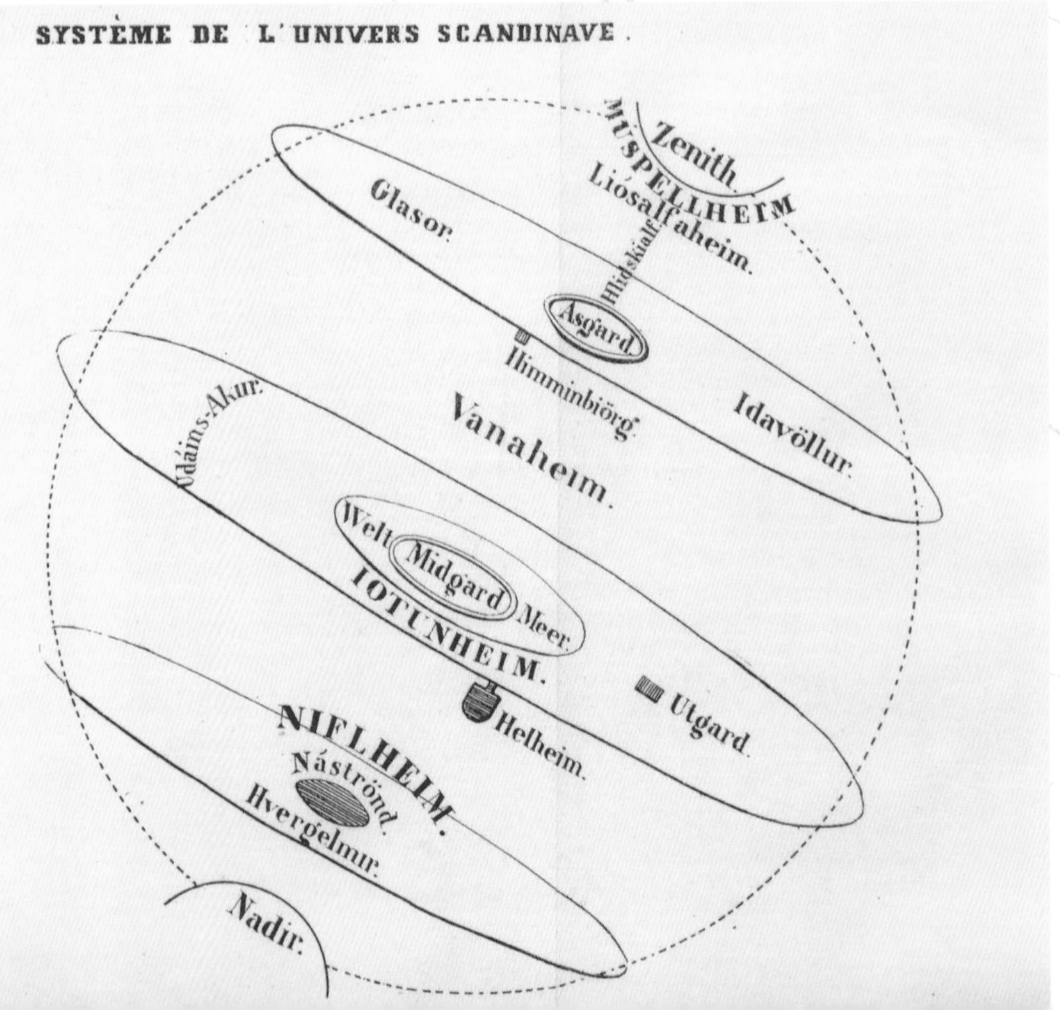

作，仍可從零碎的資料裡，篩檢出攸關維京人對死亡和某種死後世界地理環境的看法。

值得留意的是，全球各地眾多的死後世界觀念中，不外乎是談論一個人道德表現和在世決策的獎懲原則，以及救贖與天譴的信條，但古斯堪地那維亞人並沒有這樣的觀念，一直到基督教傳進來之後才有了轉變，在《女巫的預言》（*Völuspá*）這首詩中，提到死後世界的懲罰「納斯特隆德」（Náströnd，屍岸）──「這裡的地上有許多蛇扭著軀體爬行，而天花板持續滴下劇毒」──這顯然是受基督教影響所致。

最知名的死後目的地當然是「瓦爾哈拉」（Valhalla，詳見190頁），不過也有較不出名的地方同樣有在接收死人。舉例來說，阿斯嘉特（Asgard）的豐饒女神弗蕾亞（Freyja）就相當歡迎流浪的靈魂來到其宮殿弗爾克范格（Folkvang，人民田野、勇士田野），不過相關的文獻資料非常稀少零散，所以我們沒有進一步的描述資訊。

我們也找到陰鬱感深重的目的地：死在海裡的人會有被女巨人瀾（Rán）拖進海裡的危險。不過，此種命運的相關文獻同樣很稀少，但我們知道瀾和跟她一樣巨大的老公埃吉爾（Ægir）一起住在華麗的宮殿裡，這宮殿蓋在陣陣波浪底下的海床。埃吉爾的形象一般都是很仁慈的，但瀾就恐怖了，被形容成像是離奇難料的致命海域，且會補捉掉入海中的亡者就是瀾，她會將他們一路拖進黑暗無垠的深海裡。

古斯堪地那維亞人相信，包括瀾在內的巨人全都是天神的勁敵，這股敵意終將在某天引發「雷格那諾克」（Ragnarök，別稱「諸神黃昏」），雙方人馬會激烈戰鬥，且天神這方注定失利（不過，到底何時會發生？多數末日文獻提出的預測都相當含糊）。瀾在海底裡的死亡國度中，其實有個冷漠的女神同夥海爾（Hel），她是洛基（Loki）和安格爾柏妲（Angrboða）所生的女兒，其手足有魔狼芬里爾（Fenrir）和魁梧的大蛇耶夢加得（Midgard Serpent），而海爾所掌管的神秘世界正是以其名來命名，就詞源學來說，「Hel」與古代英語的「Hell」有關聯，同樣都是從原始日耳曼語「xaljō」演變而來，意指「隱匿之地、地底世界」。同時，我們也追溯發現「Valhalla」（瓦爾哈拉），意指「殘殺之廳」，的確與現代英語「hall」有關。《散文埃達》（*Prose Edda*）告訴我們：「她（海爾），一半藍黑色、一半肉色（所以很好辨認），且相當陰沈、凶惡。」

《散文埃達》其中一卷《欺騙古魯菲》（*Gylfaginning*）的第49篇中，描述到神的信差赫爾莫德（Hermóðr），也就是奧丁（Odin）的兒子，屈膝跪在海爾面前，懇求要交付贖金來換回兄弟巴德爾（Baldr）。

我們從冰島晚期居民在人生最後一趟旅程的陪葬品之中，可進一步找到有關海爾的描述：昏暗不明之地，這裡的靈魂生前有勇者、也有怯懦的人，但這神秘之地已演變成「貪生怕死」的亡者靈魂去處，也就是在戰鬥中不英勇的人，儼然就是上述瓦爾哈拉的慘淡對照。13世紀時，海爾發展成為與基督教地獄相似的地方，充滿著不幸、痛楚與懲罰。13世紀早期的冰島歷史學家史洛里・斯圖拉松（Snorri Sturluson）說道：「惡人得去海爾，接著還要下到霧之海爾（Misty Hel），那是個遠在第九世界裡的地方。」斯圖拉松指出，只要不是因為光榮而死亡，而是因為年老或疾病而死的靈魂都會來到海爾，個個模樣蒼白、瑟瑟發抖。

1859年所繪製的尤克特拉希爾，係為古代斯堪地那維亞的世界之樹，連結天堂、物質世界與地底世界。

根據《詩歌埃達》（*Poetic Edda*）裡的《格里姆尼爾之歌》（*Grímnismál*）這一首詩，海爾位在世界之樹尤克特拉希爾（Yggdrasil）三條樹根其中一根的底下，是一個偌大的廳廊（其他文獻則認為海爾的位置在極北邊，是個寒冷、黑暗的地方，且就跟希臘神話裡的黑帝斯一樣，海爾的入口也有跟地獄三頭犬塞拜羅長得很像的凶殘野獸在看守）。斯圖拉松寫道：「海爾女神的高牆巍然聳立，海爾女神的大門尤其雄偉，海爾女神的廳廊取名『寒霰』，海爾女神的餐點叫做『飢餓』，至於『飢荒』則是她的刀，『遊手好閒的』都是她的奴隸，『邋遢的人』是她的女僕，『跌撞混亂之地』是她進屋時踩在腳下的門檻，『疾病』是她的床鋪，『閃耀的捆繩』是她的吊床。」

海爾的周圍也很有趣，想要離開活人世界的人會騎上海爾維爾（Helvegr，前往海爾的道路），騎著騎著真實世界就會在這偏遠地區逐漸變模糊。《布倫希爾德赴海爾》（*Helreið Brynhildar*）這首短詩中，主角布倫希爾（Brynhild）遇到一位過世的女巨人，而相遇的地點就在這位女巨人的墳墓這裡，他們在海爾維爾上騎乘華麗馬車，這馬車是地上世界做法事燒給她的。在《巴德爾的夢》（*Baldrs Draumar*）裡，奧丁（Odin）一路穿越海爾維爾，來到地底世界，準備和一位女先知密談，因為兒子做了關於自己會死亡的異象。

世界末日也有海爾的角色存在，因為正是那隻「來自海爾廳廊的炭黑赤紅雞」的啼叫聲，隱約宣告雷格那諾克（諸神黃昏）要開戰了。不過，談論海爾的詩歌之中，戲劇性最強的是後來才問世的《女巫的預言》；就在戰爭一觸即發之際，世界準備被這場得不償失的衝突給撕成碎塊，海爾的死人組成幽靈船艦隊，由洛基負責發號司令，帶領艦隊前往最終戰的戰場：

> 從北方的海面上來了一艘船，
> 洛基掌著舵，載滿海爾來的，
> 既野狼之後，野人也出現了，
> 一起來的還有兄弟畢耶斯（Byleist）。

《格里姆尼爾之歌》的作者還寫道：「謀殺的主，看來很艱苦……設法走過洪流荒野。」

出自1760年的冰島手抄本，繪製布倫希爾德騎馬去地獄找巴德爾的情景，此作現收藏於丹麥皇家圖書館（Royal Danish Library）。

史洛里．斯圖拉松著作《散文埃達》手抄本的封面，繪製了古斯堪地那維亞神話中的奧丁、海姆達爾（Heimdallr）、斯雷普尼爾（Sleipnir）等人物。

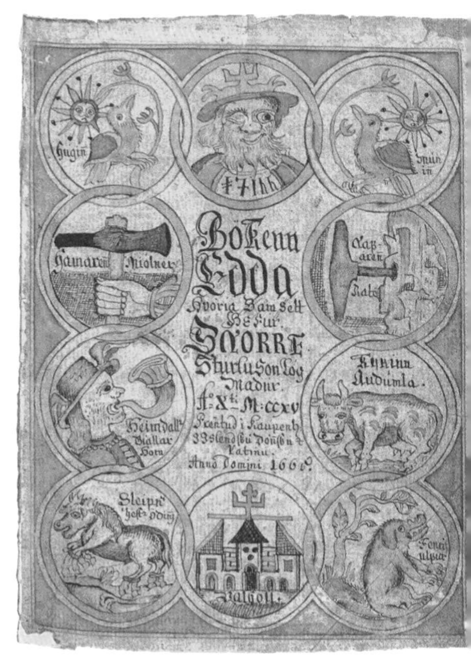

哲罕南：伊斯蘭地獄

JAHANNAM: ISLAMIC HELL

伊斯蘭教的信仰中，死後的靈魂會被死亡天使亞茲拉爾（Azrael）帶去巴爾撒克（Barzakh），這地方有點像是在等待審判日到來的靜止之地。這麼一個介於死亡和重生之間的區間，《可蘭經》並未談到很多，倒是後來的文學創作一再強調美德的重要性。虔誠穆斯林（Muslim，即伊斯蘭教徒）的死亡過程會相當祥和、順利，但異教徒的靈魂則是從肉體上被拔除，且要是未能通過蒙卡和納克（Munkar and Nakir）的訊問和審判，那麼就會被折磨到地獄有空位之際，然後接著開始承受更加殘忍的虐刑。「至於善功的份量較輕者，他的歸宿是深坑。你怎能知道深坑裏有什麼？有烈火。」（《可蘭經》101:8-11）

另一個地方則是哉奈（Jannah），有時會簡稱為「樂園」（the Garden）。要到這地方來的話，得完成一躺相當危險的色拉特橋（As-Sirāt）旅程；每個死人都得走過這座橋才能抵達天堂。由於善行的緣故，虔誠的人速速就能走完，但罪人走上這座橋時，據說橋就會變得跟人的頭髮一樣細窄，且會冒出尖刀，讓罪人因而掉下橋，墜入橋底下的地獄之火。

專收吝嗇鬼的地獄，以及阿諛奉承者的地獄，此作出自約在1465年完成的手抄本。

出自1436年版的米若噓馬納斯（Me'rāj-nāmas，升天之書），描述先知穆罕默德的夜行登霄以及造訪地獄之旅。

在《可蘭經》裡，地獄被稱為哲罕南（Jahannam）或是格亨那（Gehenna），出自希柏文聖經的欣嫩子谷（Gey-Hinnom），這山谷在耶路撒冷附近，有些猶大王國（Judah）的國王會在這裡火祭小孩（詳見78頁）。哲罕南的火無法撲滅，且伊斯蘭傳統相信哲罕南的火比地球上的火還要熱上69倍，這是罪人持續不斷燃燒自己所產生的熱力。舉個例子來說，《可蘭經》2章24節說道：「……當防備火獄，那是用人和石做燃料的，已為不信道的人們預備好了。」接著在21章98節說：「你們和你們捨真主而崇拜的，確是火獄的燃料……」，以及72章15節：「至於乖張的，將作火獄的燃料。」

伊斯蘭哲學家安薩里（al-Ghazali，約莫生於1058年，卒於1111年）誇張地描述末日審判，還賦予地獄擬人化身。安薩里所形容的哲罕南甚是吸引人且具體；哲罕南大到可以終結世界，是隻殘暴的野獸。哲罕南緩步移動攻擊人類，「發出了響亮的撞擊聲，哐啷作響，並隨著低沈嗚咽的聲響」；每個人，就算是先知也是一樣，無不驚恐屈膝下跪。當哲罕南這隻野獸逼近時，亞伯拉罕、摩西、耶穌都會害怕到緊抓住神的寶座。可是，先知穆罕默德（Muhammad）卻是一把揪住哲罕南的轠勒，命令哲罕南退回去，等到人類準備好才會往哲罕南去。

格拉納達王國（Granada）的法官阿亞德（Qadi Ayyad，生於1083年，卒於1149年）也在其《末世手冊》（*Daqa`iq al- akhbar fi dhikr al-janna wa-l-nar*）一書中，把火給擬人化了。這隻野獸有4隻腳，每隻腳的尺寸都是「1000年」，且每隻腳上都扛著30顆頭，每一顆頭都有3萬張嘴，每一張嘴都有3萬顆牙齒，每顆牙齒都大如高山，且每一張嘴的雙唇都釘了鐵鍊，鐵鍊共計有7萬個圈，每個鐵圈上有「數不清的天使」。

出自16世紀晚期《重生的條件》（*Aḥwāl al-Qiyāma*），繪製地獄裡的懲罰。

另可在其他的《聖訓》（*Hadiths*，收錄了先知穆罕默德教導的傳統觀念，與《可蘭經》並列為穆斯林的重要教義指引）之中，進一步找到有關地獄這隻怪物的描述。當神召喚「火」前來時，牠「用4隻腳走路，且還綁著7萬條韁繩，每條韁繩上有7萬個鐵圈；就算把全世界的鐵都聚集起來，總重也不足這麼一個鐵圈。每個鐵圈上有7萬名地獄使者，隨便一位使者只要一聲令下，山就能夷平，陸地也會粉碎。」另外，《聖訓》也描寫了「火」的聲音，就像一頭巨大的驢子發出的驢叫聲。

除了把地獄描述為活生生的生物之外，我們還找到哲罕南的地理環境描繪，上述提到的區域構成同心圓的異世界火山口，位置是在扁平狀地球的另一面。相關經文位於《可蘭經》15章43-44節：「火獄必定是他們全體約定的地方。火獄有七道門，每道門將收容他們中被派定的一部分人。」

法官阿亞德詳細闡述了這七道門，每道門都有名字，且門後藏著不同的地獄。直通最底層地獄的門稱為哈為耶（hawiya，深淵），專收偽善的人，以及面對真理沒有從一而終的人。下一道門是哲希姆（jahim，火獄），多神論者的去處。《可蘭經》裡曾提過3次的拜星教徒（Sabian），會被送來塞蓋爾（Saqar，烈火）。拜火教徒和崇拜撒旦的人，則是會到第四道門拉薩（laza，火焰）。至於猶太人則是前往第四道地獄門侯泰邁（hutama），而基督徒是分配到第六道門塞伊爾（火，sa-ir）。哲罕南是第七道門，犯下重罪的穆斯林就會被召喚到這裡來。

由於上天堂和下地獄的主要入口同在天堂的最底層，就在彼此的附近而已，所以等待進入自己所屬地獄門的這段時間，還得煎熬看著品德端正的人進到天堂。事實上，兩條隊伍中間雖然隔著牆，但綿延排下去時仍會彼此緊鄰。《可蘭經》高處章（Surah Al-A'raf），即7章 44-51 節，就曾描述這殘忍又諷刺的情景：「樂園的居民將大聲地對火獄的居民說：『我們已發現我們的主所應許我們的是真實的了。你們是否也發現你們的主所應許你們的是真實的嗎？』他們說：『是的。』 於是，一個喊叫者要在他們中間喊叫說：『真主的棄絕歸於不義者。』」除此之外，注定要進入到地獄的還會央求上天堂的施捨一點阿拉（Allah）供給的水，但都會被拒絕。

《可蘭經》和《聖訓》的經文裡，無論是就地理環境來說，還是就性質而言，同樣都把「火」視為天堂的相反對照，且是徹底實在的顛倒與相反。因此，為了襯托出天堂的美好，地獄有著各式各樣準備懲罰罪人的酷刑。最為慘烈的虐刑就是遠離神，專門用來懲罰不信的和走歧路的，他們在痛苦之中驚醒，發現自己沒有遵從阿拉的指引和訓誡，所以阿拉才會對他們發怒。

話說回來，那肉體酷刑的痛苦程度，絕對比得上那欠缺的屬天之愛。舉例來說，那些私藏糧食的會被迫把一整袋的自私自利總量扛在背上；偷藏救濟窮人物品的會被咋比巴坦（zabibatan）虐待，這隻光禿禿的生物會捲曲尾巴來纏繞勒死罪人。其餘的得承受腫脹且流膿的生殖器，非常之噁心，凡靠近的都會做噁吐出來。另外，法官阿亞德還屢次述說，罪人會被蛇和體型大如驢的蠍子追殺。

哲罕南裡有個特色，那就是《可蘭經》稱之為「欑楛木」（Zaqqum）的地獄之樹（像56章52節就說道：「你們必定食欑楛木的果實」），這棵巨大的樹木是從地獄的底部生長出來的，其果實的外形宛如邪惡的頭顱。這也是在鏡射天堂，因為天堂有顆土巴樹（ ūbā）生長在金銀滿溢的河水裡（這顯然也與神話故事中瓦克瓦克島〔Wak-Wak〕的那棵樹木有關，許多人都在探險找尋這座島嶼，因為島上這棵樹結出的果實可是一顆顆會尖叫的人頭[5]）。《可蘭經》的經文也寫道：「欑楛木的果實，確是罪人的食品，像油腳樣在他們的腹中沸騰，像開水一樣地沸騰。」（44:43-46）

另在37章62-68節也描述道：「那是更善的款待呢？還是欑楛樹？我以它為不義者的折磨。它是在火獄底生長的一棵樹，它的花篦，彷彿魔頭。他們必定要吃那些果實，而以

5 可參閱《詭圖》一書，進一步了解瓦克瓦克島和其他歷史地圖上的神話特色。

它充實肚腹。然後他們必定要在那些果實上加飲沸水的混湯，然後他們必定要歸於火獄。」

雖然有點簡短，但是我們也有先知穆罕默德轉述其親眼所見到的地獄。記錄在「斯拉」（Seerah，傳統穆斯林的穆罕默德傳記）裡頭，算是「夜行登霄」（Night Journey）的其中一個版本，約莫發生在621年，先知一夜之間就從麥加（Mecca）飛到耶路撒冷，還騎乘模樣像隻白馬、有著翅膀的天馬布拉克（Buraq）上到「七重天」（Seventh Heaven）。斯拉第268小節提到加百列（Gabriel）帶著穆罕默德來到天堂最底層，也就是地獄入口

瓦克瓦克島上的神秘之樹，及其貌似人形的果實；出自1729年《西印度史》（*Ta'rikh al-Hind al-Gharbi*）。

那附近。每位天使都樂意見到穆罕默德，但只有掌管地獄的馬力克（Maalik）不歡迎穆罕默德。穆罕默德命令加百列去下令給馬力克，要馬力克打開地獄給穆罕默德瞧一瞧，馬力克服從命令、掀去遮蓋：「火焰往上噴向高空，直到我以為全部的東西都要被吞噬了才停止。」

穆罕默德窺看到罪人所承受的苦難：從孤兒那裡竊取的男人，現在得忍受有駱駝的恐怖雙唇，嘴中還有火在燒，火焰從臀部一路炸燒上來；產下私生子的女人，現在是被綁住乳房懸吊；追求禁忌女性而犯下通姦的男人，則是要吃下看來既新鮮又美味，但一下肚卻成了腐爛發臭的肉。穆罕默德看夠了之後，便速速要加百列請馬力克趕緊掩蓋起來。

穆罕默德的死後世界之旅中，天使馬力克照著先知穆罕默德的要求，打開地獄的門。

第66、67頁圖：虛構想像天馬布拉克的各部位組成，就是這隻有翅膀的生物載著穆罕默德完成「夜行登霄」，但圖中並未繪製出穆罕默德；此作品約可追溯至1770年。

中美洲的地底世界

MESOAMERICAN UNDERWORLDS

墨西哥帕連克（Palenque）碑銘神殿（Temple of the Inscriptions）內找到的7世紀石棺蓋，這是帕連克城邦（Palenque）基尼奇．哈納布．帕卡爾（K'inich Janaab' Pakal）阿豪（ajaw，馬雅文化的君主稱呼）的石棺。漂亮的死後世界圖畫極為驚艷，內容描繪了帕卡爾困在兩個世界之間，跌落地底世界裂口的險境，在帕卡爾上方的是停在「宇宙樹」（Cosmic Tree）上的天堂之鳥「穆安」（Muan）。

今日，我們會使用「馬雅」一詞指稱前哥倫比亞時期（pre-Columbian），也就是在現今墨西哥東南方、瓜地馬拉、貝里斯一帶蓬勃發展的族群。不過，這群人可不這樣稱呼自己，也不認為他們共享一種文化。西元前2000年，頭一批農業部落發展成形。到了前古典期（Preclassic，約莫是西元前2000年至西元後250年），出現了結構較複雜的社會。至於馬雅城市則是在西元前750年首次出現，到了西元前500年則有了巨型建築物和馬雅文化著名的灰泥牆面。

馬雅文化的藝術、建築、數學、曆制都很出名，前哥倫比亞時期發展完整的書寫系統也一樣受到矚目，此外，也孕育了美麗又複雜的宇宙觀和想法。馬雅人相信毀滅與重生是周而復始的循環：世界（是扁平的，靜靜座落在宇宙巨鱷背上的邊角，而這隻巨鱷則祥和地躺在水百合的池子裡）曾被徹底毀掉4次，又重新建造了5次。地球上方有13個天堂，會發出刺耳聲響的天堂之鳥「穆安」（Muan）罩住了天堂的頂端。

地球底下隱藏著9層地底世界，所以馬雅國王的巨大金字塔有9層，像是墨西哥帕連克（Palenque）的碑銘神殿（Temple of the Inscriptions）、瓜地馬拉提卡爾（Tikal）的一號金字塔（Temple I）、墨西哥奇琴伊察（Chichen Itza）的庫庫爾坎金字塔（Pyramid of Kukulcán）等皆是如此。每個宇宙層裡有多位不同的著名人物，都是馬雅文化的多神教諸神，光是有名字記載的就至少有166位。其中，最重要的神明是造物主（Maker）、創造者（Begetter）、藍綠板塊的造物主（Maker of the Blue-Green Plate）、至尊羽蛇神（Sovereign Plumed Serpent），以上幾位都有參與建造地球的工作。至於最讓人害怕的，則是在地底世界希巴巴（Xibalba）裡的神明；希巴巴這名字是由基切馬雅人（K'iche' Maya）命名的，可翻譯成「恐懼驚駭之地」，這地底下共有12位死神。以上資訊都是我們在《波波烏》（*Popol Vuh*，子民之書〔Book of the People〕）裡找到的資訊，此書於1550年，將口述流傳下來的敘述抄寫而集結成書。

馬雅文化裡的死神會跑到人們居住的世界，傳播疾病和帶來痛苦。死神中為首的是「一死神」（One Death）和「七死神」（Seven Death），不過在拉坎敦人（Lacandon people）的口述資料裡，僅有一位死神為首，即骷顱金辛（Cizin），而排在後頭的瘟疫惡魔都是兩兩一起行動：飛翔之痂（Flying Scab）與採血者（Blood Gatherer）會在受害者的血液裡下毒致病，膿血主宰（Pus Master）與黃疸惡魔（Jaundice Demon）會害身體發腫，脊骨權仗（Bone Sceptre）與頭顱權仗（Skull Sceptre）會把屍體變成骷顱頭，翅膀（Wing）與包帶（Packstrap）會讓外出的人咳血致死，掃除惡魔（Sweepings Demon）與刺捅惡魔（Stabbing Demon）會躲在住家骯髒的地方，伺機跑出來刺殺沒有按時整理家務的人。

約莫西元600至900年製作完成的馬雅陶製花瓶，圖案分別為3位地底世界的神明。

冥界希巴巴非常遼闊，走也走不出去，且隨處隱藏著會跑出來偷襲的邪魔。《波波烏》一書描述希巴巴是個規模龐大的欺詐城市，光是走在外圍就得克服一連串的陷阱。首先得渡過滿是蠍子的河水，再走過流著濃血的河流，以及會不斷分泌出膿液的河川。接著會來到一個十字路口抉擇去向，每條路都會大聲開口喊話，矇騙旅人走上歧路。最後旅人會來到希巴巴的議會廳，並得依據命令對著王位上的神問安，不過這過程相當混淆且丟人，因為這位神的身邊還有很多尊做得惟妙惟肖的假神明，所以很難判斷到底該向誰問安才是對的。接下來，死後的旅人可以前往一排長椅坐下休息，好平復一下剛剛侷促不安的心情，只不過最後會發現這椅子其實是用灼燙鐵板做成的。

出自《博爾希亞手抄本》（Codex Borgia）第52頁，描繪阿茲特克文明（Aztec）地底世界米克蘭（Mictlān）北半邊的米克蘭北（Mictlampa）。《博爾希亞手抄本》是本有關中美洲做法和占卜的手抄本，完成的時間應在西班牙人佔領墨西哥之前。

馬雅花瓶畫家城市大師（Metropolitan Master）的作品，此圓形飲用杯乃是現存馬雅神明畫像中最精美的作品；駭人死神的眼球被擠凸了出來，屍體的腹部部位還圓滾滾地隆起。

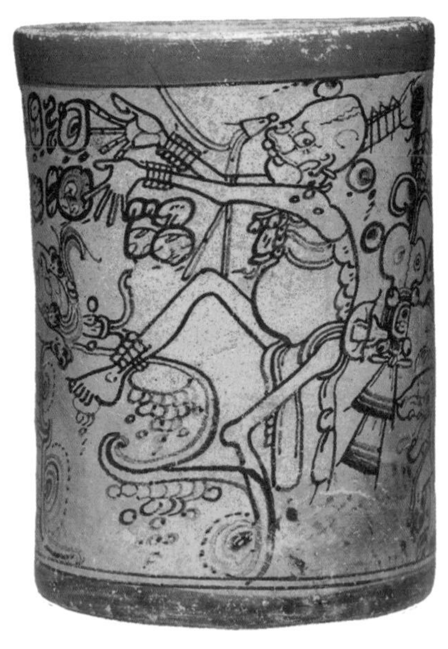

當希巴巴的神明玩夠了羞辱的遊戲之後，死後的旅人就會被送往下一道關卡，後面至少還有6間屋子準備要測試旅人的耐力。暗屋（Dark House）裡面完全沒有燈光；嘎吱屋（Rattling House），又名寒屋（Cold House），這裡的溫度一直維持在零度以下，伴隨著打在牆面上彈飛而起的冰雹；第三間屋子裡滿是火焰和難耐的高溫。虎豹屋（Jaguar House）裡有飢餓的叢林大貓緩慢匍匐前進；另一間屋子裡則有從高處俯衝、呼嘯衝來的蝙蝠；最後一間是刀刃屋（House of Razor Blades），隨處可見恣意亂飛的刀刃。顯然在馬雅文化裡，死後沒有權衡善行與品性的審判制度，只有死在特別暴力情況下的亡魂才不會被送來希巴巴；其餘所有的靈魂都得完成這一連串的試煉，這也就是為何馬雅人死後的陪葬物品裡，有許多救急用品，像是武器、道具、寶石、飽肚用的可可、陪伴的寵物狗——有真狗，也有陶製的。

13世紀初期，印加文明（Inca）於秘魯高地萌芽，直到1572年遭西班牙攻陷才滅絕，而其宇宙觀架構相對簡易許多。儘管印加文明沒有書寫傳統，僅以口傳方式傳承神話故事，但帕查（pacha，世界）的觀念也流傳了下來。宇宙一分為三：哈南．帕查（hana pacha，上面的世界）、卡伊．帕查（kay pacha，現有的世界）、烏庫．帕查（ukhu pacha，下面的世界），三者皆具備有形的地理環境，並共享一個時間而運轉。此種對立世界的和諧共存，是印加文明有趣的典型哲學觀點，即亞南提（yanantin，互補雙制），現今安地斯人（Andeans）仍持續在使用這個詞彙，意思是指每一樣存在的東西都會有個特性對立的東西，以利達到平衡。

隨著西班牙入侵，以及相繼而來的天主教傳教活動，哈南．帕查便與基督觀念裡的天堂結合，而對立的烏庫．帕查（克丘亞語〔Quechua〕稱為烏林．帕查〔urin pacha〕，艾馬拉語〔Aymara〕則稱為曼卡．帕查〔manqhapacha〕或是曼奇．帕查〔manqhipacha〕）則與基督傳統的地獄相連結，由死神蘇帕伊（Supay，與惡魔同夥）掌管，其邪惡軍隊也稱為蘇帕伊，會定期跑到人類的世界來搗亂。印加文明

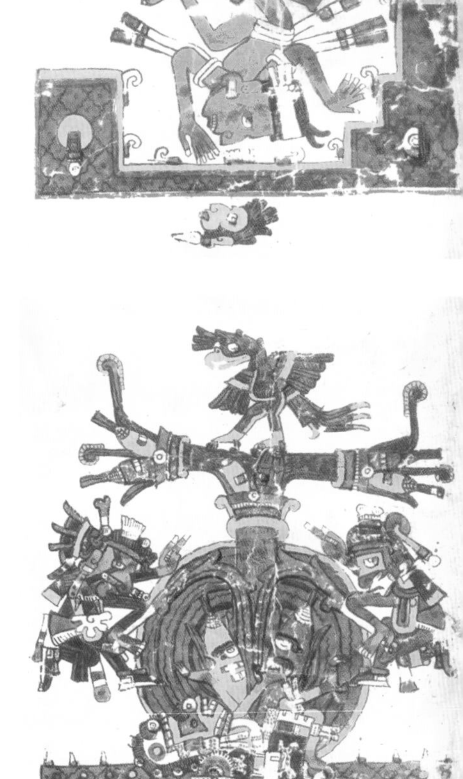

《博爾希亞手抄本》第53頁繪製了阿茲特克文明的死後世界神明，左圖是索奇皮利（Xōchipilli），掌管藝術、情慾，也守護男妓。

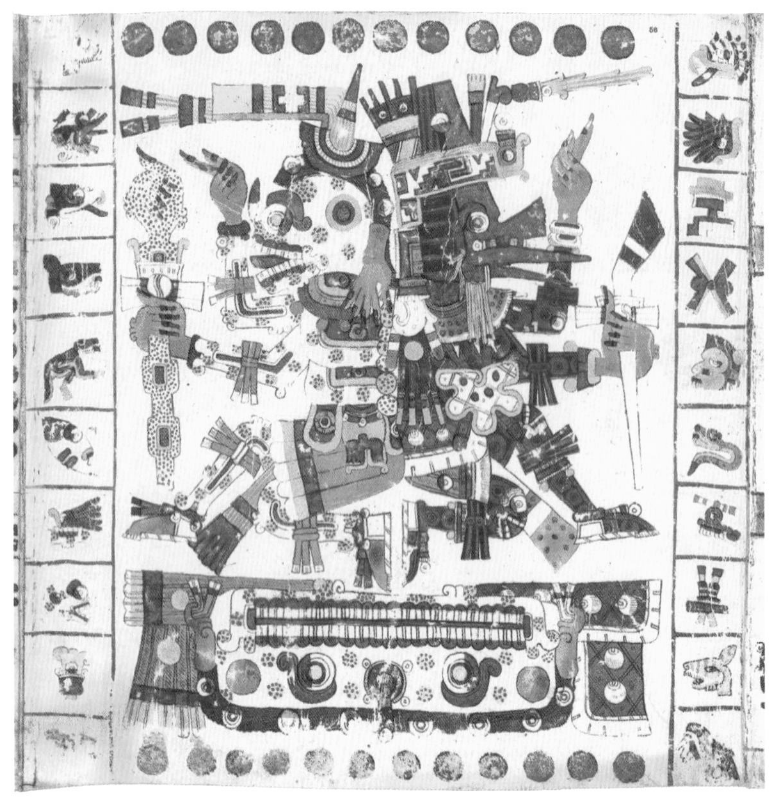

左邊是死神「米克特蘭特庫特利」，也是主宰地底世界的神明；右邊是「魁札爾科亞特爾」，掌管智慧的人，也是西方之神（Lord of the West），同時象徵生命。

有其簡單的行為法則：不竊取、不撒謊、不懶惰（ama suwa, ama llulla, ama quella），以避免死後下地獄。人過世後，摯愛的親友會將其做成木乃伊，且雖不常見，但有些會被擺成坐姿，示意要起身走往下一段人生。為了幫助亡者順利完成試煉，埋葬屍體時，同時也會放入水罐之類的陪葬品；要是生前心臟被吃掉或是受傷了，那麼就會在心臟的位置放上一顆更漂亮、耐用的物品——即寶石。

前哥倫比亞時期中美洲文化共有的死後世界觀念特點有；蘇帕伊、基切人的一死神和七死神、拉坎敦人的骷髏金辛，三者在阿茲特克文明裡的共同點就是「米克特蘭特庫特利」（Mictlāntēcutli），地底世界米克蘭的統治神，這段阿茲特克文明從1300至1521年在現今墨西哥中部一帶蓬勃發展。米克蘭一樣有9層，是阿茲特克文明早期傳說的特色。

有回羽蛇神魁札爾科亞特爾（Quetzalcoatl）為了創造人類，跑到地底世界米克蘭去取骨頭，看到米克特蘭特庫特利就坐在死人的王位上，手裡拿著人的頭顱裝膿汁喝，周圍還有數隻貓頭鷹和蜘蛛。要米克特蘭特庫特利點頭同意取走

陶製品，阿茲特克文明的死神「米克特蘭特庫特利」；前往地底世界的路途上，死者得冒著被刀刃旋風削到只剩骨頭的風險前行。

骨頭，羽蛇神得走遍地底世界米克蘭，並用海螺殼大聲吹出聲響致意4次才行。可是，米克特蘭特庫特利拿出來的海螺殼根本就沒有洞孔，不可能吹出聲音，於是羽蛇神便命令昆蟲咬穿海螺殼，然後再往裡頭裝滿蜜蜂。看到羽蛇神出了這招，米克特蘭特庫特利也只能承認羽蛇神成功了，不情願地交出骨頭。不過，羽蛇神在回程中不慎掉入米克特蘭特庫特利挖掘的陷阱，導致有些骨頭斷掉成小碎塊——阿茲特克人相信，正因為如此，人類才會有些高、有些矮。

地底世界米克蘭是多數阿茲特克人的終點站，但少數人可能會有其他歸屬：在戰場上英勇犧牲的戰士，以及把自己獻祭給神的人會往東邊去，跟著太陽在早晨升起。因生產而死亡的女人則是往西邊去，跟著太陽西沈。至於在暴風雨、洪災等跟雨神特拉洛克（Tlaloc）有關聯的災難中喪命的，則是前往天堂特拉洛坎（Tlālōcān，見181頁）。

最奇特的終點站，或許就是「奇其烏奎烏特」（Chichiualquauitl）了，可解釋為「乳房樹之地」（Land of the Breast Tree），那裡有棵有名無實的「奇其胡庫烏可」（Chichihuacuauhco）大樹，上頭掛滿了滴著乳汁的人類乳房。16世紀多明尼加傳教士佩德羅．洛司．里歐斯（Pedro de los Ríos）的說明指出：「未滿合理年紀而死亡的孩童，其此生的靈要經過的第三個地方便是這裡了。」墨西哥人類學家米格爾．里昂．波地亞（Miguel León-Portilla），使用了同為16世紀的《佛羅倫斯手抄本》（*Florentine Codex*），表示這棵保母樹相當重要，因為這棵樹生長在「塔蒙安裳」（Tamoanchan），也就是神話裡中美文化的起源地。

約莫在西元100至800年期間，秘魯北部的莫切文化（Moche）興盛發展。此作品為莫切文化祭祀用的器皿，象徵一位性生活活躍的地底世界活死屍，其比例誇張的那話兒是為了強調富有能力自慰，製造出精子來滋養在世的地球。

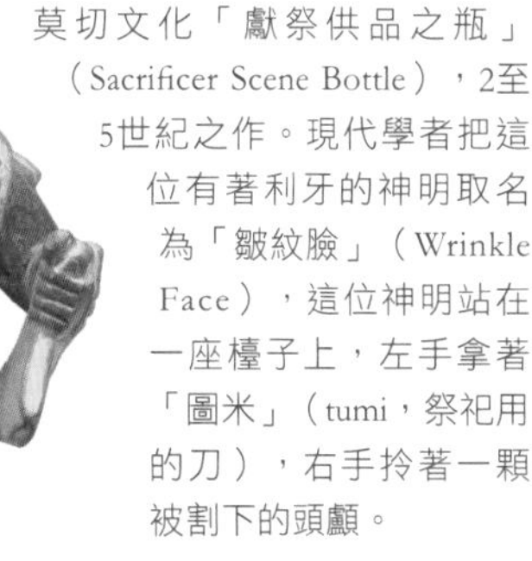

莫切文化「獻祭供品之瓶」（Sacrificer Scene Bottle），2至5世紀之作。現代學者把這位有著利牙的神明取名為「皺紋臉」（Wrinkle Face），這位神明站在一座檯子上，左手拿著「圖米」（tumi，祭祀用的刀），右手拎著一顆被割下的頭顱。

聖經裡的地獄
BIBLICAL HELL

蕭奧與格亨納 SHEOL AND GEHENNA

希伯來聖經《塔納赫》（*Tanakh*）共計有24卷書，收錄了古時以色列人的寫作，也成為《聖經・舊約》的基礎。多數基督教徒和虔誠的猶太教徒，深信《舊約》的內容就是神的話語。這本希伯來聖經裡，有兩個字特別吸引地底世界的探險家，那就是「蕭奧」（Sheol）和「格亨納」（Gehenna）。

蕭奧在《塔納赫》裡出現的次數超過60次；古時以色列人和其鄰居美索不達米亞居民一樣，都相信地底世界是個人死後都會去的墳墓。就跟冥界庫爾（見24頁）一樣，蕭奧也是個黑暗、到處都是沙塵的地方。重要的是，主要學者都同意蕭奧這地方一點都不像我們現在對「地獄」的認知；事實上，2004年，猶太教現代學者艾倫・西格爾（Alan Segal）在其著作《死後的日子》（*Life After Death*）如此寫道：「我們希伯來聖經裡讀不到有關天堂與地獄的觀念，既沒有明確的審判規定，也沒有給罪人的懲罰，更沒有給善人的至福獎勵。」

蕭奧最常被拿來跟希臘的黑帝斯相比較，是一個少有生命存在的乏味神秘世界，但更精確來說，或許蕭奧可等同於根本意義上的埋葬地，即「墓地」或「墓坑」。第二聖殿猶太教（Second Temple Judaism）期間，約莫是西元前500年至西元後70年，大家開始相信蕭奧裡有個名為「亞伯拉罕

右頁圖：彼得・保羅・魯本斯（Peter Paul Rubens）約在1620年完成這幅《墜入地獄的罪人》（*Fall of the Damned*），描述天使長米迦勒（Michael）把背叛的天使扔向深淵，遠離神的愛。

下圖：耶羅尼米斯・波希（Hieronymus Bosch）的追隨者畫了這幅《基督下陰間》（*Christ's Descent into Hell*），描述基督拆除地獄的門，解救善人的靈魂。

的懷抱」（Abraham's Bosom）之地，那是保護善人安全的地方；這顯然是種寬慰、饒恕，因為可以逃躲過一定得進到那個地方的命運，正如《詩篇》（*Psalms*）作者在86章12-13節寫道：「主——我的上帝啊，我要全心全意地讚美你……因為你深愛我，從陰間（英文版譯文：Sheol 蕭奧）的深處拯救了我。」接著，30章2-3節也說了：「我的上帝耶和華啊，我呼求你，你就醫治了我。耶和華啊，你從陰間（蕭奧）把我救出，沒有讓我落入墳墓。」

就地理位置來說，蕭奧位在地球某個「深處」（《以賽亞書》〔*Isaiah*〕7:11），是個距離天堂最遙遠的地方（《約伯記》〔*Job*〕11:8）。縱使活人的時日未到，但有時還是會被丟進蕭奧，此時地球就被形容是「開口」吞下（《民數記》〔*Numbers*〕16:30）。蕭奧是一塊大地，是個有門閂的地方（《約伯記》17:16），位在坑中的「極處」（《以賽亞書》14:15）；死人在這裡的存在是黯淡無光的，「沒有生命的」既無知識也無知覺（《約伯記》14:13），這裡是個寂靜的領域，對誰進到這兒來也都毫無知覺（《詩篇》88:13）。

另一方面，格亨納（Gehenna，亦可寫作 Gehinnom）可是真實存在於陸地上的地點，可以實際前去走一趟的地獄，其位在耶路撒冷南方的一處小山谷，又名「欣嫩子谷」（valley of the son of Hinnom）。據悉，確切位置是在陀斐特（Topheth）這個地方，古時迦南人（Canaanite）為了獻祭給摩洛（Moloch）和巴力（Ba 'al）兩位神明，會在這裡活生生燒死自己的孩子，並藉由擊鼓來掩蓋慘叫聲。因此，《列王紀下》（*2 Kings*）的作者才會在23章10節寫道：「他又污穢在欣嫩子谷的陀斐特，不許人在那裡將兒女焚燒獻給摩洛。」

也因為如此，格亨納被視為詛咒之地，沒多久就被形容成地獄的模樣，且當英文直接用「hell」（地獄）一詞取代格亨納這個名字時，大家就更加混淆了。後來，格亨納又被描述成審判之地，這裡的火持續不斷燃燒；此部分可追溯到在法國普羅旺斯（Provence）出生的中世紀拉比大衛·秦慕奇（Rabbi David Kimhi，生於1160年，卒於1235年），其就《詩篇》27章所寫的註釋指出，這山谷裡令人難受的不滅火焰，乃是為了能夠持續燃燒毀滅廢物，罪犯和動物的屍體都會被丟進這裡（不過，並未有考古學的發現或是任何文獻資料能夠證明支持此一廢物坑的說法）。

地獄的地理結構；出自耶羅尼牡·那塔里（Hieronymo Natali）1596年版的著作《福音圖史》（*Evangelicae historiae imagines*），一本圖解尋求福音的書籍。

米開朗基羅（Michelangelo）位於西斯汀教堂（Sistine Chapel）的作品《最後的審判》（*The Last Judgement*），此作約莫完成於1536至1541年之間。作品的整個場景之中，焦點落在基督的化身上，此時正準備宣告最後審判的裁決。

在拉比文學（rabbinic literature）之中，格亨納是壞人的歸屬，但比較偏向滌罪所（purgatory）的概念，只要認罪承認過往犯下的錯事即可離開。拉比文學認為格亨納非常大，這個地下深淵可經由海床抵達，且是透過一個小洞與地球相連，而格亨納的火焰就是從這個小洞口噴出、加熱地面。有些拉比文學的作者指出，小洞口位在欣嫩子谷，就在兩棵椰子樹之間，入口處分別有3到7的編號。另有作者指出，格亨納比伊甸園大上60倍（此外，同批作者也認為伊甸園比這世界大60倍）。至於其他的作者，倒是認為格亨納持續在擴大，為的是要能夠容納更多靈魂。猶太人在格亨納最長的刑期是11個月（特別邪惡的人是12個月）。與蕭奧、黑帝斯相比，格亨納相當不一樣，但是你很難在聖經裡找到這個幾個字，就連欽定本聖經（King James Version）也是如此，因為這幾個單字都被翻譯為盎格魯薩克遜（Anglo-Saxon）語言的「hell」（地獄，中文版聖經多譯為「陰間」）。

在希伯來聖經《塔納赫》（或是《聖經・舊約》）之中，我們很難以找到傳統基督徒對死後世界的看法。對古代以色列人來說，死亡就足以算是故事的終結篇了。不過，到了舊約時代非常晚期的時候，猶太人最後審判和重生的觀點開始成形，到了歷史耶穌（the historical Jesus，係指以考古學和古文獻確認曾活在這地球上的那位耶穌）的時代，想法越發明確了。（據悉可能是受到拜火教的二元神教影響所致，但是2020年，學者巴特・葉爾曼（Bart D. Ehrman）在《天堂與地獄》（*Heaven and Hell*）一書中，指出到底是誰影響誰這點還未能完全釐清。）

18世紀之作，摩洛的獻祭雕像，底下有火在燒，雕像軀幹有7間小孩獻祭之用的房間。出自1738年，約翰・隆德（Johann Lund）的《古老的猶太聖地》（*Die alten jüdischen Heiligthümer*）。

時間結束的時候、人類歷史都了結之際，神會讓善人和惡人都復活，回到原本的軀體之中。神於地球上打造烏托邦般的國度，善人可在此永遠安詳地幸福生活。惡人的話，則是得面對自己的罪行，然後自此永遠被抹去、消失無蹤。這幾乎確定就是歷史耶穌和其早期追隨者的觀念了，他們不相信人死後靈魂會上天堂或是下地獄。然而，神的國度將會來到地上，這點可說是耶穌教導的核心，連年代最久遠的福音書（Gospel）開頭也這樣說了：「時候到了，神的國近了，你們應當悔改，相信福音。」（《馬可福音》〔*Mark*〕1:15）

耶穌過世之後，門徒持續到處宣教，傳講耶穌的教導，且還改變了教導內容。原因是耶穌所預言的末日並未來到，所以得重新判斷解讀耶穌的教誨。接著，大家所相信的教導，不再是等到末世才會引領大家進入永生，而是每個人死後沒多久就得面對天意。此外，耶穌曾說過神的國度會來到地上，徹底毀滅惡人，也已轉變成會在不同的地方執行懲罰與獎勵。這樣過了幾百年後，大眾也逐漸建構起地獄的觀念。

希臘文版的《聖經・新約》並未出現「hell」（地獄、陰間）這個字，而是使用下列三個字：希臘文的「Tartarus」（塔耳塔洛斯）、「Hades」（黑帝斯），以及希伯來文的「Gehinnom」（格亨那）。那麼，《新約》提供了哪些有關地獄的線索呢？《馬太福音》（*Matthew*）5章22節警告人們「難逃地獄的火」這個懲罰，要想盡一切方法避開那「永不熄滅的火」；而在18章9節則說道：「如果你的一隻眼睛使你犯罪，就把它挖出來丟掉；你一隻眼睛進永生，總比有兩隻眼睛被投進地獄的火裡好。」另在22章13節指出，地獄是「外邊的黑暗（之處）；在那裏必要哀哭切齒了。」此外，《猶大書》（*Jude*）的作者在1章13節寫道：「流蕩的星，有墨黑的幽暗為他們永遠存留。」

不過，要說描述最為具體的章節，那非《啟示錄》（*Revelation*）莫屬了，此卷書涵括許多異象的內容，是《新約》教規中唯一一卷談論有關末日的書。其作者自稱是「約翰」，而現代學者判定這位是來自希臘拔摩島的約翰（John of Patmos）[6]，寫作時間點是迫害基督徒的羅馬帝王多米仙（Domitian）在位的時期，即81至96年。此書富含豐富的想像力，以巨獸之間的戰鬥，描述了善與惡兩道力量精彩生動的爭戰。一隻巨龍（有7顆頭、10個角，頭上還有7個皇冠）用龐大的尾巴，把天上三分之一的星星給拖拉扔到地上（《啟示錄》12:3-4）；接著，「我又看見一個獸從海中上來，有十角七頭，在十角上戴着十個冠冕，七頭上有褻瀆的名號。」（《啟示錄》13:1）從海裡來的野獸，被另一隻體型同樣巨大但是是來自陸地的野獸尾隨（海裡來的野獸被解讀為羅馬帝國，因其帝國城鎮跨越了7座山丘，至於陸地上的野獸則被認為是代表羅馬帝國的異教徒）。

《啟示錄》20章也提到了地獄的坑，舉例來說：「我又看見一位天使從天降下，手裏拿着無底坑的鑰匙和一條大鍊子。他捉住那龍，就是古蛇，又叫魔鬼，也叫撒旦，把牠捆綁一千年，扔在無底坑裏，將無底坑關閉，用印封上，使牠不得再迷惑列國。等到那一千年完了，以後必須暫時釋放牠。」（1-3）

緊接在同一章第10小節裡，則是描述了「那迷惑他們的魔鬼被扔在硫磺的火湖裏，就是獸和假先知所在的地方。他們必晝夜受痛苦，直到永永遠遠。」《啟示錄》也寫到，那些名字沒有出現在生命冊（Book of Life）上的，會跟著

---

6 關於《啟示錄》，有個古怪之處，作者聲稱名叫約翰，可是此卷書卻非取名為「約翰福音」。反倒是第4本福音書的書名為《約翰福音》，但作者卻是匿名，僅自稱是「耶穌所愛的門徒」。

左圖和右頁圖：威廉・布萊克（William Blake）於1805至1810年之間，委託畫家詮釋《聖經》各卷書的內容，共計完成超過百幅畫作。在此兩幅作品都是受《啟示錄》啟發。
左圖：《紅色巨龍與身披太陽的女人》（*The Great Red Dragon and the Woman Clothed with the Sun*）
右頁圖：《紅色巨龍與從海面浮出的野獸》（*The Great Red Dragon and the Beast from the Sea*）。

死神和黑帝斯一起被扔進火湖裡。當死亡和地獄都被驅逐離開之後，神的國度就會降到地上：

我又看見一個新天新地；因為先前的天地已經過去了，海也不再有了。我又看見聖城新耶路撒冷由神那裡從天而降，預備好了，就如新婦妝飾整齊，等候丈夫。 我聽見有大聲音從寶座出來說：「看哪，神的帳幕在人間。他要與人同住，他們要作他的子民。神要親自與他們同在，作他們的神。

《啟示錄》21:1-3

就跟耶穌一樣，《啟示錄》的作者相信惡人會被消滅，永不得活。不過，眾多地獄的特徵之中，《啟示錄》裡的火湖倒是轉變成為永生焚燒罪人的地獄火坑。

第82、83頁圖：《女人與野獸》（*The Woman and the Beast*），出自約莫完成於1100年的《西洛斯的啟示錄手抄本》（*Silos Apocalypse*）。此作描繪《啟示錄》所記載的天堂之戰，披著太陽的女人腳下有月亮（圖中左上方），以及七頭龍的攻擊。

異象與地獄之旅
VISIONS AND TOURS OF HELL

從次經（Apocrypha）之中，可以進一步找到基督教（基督教一詞在本書指天主教、東正教、新教等派系的統稱，而華人慣用的基督教一詞係以新教為主）的地獄面貌。次經為早期基督徒的寫作內容，但由於無法掌握其來源，所以被排除在傳統基督教教規典籍之外。基督教剛開始的頭幾世紀所完成的次經文學，內容描述相當生動，還預言了審判日會非常恐怖，接著就會進入死後生活的狀態了。次經據稱是由知名使徒、聖人或是重要聖經人物所撰寫的；舉個例子來說，在4世紀《保羅啟示錄》（*Apocalypse of Paul*）的前言中，聖經法學家就表示在一個大理石的盒子裡，找到保羅的原始手稿和鞋子。

先把聖者的鞋盒放一邊，這群說謊偽造證據的人其實是自己露出破綻。他們聲稱「此項發現」的時間點落在388年，這讓中世紀學者感到相當疑惑，因為學者找到的文獻顯示保羅寫作的時間點可是得再往前推150多年。《保羅啟示錄》描述的地獄，有會噴出火焰的河流，地獄北邊則有個臭氣沖天的坑，專收異教徒；還有冷冽之地，有致命的雪球，隨處都聽得到牙齒冷到不停打顫的聲響。此外，地獄裡有大量的鮮血、蠕蟲（其中最恐怖的是那些「完全不睡覺休息」的蠕蟲，全都待在地獄北方的坑裡）、各種生物，以及手持施虐工具的復仇天使。這群復仇天使領頭的是塔耳塔洛啾斯（Tartaruchus，負責守護冥界塔耳塔洛斯），這位磨難天使（angel of torments）也是主要的施虐天使，同時還要負責監督審判日的到來。書中也寫到，縱使神說過，只有在生命最後5年所犯下的不潔行為會被納入審判，但每個靈魂都有專屬的天使負責記錄罪行。

《彼得啟示錄》（*Apocalypse of Peter*）成書的時間點更早，落在2世紀中期。書中寫到，迫害人的教派分子得面臨非常多的殘酷恐懼，全都是被迫害對象所起的誓和可怕的死後復仇。讓聖者彼得看過善人所屬的神的國度之後，基督就帶著彼得來到相對照的黑暗屬地；穿著黑袍的天使在這裡磨難罪人，褻瀆神的人被綁住舌頭吊起，下方有火在燒，還有些人則是被丟進火湖裡。通姦的女子被綁住頭髮懸掛在滾沸的糞便上方，不忠的男子則是被倒掛，頭直接浸入污穢物。謀殺的凶手全身佈滿飢餓的蠕蟲，並遭受邪物的攻擊，

右頁圖：3位蘭布兄弟（Limbourg brothers）約莫在1416年所繪製的華麗小畫像，收錄在《豐饒時節祈禱書》（*Très Riches Heures*）裡，此書是為了貝利公爵（Duke of Berry）而製。在湯代爾（Tundal）描述的地獄裡，惡魔是躺在一張鐵網上，並呼出炙熱的氣體把靈魂往上吹。

第86、87頁圖：隱匿在英國薩里郡查爾頓村（Chaldon, Surrey）的聖彼得與聖保羅教堂（St Peter and St Paul's Church）裡，這幅長5.2公尺的「死亡壁畫」（doom mural）讓人歎為觀止，闡釋天堂與地獄的忙碌景象，時間約可追溯至12世紀。

至於受害者的靈魂則能觀看到這一切，讚嘆神伸張正義。借款的騙子會被扔進滿是膿液和鮮血的沼澤裡去，違抗父母的小孩會被肉食性的鳥類給啄成細塊，觸碰魔法妖術的人會被釘在燃燒的旋轉輪上。他們無不哭喊哀求神的寬恕，但越是哭喊，磨難天使塔耳塔洛啾斯越會加重他們的痛楚，因為懺悔已為時已晚。此種形上學的火燒磨難讓人恐懼害怕，中世紀早期的神學家，像是聖奧古斯丁（生於354年，卒於430年）、教宗格雷戈里一世（Pope Gregory I，約生於540年，卒於604年）、托萊多的朱利安（Julian of Toledo）等，皆指出靈魂在死後世界是有形的存在（a physical being）；如同朱利安所描述的「近似於肢體」，死後依舊能感受到平安與劇痛。

並非只有聖人才會有異象與地獄之旅的經歷。都爾的格雷戈里（Gregory of Tours）在其著作《法蘭克民族史》（*History of the Franks*）中，提及蘭道院牧尚黝夫（Sunniulf, Abbot of Randau）的異象，其形容地獄像是個罪人的大蜂窩：「他自己曾在異象中，看到那麼一條火河，河岸邊某個地方聚集了許多人，那蜂擁急躁的樣子就像是蜂群想擠進蜂窩那般。」這個異象富含示警用意。格雷戈里接著寫道：「尚黝夫醒來之後，對修道士的要求就變嚴格了。」

另外，還有愛爾蘭傳道人福雪（Fursey）的異象，輾轉由可敬的畢德（Venerable Bede，約生於673年，卒於735年）傳播給世人。異象中，有位天使帶著福雪飛到某處黑暗的山谷，其上方有四團巨大的火球漂浮在半空中；天使告訴福雪這分別是給撒謊、貪心、製造衝突糾紛、無情與欺詐的懲罰。四團火球併在一起變成一顆大火球，福雪瞥見火焰中的惡魔，其中一個把受苦難的罪人朝福雪這邊扔了過來，打中福雪的臉。異象結束後，福雪回到自己的軀體，醒來時發現下巴有個燒傷的疤痕，那是被罪人打中造成的（畢德還進一步解釋福雪異象的可信度，指出福雪可以在大冷天裡，僅穿一件薄上衣講道，且還常常講到汗流浹背）。

到了1100年代，地獄異象成為神職人員和一般教徒專有的文學風格，其中極受歡迎的創作是《湯代爾的異象》（*Visio Tnugdali*）；此書約於1149年成書，精彩地描述了一段死後世界的旅程，作者馬克斯弟兄（Brother Marcus）聲稱是湯代爾爵士親口講述的故事。這位可愛的湯代爾，一日在晚餐餐桌上吃著吃著就昏迷了，然後到地獄待上3天時間，因為他把錢都花在聘請小丑、雜技、吟遊樂師上，卻沒有捐獻給教會。

守護靈帶著湯代爾遊走，去看謀殺案凶手被放在金屬爐架上高溫炭烤，也看到一座山的山坡，一邊著火焚燒，另一邊卻在下著雪，且兩道山坡之間還下著冰雹風暴，惡魔就在這裡用鐵叉和鐵鉤把罪人聚集在一起、推往下一項懲罰。湯代爾必須走在長300公尺的薄板條上（另一個說法是指走在欽瓦特橋〔Chinvat bridge〕），才能走到巨獸阿克隆（Acheron）那邊，這隻野獸的眼中冒著火，嘴裡還有兩隻惡魔跟柱子一樣站立著。守護靈溜走後，留下湯代爾被扔進一隻巨獸的肚子裡。等到守護靈順利把他救出，他們便繼續往前走：湯代爾發現一處湖泊，裡頭滿是手掌大小、長滿針的動物，且隻隻都分外飢餓；接著又遇到一隻體型龐大的鳥，正用鐵喙吃著犯姦淫的修女和神父，並把屎尿排泄到一處冰凍的湖裡，而男人和女人就在這裡生出蛇來。最後，正當有許多惡魔像蜜蜂一樣在湯代爾附近哼唱著「死亡之歌」（the song of death）之際，湯代爾終於見到路西法（Lucifer）了：

比烏鴉還要黑，長得有點像人，但卻有啄、有刺尾，還有上千隻手，每隻手都有二十根手指頭，指甲的長度全都超過騎士的長矛，腳和腳趾甲也都是如此，且手腳都捏著痛苦不堪的靈魂。他被鏈子拴住，躺在鐵製烤網上，網下是燒紅的煤炭，而其周圍圍繞著一群群各種不同的惡魔。每當他呼氣時，就會把捏緊住的受苦靈魂吹噴而上，吹去受地獄刑罰，而他吸氣時，又會把靈魂吸回來一再咀嚼。

（此場景的插圖可見85頁）湯代爾最終是醒來了，並發現自己「被穿在自己的軀體裡」。這則故事的敘事手法大受歡迎，至今總計約有250種不同版本的華麗手抄本流傳，且至少有15種不同的語言版本。

最後一項中世紀地獄之旅的文學作品是《瑟基爾的異象》（*The Vision of Thurkill*），講述挖溝渠的英格蘭農夫瑟基爾，被聖朱利安（St Julian）捲走，完成一趟異世界旅行的故事。瑟基爾看到靈魂身上有黑白相間的斑點，處在我們現在都已經熟知的環境：火焰、沼澤、帶刺的橋、火爐、坑洞、丈量善行的器具。不過，瑟基爾還看到地獄裡有個競技場，座椅層層排列，然後有大量的靈魂被綁在燒到發白的鐵圈和鐵釘上，而惡魔們就像上劇場看戲一般入座，觀看虐刑取樂。

上圖：西蒙·馬里翁（Simon Marmion）在約莫是1470年的《湯代爾的異象》版本裡繪製的插圖，描述湯代爾被帶來見野獸阿克隆。

進入地獄口
INTO THE HELL-MOUTH

傳統中世紀時，會使用巨型動物的嘴巴來形容進到撒旦地底國度的入口，也就是地獄口，而受苦的靈魂和惡魔便在地獄一起承受苦痛。在此所形容的畫面是為了要警告世人，若是過上非基督信仰的生活，便會落得如此下場，且這當中結合了4個《聖經》意象：吞下罪人的坑、撒旦如同吼叫的獅子在找尋靈魂飽餐一頓、撒旦是隻會噴火的龍、《舊約》裡那隻海底來的野獸利維坦（Leviathan，《和合本》譯為「鱷魚」）。這描述看來似乎是源自盎格魯薩克遜時期（約莫是1世紀左右），有時還會用來描述惡魔自己的嘴巴，10世紀《維其利稿本》（*Vercelli Book*）裡頭，《佈道篇》（Homily）的作者在4章46-48節寫道：「他們從不離開那蛇坑，也一直待在那隻名為撒旦的龍的喉嚨裡。」

左頁圖：地獄口，出自1440年的《克利夫斯的凱薩琳祈禱書》（*The Hours of Catherine of Cleves*），在有華麗插圖的手抄本之中，此書可說是荷蘭流傳至今最棒的一本。

右圖：這幅小畫像出自12世紀中期的《溫徹斯特聖詠集》（*Winchester Psalter*），描繪了天使長米迦勒鎖起地獄口。

惡魔簡史 A BRIEF HISTORY OF THE DEVIL

路西法（Lucifer，源自拉丁文 *lux + fer*，係指「帶著光」）、撒旦（希伯來文「對手」的意思）、摩洛（Moloch）、 西卜（Beelzebub，源自希伯來文 *Ba'al Zəvûv*，係指「蒼蠅王」）、黑暗王子（the Prince of Darkness）、梅菲斯特（Mephistopheles）、反基督者（the Antichrist）、謊言之父（the Father of Lies）—— 惡魔（源自希臘文 *diabolos*，係指「毀謗者」或「指控者」）如此享受擁有多個不同的名字，少有能與之匹敵者。不過，英國或許算是有個特例，這位既是作家又是密探的丹尼爾．笛福（Daniel Defoe），出生時的名字其實是丹尼爾．福（Daniel Foe），他可是擁有最多不同筆名的作者，約計有198個不同的名字[7]。笛福的父親反對長老會，他自己則是對惡魔十分著迷，1726年還出了本著作《魔鬼的政治史》（*The Political History of the Devil*）。書中，笛福不諱言表示自己相信撒旦真實存在，也深信撒旦積極操控包含十字軍東征（Crusades）在內的各起歷史事件，並認為撒旦與歐洲天主教的官方有密切往來關係。當然，羅馬天主教會（Roman Catholic Church）立即禁了這本書。

早從史前時代開始，人類就相信惡魔的存在，還把惡魔擬人化。如此哲學的問題，打從一開始就一直都在——該如何解釋這世界上同時有善與惡的存在呢？為何全能、慈善的神會讓惡魔存在呢？綜觀全世界多種不同的信仰，給出的解答基本上都是一樣的—— 善與惡兩方相對立的力量一定會並存，且將持續不斷戰鬥；又或者在講述故事時，都會這樣說：有支持者，就也要有對抗的角色，接著惡魔就登場了。

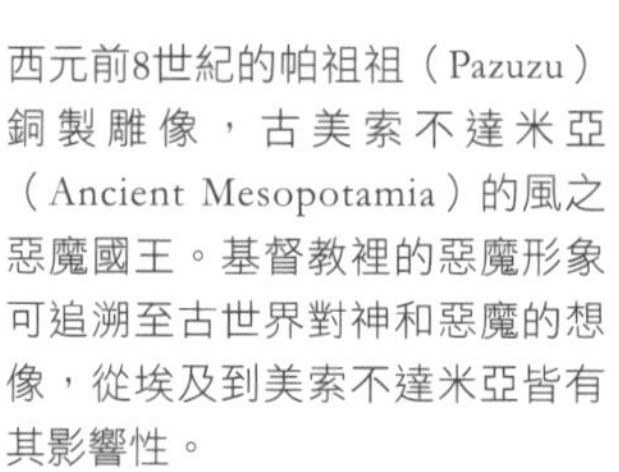

西元前8世紀的帕祖祖（Pazuzu）銅製雕像，古美索不達米亞（Ancient Mesopotamia）的風之惡魔國王。基督教裡的惡魔形象可追溯至古世界對神和惡魔的想像，從埃及到美索不達米亞皆有其影響性。

中世紀時期，猶太教徒、穆斯林、基督徒都相信惡魔存在，其野獸般的形象各有所不同。西歐的手抄本藝術家，深受到伊甸園裡那一條蛇的故事影響，因此把惡魔畫

---

7 包含貝蒂．布魯斯金（Betty Blueskin）、柏森．提科羅（Boatswain Trinkolo）、樂數．腎．顏面（Count Kidney Face）、福普林．閒聊爵士（Sir Fopling Tittle-Tattle）。

8 令人擔憂的是，「死神星」（Apophis）很快就要返回到地球了；這顆巨大的小行星即將在2029年4月13日星期五，以距離地球僅有約3萬1000公里的方式緊貼通過。這麼大顆的行星以如此近的距離通過地球，約是每千年才會發生一次。

成了像蛇一樣捲曲的形象。不過，這幻想出來的形象混雜了人類和野獸的特質，且可追溯到更早之前的宗教影響。古埃及人物的影響甚大，像是埃及神話裡邪惡之神阿佩普（Apep，或稱為「阿波菲斯」〔Apophis〕）[8]便是一例；阿佩普是光的對立、也代表混亂，每當太陽神拉（Ra）的駁船在夜間航行時，都會定期遭受阿佩普的攻擊。中王國時期（Middle Kingdom）的藝術創作裡，阿佩普都是被繪製成蛇的模樣，且總是會與讓人懼怕的自然現象有所關聯，地震、大雷雨等皆是。古巴比倫人則是幫其人形惡魔莉莉斯（lilitu）裝上了翅膀，這惡魔會在深夜裡為害人類，誘惑男人、謀害孕婦和孩童。

隨著基督教在羅馬世界佔有一席之地後，信徒被要求

「我看見他的偶蹄和圓圓大眼！」此幅插畫出自笛福1819年版《魔鬼的政治史》。

此插圖出自泰拉莫的雅各布斯（Jacobus de Teramo）約在1382年出版的《撒旦聖經》（*Book of Belial*），內容描述路西法和地獄使者對耶穌提出控訴，指控神的兒子擅自闖入地獄、造成損壞，隨後回到地獄得意地揮舞著傳票。

杜絕以前的異教天神，並視之為邪靈。其中，最廣為人知的是希臘神話裡掌管野地的「潘」（Pan，相對於羅馬文化裡的「法烏努斯」〔Faunus〕），其有著令人感到相當熟悉的特徵——半羊半人，羊角、偶蹄，具有罪惡的肉體慾望。

不同的宗教信仰，對惡魔也有不同的擬人化特徵。舉例來說，撒旦在猶太教裡，並非是個特別重要的角色。希伯來文聖經有時也會出現惡魔特質的描述，其中最出名的一段是落在《約伯記》裡，當「敵人」或是「誘惑者」問約伯，要是神讓他和家人離異，還摧毀掉他的資產，那他是否還會繼續稱頌神，這是神認為合理的試探。在這則故事裡，神是

威廉．布萊克的作品《紅色巨龍與身披太陽的女人》。

強大的角色，但敵人能夠挑起如此行動，也顯示了即使不是對手，其能力也並非微不足道。

在《創世紀》（*Genesis*）裡，誘惑夏娃的那隻蛇常會與撒旦畫上等號，不過有許多神學家認為《創世紀》應比惡魔觀念還要早出現才是。福音書裡的惡魔在沙漠裡誘惑（或譯為「試探」）耶穌四十個晝夜，這段描述出現在《馬太福音》4章1-11節、《馬可福音》1章12-13節、《路加福音》（*Luke*）4章1-13節（《約翰福音》〔*John*〕未提及），但卻都沒有交代這隻蛇的來歷，也沒有詳加描述其外貌。《彼得前書》（*First Epistle of Peter*）5章8節曾示警過：「務要謹慎，要警醒。因為你們的仇敵魔鬼，如同咆哮的獅子，走來走去，尋找可吞吃的人。」到了《啟示錄》的時候，撒旦就搖身一變成為世界毀滅等級的妖怪，一心要摧毀神與天堂。

義大利拉芬納省的新聖亞坡理納聖殿（Basilica Sant'Apollinare Nuovo）內的6世紀鑲嵌馬賽克之作；一般認為圖中站在耶穌旁邊的藍衣天使正是惡魔，且此幅作品是基督教藝術主題與惡魔有關的創作作品之中，年代最久遠的現存之作。

神的這位故敵，也就是邪靈王子，擁有多個名字，路西法只是其中一個，不過大家可能會問——哪一個路西法？因為有許多人物和物品都被標上「路西法」的拉丁原文，即「帶著光」的意思。最一開始的時候，「路西法」是用來指金星（Venus），一顆明亮的晨星。382年，依據教宗達瑪穌（Pope Damasus）的要求，耶柔米（St Jerome）翻譯了拉丁文聖經武加大譯本（Vulgate Bible）。耶柔米在《約伯記》11章17節裡，用「路西法」指早晨的亮光，也用在同卷書38章32節表示星系，並在《詩篇》109章3節用以表示晨光（譯注：聖經武加大譯本此處的內容與一般中譯本和英譯本不同）。《以賽亞書》14章12節中，可見到「路西法」是用來比喻巴比倫王從天上墜落，卻還是比同伴閃耀；《德訓篇》（*Ecclesiasticus*）50章6節裡，則是用來比喻敖尼雅（Onias）的兒子大司祭息孟（Simon）崇善美德的光彩；《啟示錄》2章28節則是用來比擬天上的榮耀。此外，即便是在形容耶穌基督是屬靈帶領的明燈時，也是用「路西法」一詞，即《彼得後書》（*2 Peter*）1章19節與《啟示錄》22章16節。另也使用於復活節聖週六當天，傳統會唱的《逾越誦》（*Exultet*）長篇內容之中。

歐洲基督教對惡魔的觀點後期發展之中，《以賽亞

位於義大利比薩省（Pisa）的紀念墓園（Camposanto Monumentale），弗朗西斯科．特萊尼（Francesco Traini）所繪製的撒旦如野獸一般，成就一種怪誕之美。

書》14章12節中的隱喻描述經證明，確實發揮了關鍵作用，因為5世紀的作家開始把聖經武加大譯本裡《以賽亞書》的「路西法」，與《啟示錄》裡的叛逆大天使結合一起；而《舊約》裡的敵人與《啟示錄》的邪惡野獸結為邪惡力量，並與這位叛逆天使是一起從天上被打入地坑。

到了中世紀時期，有關惡魔的藝術創作才開始附加上邪惡的形象，不過有資料指出這種形象並不是一直都很受到歡迎。舉個例子來說，義大利拉芬納省（Ravenna）新聖亞坡理納聖殿（Basilica Sant'Apollinare Nuovo）裡，有個6世紀關於最後審判的鑲嵌馬賽克精美之作（參考96頁圖），據傳是描繪撒旦的創作之中，年代最久遠的作品，且作品裡的撒旦一身輕飄優雅的藍袍，一點也不比一旁的耶穌和神的天使遜色。

後來的藝術家，像是德國、荷蘭一帶的藝術家耶羅尼米斯．波希、阿布雷希特．杜勒（Albrecht

英格蘭手抄本裡的惡魔，書名為《霍爾勘聖經圖冊》（*Holkham Bible Picture Book*），約於1327至1335年期間完書。

Dürer）、亨德里克·戈爾齊烏斯（Hendrick Goltzius）等人，希望完整展現出撒旦巨大又醜陋的一面，但卻發現聖經沒有相關的細節描述。因此，這幾位藝術家便混雜其他舊傳統觀念和自己的想像，讓撒旦有了野地之神潘的偶蹄、東方異教神明的頭角、近東神明與惡魔又似蝙蝠又似蛇的各樣特徵、以及許多會讓人心裡忐忑不安的的圖案。

喬托（Giotto）和安吉利科（Fra Angelico）等藝術家受但丁影響，常在其最後審判的畫作之中，把惡魔繪製成地獄裡一隻極為飢餓的巨怪，開心啃食叛徒的靈魂。其實，就中世紀文學對路西法闡釋的影響而言，影響最大者當屬14世紀的《神曲·地獄篇》，一隻有三張臉的黝黑生物潛伏在地獄的最深處。「每張嘴裡的牙齒，都在嘎吱不停地咬嚼／罪人……／他們三個就此磨難。」撒旦的外貌「有大大的翅膀……／跟蝙蝠一樣無毛。」

隨著惡魔的外貌逐漸發展成形，也漸漸地開始出現在大眾的日常生活裡，成為製造混亂的滋事分子，也是作家笛福相當懼怕的一個角色。由於當時歐洲深陷黑死病、飢荒與戰爭之苦，大家都親眼看到惡魔折磨活人靈魂的邪惡影響力，這時惡魔不再只是個得小心應對的騙子，而是個無可救藥的墮落天使。恐慌獵巫的主要恐懼也是惡魔——女人因為較為軟弱，也不比男人聰明，所以易被撒旦說服一起共謀推翻神的國度。

16世紀，有關地獄和黑暗統治者的文學主義原是蓬勃發展，但後來被好奇心給取代，改去追求該如何用大自然來解釋一切。於是，藝術創作裡的撒旦形象，也從恐怖的野獸漸漸轉變成充滿傳奇色彩的人物形象。1667年，波斯詩人約翰·米爾頓（John Milton）在其著作《失樂園》（*Paradise*

兜售縱樂的惡魔；出自《耶拿手抄本》（*Jena Codex*），中世紀晚期胡斯派（Hussite）的華麗手抄本，成書時間約落在1490至1510年之間。

第100頁圖：《路西法》，約莫是1590至1600年間的義大利作品，出自版畫家老柯尼利斯·加勒（Cornelis Galle the Elder）之手。但丁和維吉爾的人形（標註為D和V）分別出現在3個地方，一是從冰凍表層快速離開路西法所在的地方，二是通過惡魔的性器官，這器官還是世界的中心（此發現想必可以提振儒勒·凡爾納〔Jules Verne〕《地心歷險記》〔*Journey to the Centre of the Earth*〕的銷售熱度），三是在底部的山洞裡查看路西法的腳。

第101頁圖：惡魔正狼吞虎嚥啃食罪人的手腳；出自《惡魔學與法術綱要》（*Compendium of Demonology and Magic*），約莫完成於1775年華麗又神祕的手抄本，現藏於倫敦威爾康圖書館（Wellcome Library）。

LVCIFER
Sciagraphia et Ichnographia dimidiae vrbis Ditis, prout e Dantis poëmate descripsit Ant. Manettius Florent. A. Circus V. irae, Styx palus B. Moenia vrbis igne candentia. C. Circus VI. Haereseos et caemiterium pomoerij. D. Circus VII. violentiae in tres gyros distinctus E. Circus VIII. fraudis in X. bulgias. F. Circus IX. proditionis Cocytus in 4. sphaeras glaciei circa centrum mundi. G. Gigantum puteus H. Flegia nauicula. I. Minotaurus K. Turris Eumenidum. L. Porta vrbis Ditis. M. Geryon poëtis per aerem humeris ferens.
CENTRVM MVNDI
Damnatos ob admissa per monumentum fugit Dantes in superiori, caque damnata inferna vallis parte; ab eo dicta TRISTA CONCA. Damnatos autem ob admissa per prauitatem et feritatem, in infima inferorum parte, quam vrbem Ditis appellat: Sed poëtis ad Luciferum venientibus, Virgilius Dantem sibi brachijs collo innexis a tergo adhaerentem humeris tulit; perq; costarum villos, vsq ad medium Luciferum (vbi est centrum mundi) cum eo descendit: tum capitibus, vbi Poëtarum pedes erant, circinando et inter vellera prorependo locatis, per femoris pilos cum eodem Dante ascendens in oppositum nobis Hemisphaerium ad Luciferi crura Dantem adduxit sub Occasum istic, nobis sub ortum Solis. A feria 2. maioris hebdom. an. sal. 1300. cum dies 7. huic itineri impendisset, ipso Paschatis die se in caelum peruenisse Dantes confinxit.
Dantes Aligerius cap. 34. Inf. canit vidisse se Luciferum longitudine pedum 4000. medium perforantem Cocytum. Sunt autem sex eius alae instar vespertilionis cartilagineae triplici vento congelatae: tres vero vnius capitis facies horrenda sub crista iunguntur. dextra earum lutea; laeua aethiopis instar prorsus nigra; media, quae et anterior, rubicunda est. Singula capita proditorem dentibus vt aridum linum disrumpunt. Iudas Iscariotes capite inuerso vnguibus insuper dilaniatur: a quo infima Cocyti glacies sphaerica nuncupatur Iudecca: quo in loco suorum proditores dominorum dextri torquentur.

Der fürst der finsternis: Dagol:

湯瑪斯・史托德於1790年繪製的布面油畫《撒旦召喚軍團》。

《惡魔的天賦》（*Le génie du mal*），白色大理石雕塑之作，還有個非正式的英文名稱「The Lucifer of Liège」（列日的路西法），現藏於比利時列日市（Liège）的聖彼得教堂（cathédrale Saint-Paul），創作人為比利時藝術家紀歐姆・蓋夫（Guillaume Geefs，生於1805年，卒於1883年）。

Lost）中，把惡魔形塑成會讓人深深著迷的魅力人物，這應該是惡魔首次擁有的形象。一開始時，惡魔就不再是個尾隨人後的怪異角色，而是個昂首闊步的誘人英雄；就外貌來說，恐怕只有臉上的閃電傷疤，才能揭露出他內心其實是個惡魔。米爾頓煞有其事地打造出非正統派的主角，「他相當出眾／無論是外型，還是舉手投足，都非常有自信／站起來就像是座高塔」；接著，米爾頓又點出他其實是個充滿怨念的理想主義者，伺機尋求報復，而其動力來源就是「執著的驕傲與根深蒂固的仇恨」。

1790年，時值肅清宗教迷信的風氣，湯瑪斯・史托德（Thomas Stothard）繪製的作品《撒旦召喚軍團》（*Satan Summoning His Legions*）延續了米爾頓的撒旦風格，也就是可憐的悲劇角色。到了19世紀，惡魔又回到原本狡猾欺詐的身分——可見到歌德（Goethe）著作《浮士德》（*Faust*）中的梅菲斯特（Mephistopheles）、馬克・吐溫（Mark Twain）之作《神秘的陌生人》（*Mysterious Stranger*）——惡魔不再是中世紀的驚駭之鎚，再次被形塑成陰陽怪氣的性格，喜愛黑暗

"TO BEGIN WITH, 'I'LL PAINT THE TOWN RED'."

1885年，美國政治諷刺插圖把「民主」描繪成惡魔，俯瞰著華盛頓特區，一手拿著油漆刷，一手拿著一桶貼有「波本原則」（Bourbon Principles）的油漆桶（用意是要諷刺當時的美國總統格羅弗．克里夫蘭〔Grover Cleveland〕）。刷子和桶子同時都滴著紅色油漆，因為惡魔準備把「整座城市都染紅」。

據傳是18世紀後期反基督的波蘭肖像。

的誘惑與欺詐。這形象可能與現代流行文化中的撒旦寫照最為相近，從1959年播到1964年的美劇《陰陽魔界》（*The Twilight Zone*），一路到1987年的電影《天使心》（*Angel Heart*）等都是出了這樣的惡魔。有什麼比把惡魔擬人成為你我的模樣，更能傳遞出他們老是在暗中作惡的形象呢？[9]

9 附帶一提，在近代歷史中，神與惡魔都曾收過真的傳票。舉例來說，「美國囚犯傑拉德．梅奧（Gerald Mayo）控告撒旦及其同夥」一案，1971年在匹茲堡市西部監獄（Western Penitentiary, Pittsburgh）服刑的梅奧，控訴撒旦「剝奪了他的憲法權利」；此案因法院發現撒旦這位王子非屬本國籍，可主張握有豁免權，因而駁回案件。1970年，美國亞利桑那州律師羅素．坦西（Russel T. Tansie），代其秘書貝蒂．潘洛斯（Betty Penrose）控告神「過失」，求償10萬美元，原因是秘書的房子被雷擊中受損；此案因被告「開庭未出席」，從而判決潘洛斯勝訴。

但丁《神曲・地獄篇》與繪製地獄地圖

DANTE'S INFERNO AND THE MAPPING OF HELL

西方地獄樣貌的形塑過程之中，沒有比但丁・阿利吉耶里更具威望的人物了。這位佛羅倫斯詩人約莫是在1308至1320年間，完成這首包含1萬4233句敘述詩的《神曲》。藉由想像力創作出來的死後世界，詩中有許多恐怖的細節描述，說服力十足，掀起整個歐洲大陸的內在恐懼。此外，托斯卡尼方言（即《神曲》一書撰寫所使用的義大利方言）還因而發展成為標準義大利語，更啟發了西方文藝復興時期的眾多藝術家，創作出優秀的大師之作。

這趟異象之旅中，古典詩人維吉爾領著但丁往下走過九層同心圓，親眼目睹罪人在地獄裡受磨難，從貪婪、暴飲暴食層，一路往下來到異教徒、叛徒層。這都是發生在第1卷《地獄篇》裡的情節，也就是抵達滌罪所和天堂之前所發生的故事。

義大利佛羅倫斯洗禮堂（Florence Baptistery）的鑲嵌馬賽克天花板，乃是庫伯・馬爾寇法多（Coppo di Marcovaldo）約莫在1225至1276年間所創作的撒旦，比但丁《神曲・地獄篇》早了50年。因此，這項作品很有可能啟發了但丁創造出三頭怪（三位一體的對比）。

但丁進入到地獄的第一層同心圓靈薄獄（limbo）之際，寫道：「我發現自己確實身處在黯然深淵山谷的邊界，這裡的淒慘吶喊聲宛如雷聲，那深淵充滿雲霧，暗到什麼都看不見，我只能望向無窮盡的深處。」在這裡見到的是未受洗禮和沒做過壞事的異教徒，他們雖然沒有接受基督為神，但也沒罪惡到足以下到地獄去。

地獄的第二層是慾望，「這一區連微弱的光線都沒有」，埃及豔后克麗奧佩特拉、特洛伊的海倫、特洛伊小王子巴黎士（Paris）以及阿基里斯等人都待在這一區。第三層是貪食（Gluttony），罪人在腐爛惡臭的泥沼中打滾，時常遭受地獄三頭犬塞拜羅的爪子襲擊。第7篇開始講述第四層貪婪，但丁看到這裡的罪人被「巨大的重物壓在胸前，他們痛苦喊叫並把重物傳給旁邊的，但很快又會傳回來，其中一個大喊：『你為何要囤積？』另一個喊道：『你為何要浪費？』」這趟地獄之旅又再往下走了幾層便已近尾聲；但丁抵達第九層，地獄的最底層，也是地球的中心點，在這裡（維吉爾稱之為「狄思城」〔Dis〕）見到了困在克塞特斯湖（Lake Cocytus）的撒旦，冰凍的湖面延伸至撒旦的胸部位置，不停地吞食背叛上帝者，包含有猶大（Judas）、布魯圖（Brutus）、卡西烏斯（Cassius）等：

> ……他有三張臉：前面這張鮮紅如血，
> 另外兩張臉黏著前面這張臉，
> 各位在雙肩中間之上的位置，
> 且三張臉的頭顱連接在一起；
> 右邊這張臉看起來既黃又白，
> 左邊這張臉看起來像從尼羅河地區那裡來的人一樣。

《地獄篇》34章39-45節

這座湖裡裝滿了路西法的眼淚，每當路西法拍動翅膀想掙脫，湖水就會結凍。

但丁《神曲》是史上最偉大的文學作品之一，其崇高的藝術地位在詩詞問世後的幾百年內，仍影響著無數的作家與藝術家，且威力未曾減弱，尤其是其獨創的地獄結構，竟催化出截然不同的非正圓地獄，無論是在藝術創作上或科學研究上皆出現相同轉變：開始有了「地獄地圖」，或繪製煉獄地圖。

但丁詩歌裡的地獄是個實體，位在地球表面底下，正好就在耶路撒冷的正下方，外形像個巨大的錐形體，越往地球中心，直徑就越小。有了如此詳盡的具體描述，外加上15世紀再度燃起的製圖狂熱，文藝復興時期熱衷於計算實際尺寸的人，遲早都會計算出地獄的大小尺寸，接著就發展成為現代各種想像之中，最為強大的地形圖像。

首位投入但丁作品製圖的人，一般認為是義大利佛羅倫斯的數學家暨建築師安東尼奧・馬內蒂（Antonio Manetti）。馬內蒂相信可以精準繪製出但丁地獄的大小、形狀與位置，雖然馬內蒂本人未曾公開自己的計算方式和相關製圖，但是在兩位佛羅倫斯文藝復興重要人物於1506年創作的《神曲》畫作之中，可見到馬內蒂的作品，這兩人就是克里斯多福羅・蘭迪諾（Cristoforo Landino）和傑羅拉莫・畢尼維耶尼（Girolamo Benivieni）。

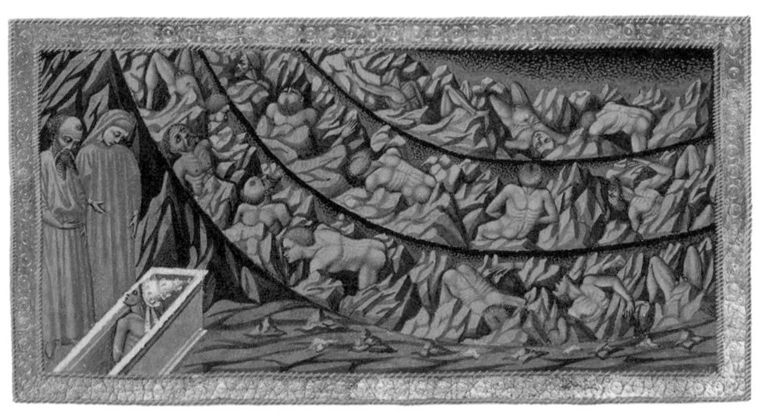

左圖與右頁圖：但丁於1320年完成《神曲》，過了125年左右，普亞莫・奎查（Priamo della Quercia）在義大利《神曲》手抄本中繪製此幅插畫。
左上圖：船夫卡戎載但丁渡過亞開龍河。
左下圖：但丁和維吉爾正在查看教宗亞納大削二世（Pope Anastasius II）的棺木，另有三層施行暴力的罪人。
右頁上圖：維吉爾和但丁進到第八層通姦、引誘和諂媚。
右頁下圖：但丁和維吉爾見證以物易物的懲罰。

製圖風潮興起，整個文藝復興時期，佛羅倫斯和托斯卡尼的思想家積極發展地獄製圖創作，甚至還捕捉了伽利略．伽利萊（Galileo Galilei）年輕時的想像內容，出自伽利略於1588年接受佛羅倫斯學院（Florentine Academy，又稱「柏拉圖學院」〔Platonic Academy〕）的邀請，舉行兩場談論關於但丁地獄地形的演講，但其自傳中並未充分敘述這麼一段經歷。伽利略得到的結論是贊同馬內蒂的想法，不過奇怪的是，這麼一位科學革命時期的重要人物，居然會想要研究地獄結構，且還提出計算方式以支持其論點。

伽利略兩場演講的逐字稿，現今讀來依舊趣味十足，可見其依據多個資訊來源進行計算，另也參考了但丁的詩句：「太陽連接上地平線，子午圈觸及耶路撒冷的至高點。」對此，伽利略解讀為地獄上層的直徑等於地球的半徑，因此計算出地獄屋頂的實際邊際，可從西邊的法國馬賽（Marseille），一路往東拉到現今烏茲別克共和國（Uzbekistan）的首都塔什干（Tashkent）。為計算出地獄

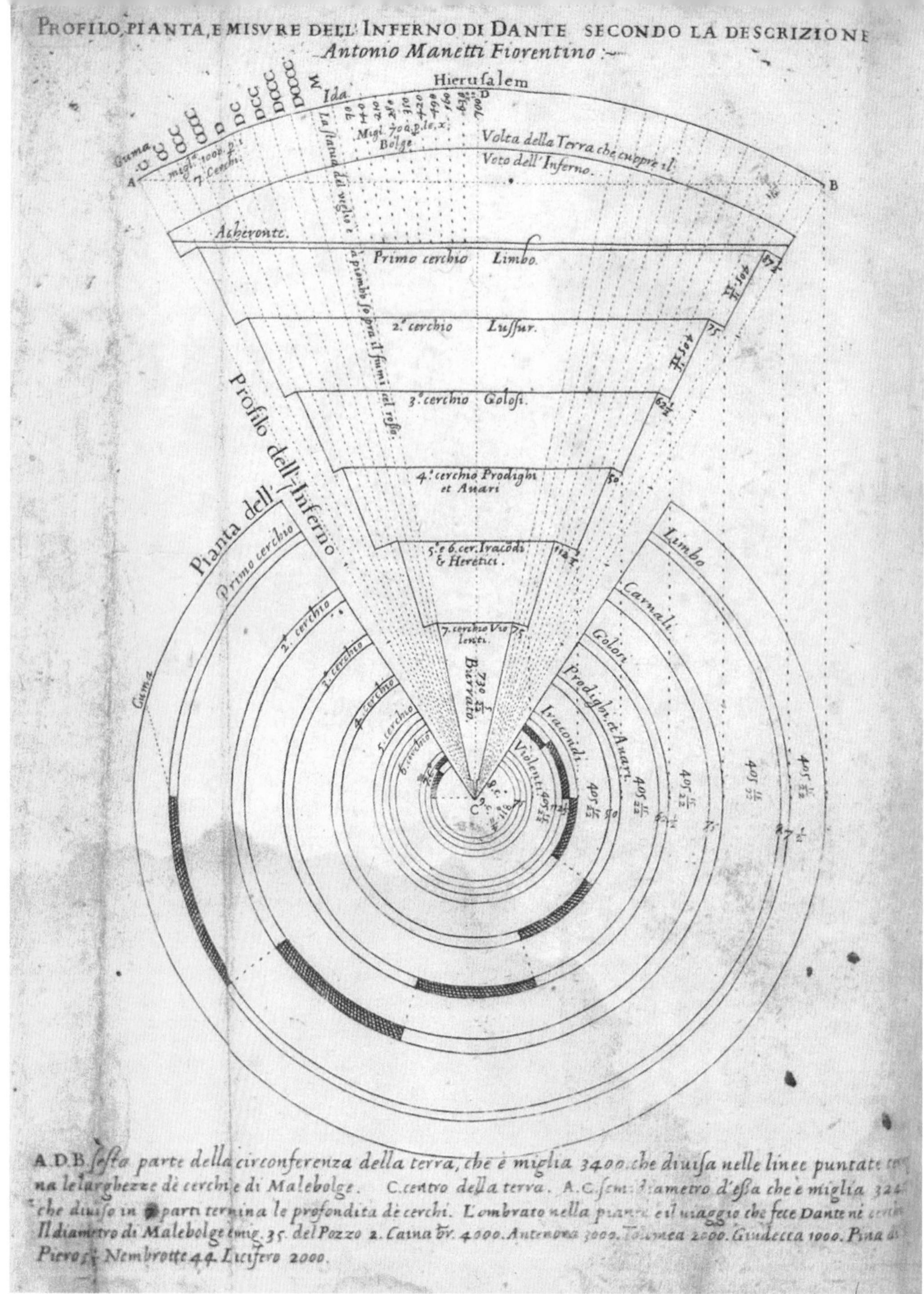

屋頂的厚度，伽利略取建築師布魯涅內斯基（Brunelleschi）的知名佛羅倫斯大教堂設計為計算依據，也就是寬45公尺，但厚度只有3公尺，進而獲得地獄大穹頂的厚度為600公里（後來，過了好一段時間，其他人也相繼提出不同的估算，伽利略便發現自己的計算內容有嚴重瑕疵——因為在地獄裡的一切，肯定都會被這無比笨重的巨大屋頂給壓垮）。

安東尼奧．馬內蒂的《但丁神曲地獄篇的剖面、規劃與尺寸》（*Section, Plan and Dimensions of Dante's Inferno*），約莫完成於1529年。

但丁所處的時期相信宇宙是顆無比美好的透明球狀物，以同心圓的方式層層排列，每一層都有一顆星球，而地球就位在中心的位置，不過但丁所設計的地獄同心圓則是完全顛倒。本插圖出自古蘇安．梅斯（Gossuin de Metz）1464年的手抄本，可見到地獄才是宇宙的中心。

下圖：佛羅倫斯建築師安東尼奧．馬內蒂於1506年所繪製之但丁的地獄地圖。

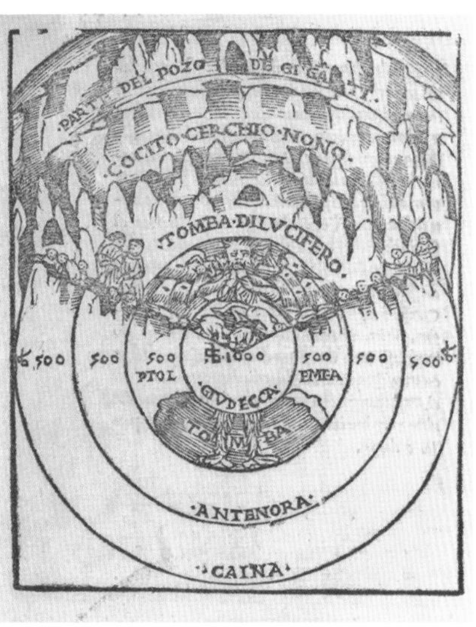

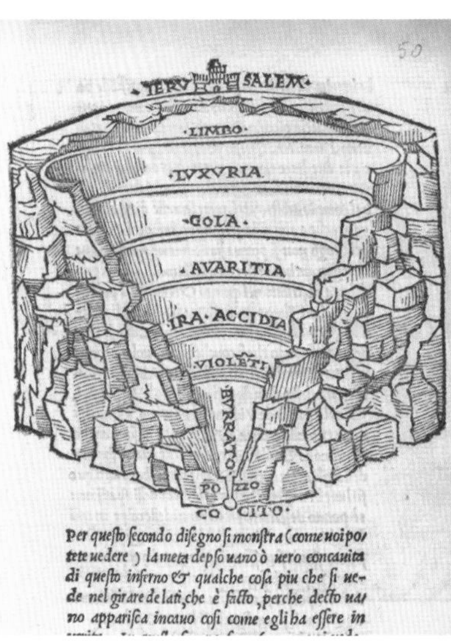

1410年，喬凡尼．摩德納（Giovanni da Modena）於義大利波隆那（Bologna）聖白托略大殿（Basilica di San Petronio）的《地獄篇》之作（此圖為局部近照），乃是1408年巴托羅密歐．鮑羅格尼尼（Bartolomeo Bolognini）委託的作品，其明確要求要把《地獄篇》畫得「越恐怖越好」。

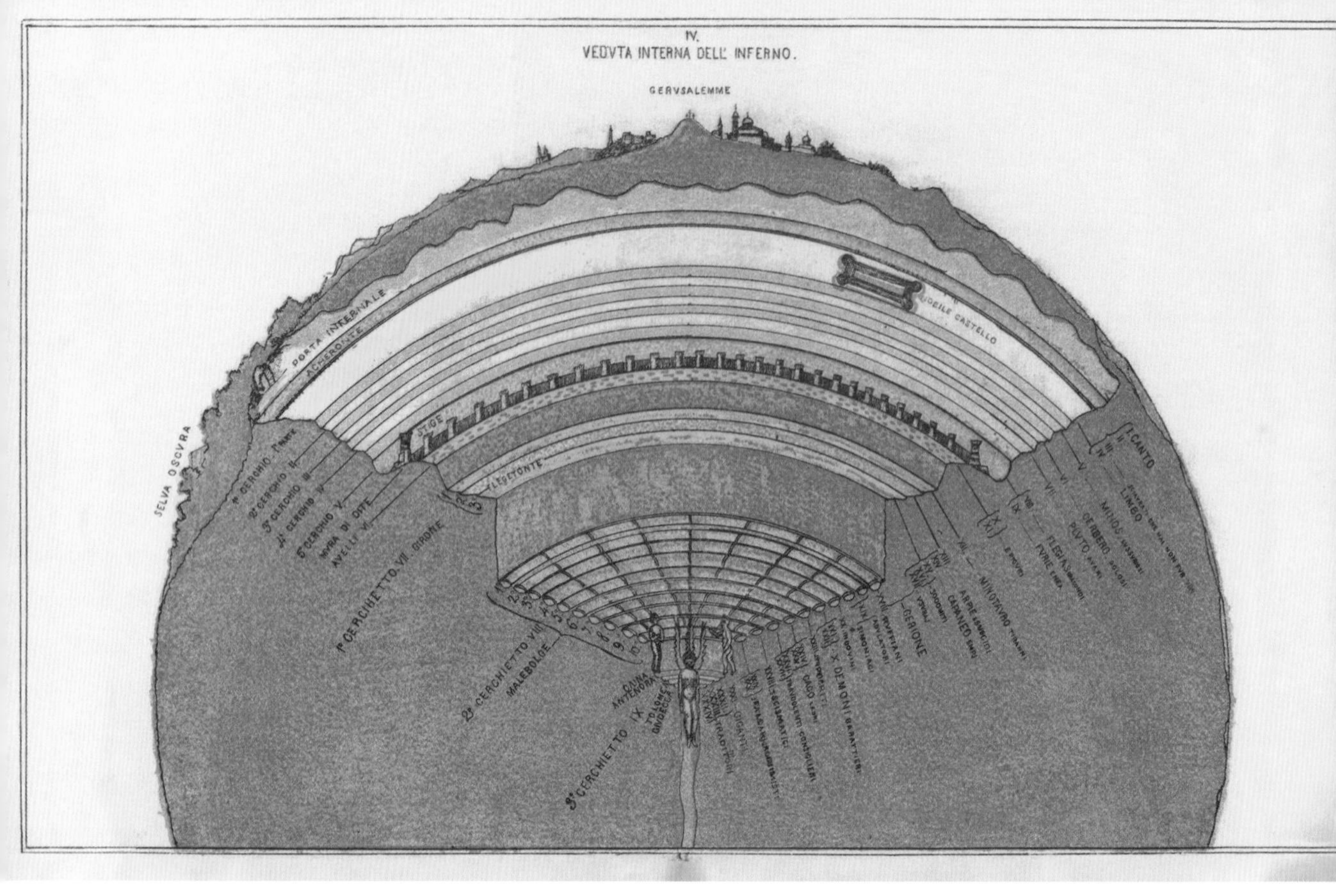

上圖和右頁左圖：《地獄地圖》。

桑德羅．波提切利（Sandro Botticelli）跟馬內蒂一樣，同為佛羅倫斯人，也一樣以圖畫方式解讀但丁的詩詞，完成了複雜精細的《地獄地圖》（*Map of Hell*，見114、115頁）。1480至1490年代期間，波提切利受人之託，共創作了90幅畫作，全是為了製作一本奢華版的《神曲》獻給貴族羅倫卓．梅迪奇（Lorenzo di Pierfrancesco de' Medici），而《地獄地圖》便是其中一幅畫，或許也是最出名的一幅《地獄篇》畫作了。

波提切利找到方法，僅用一幅全景圖畫詮釋但丁詩詞絕大部分的描述。此幅畫有相當精美的細節與圖案，有些人物的大小還只有1公分而已（其實整幅畫也才寬47.5公分）。藉由這位藝術大師嚴謹、一絲不苟的精湛畫功，但丁故事裡的大多數內容都可在此幅畫中「讀到」，另也顯現出波提切利對這位14世紀詩人的熟悉程度，以及他本人一世的熱忱所在。

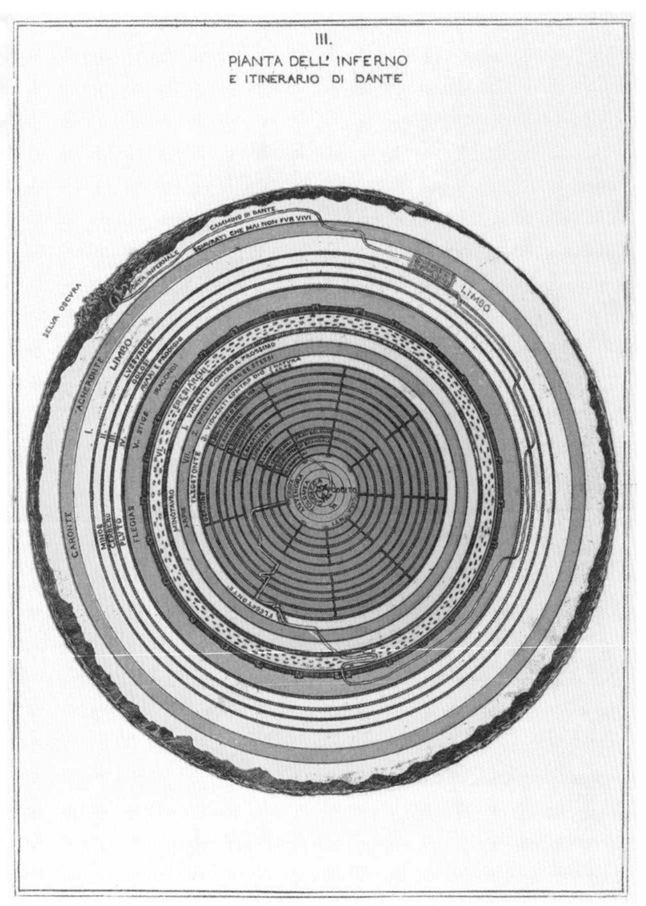

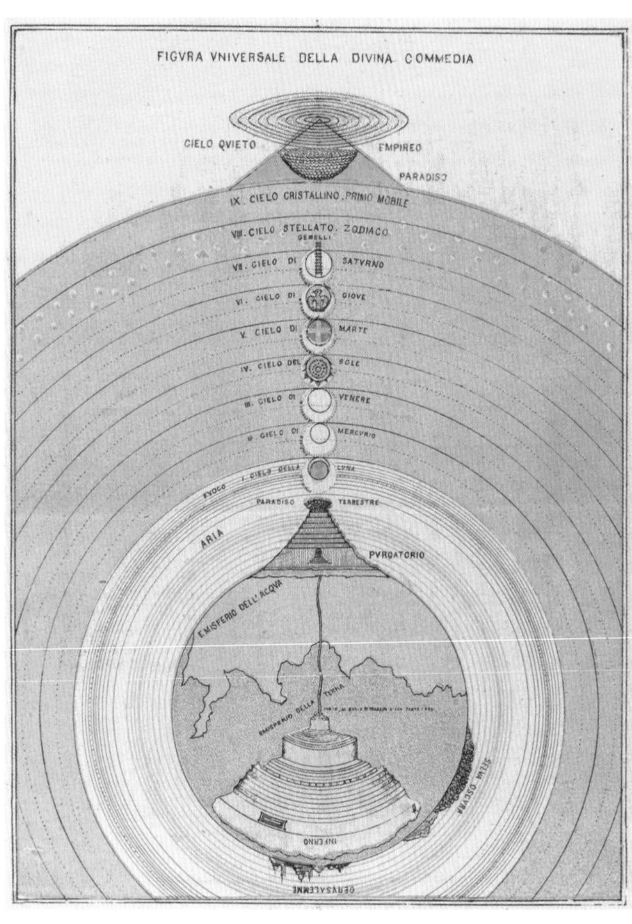

16世紀過後，但丁製圖的狂熱潮大為降溫，但到了19世紀又再次興起。這波後起風潮帶頭的是塞爾莫內塔公爵（Duke of Sermoneta）米開朗基羅．卡塔尼（Michelangelo Caetani），一位四海為家的學者。馬內蒂之後的300年，時值1855年，卡塔尼發表了一系列但丁地形圖，取名為《以六張圖描述但丁神曲的內容》（*La materia della Divina commedia di Dante Alighieri dichiarata in VI tavole*）。係以早期多色平板印刷術，呈現較為現代版的想像，由羅馬東南方卡西諾山（Monte Cassino）的修道士負責印刷製成。卡塔尼延續了自認為符合科學根據的地獄製圖傳統，繪製的地圖反映出但丁詩詞歷久不衰的魅力，顯然成功催眠了數百年來的藝術家、作家、科學家等等。英國詩人湯瑪斯．斯登．艾略特（T. S. Elliot）如此寫道：「這世界一分為二，但丁和莎士比亞，沒有第三個。」

右圖：1855年，塞爾莫內塔公爵（Duke of Sermoneta）米開朗基羅．卡塔尼（Michelangelo Caetani）創作的《神曲》宇宙概觀。

第114、115頁圖：波提切利獲但丁啟發所創作的《地獄地圖》。

地獄的演化 THE EVOLUTION OF HELL

16世紀受歡迎的死後世界主題畫作之中，主要都是裝飾華麗、闡述但丁宇宙內容的作品，可見文藝復興的早期文學中，但丁偉大的藝術成就廣受世人讚嘆，正式超越中世紀傳統神秘主義學的地獄之旅。不過，到了17世紀初的時候，世人對於精準地獄繪圖的興趣轉為低落，對但丁建立的罪孽階層也不感興趣，這點在篤信新教的英格蘭甚為明顯，因為這時期的人認為人要不就是跟神一起在天堂，要不就是待在天堂外，遠離神就是種懲罰，因此詳盡的惡魔虐刑階層顯得毫無意義。不過，另一方面，天主教的地獄火傳道（hellfire preacher，專指以傳揚死後會遭受酷刑的方式來吸引信眾的佈道方式），倒是在懲罰心靈匱乏與肉體威脅之間取得平衡，獲得極佳成效。

巴伐利亞耶穌會士耶利米・德雷克索（Jeremias Drexel，生於1581年，卒於1638年），以新穎的雄辯術強力描述恐懼而出名，其1632年著作《深思……》（*Considerations*…）中的典型例子是：「罪人的虐刑會持續數百萬年，完全不會有恢復精力或是暫停的機會……他們在低溫寒凍之中咬牙顫抖，他們被火焰逼到悲痛哭泣……如果一晚短暫的痛風或是結石……會讓我們痛不欲生，那麼就想想我們是要如何在日夜火焰之中捱上數千年。」

德雷克索除了條列出地獄的各種虐刑（裡裡外外完全漆黑、哀哭、飢餓、難忍的惡臭、火焰）——也詳加描述了群眾體內排出的腸胃脹氣，以及「世界各地下水道管」的臭氣——此外還做了詭異的估算，德雷克索計算出地獄裡總計有1000億個惡人，一起被壓在2.5平方公里大的區域裡；「他們被當成狗和豬一樣圈養，卻又像是酒醉機裡的葡萄、桶子裡醃製的鮪魚、石灰窯的爐火磚塊、串在烤肉叉上的羊肉、鍋中加酒點火燃燒的莓果、市集裡被割喉的綿羊。」

耶穌會士路易·布荷達魯（Louis Bourdaloue，生於1632年，卒於1704年）的講道內容很長，以致於女教徒會在洋裝底下藏個尿壺（因此尿壺就被稱為「bourdaloues」）。布荷達魯鄙棄了地獄裡會有虐刑惡魔的看法，主張罪人會被自己所犯下的罪給折磨：「那些惡劣不聖潔的、那些極不公義的、那些褻瀆聖物的、那些輕蔑神的……這些全都是騷擾墮落人的惡魔，而惡魔其實就住在墮落人的內心裡，所以非常清楚墮落人最真實的恐懼。」（布荷達魯，《地獄裡》〔*On Hell*〕，552頁）

時值啟蒙時期，推翻宗教權威、不再重視教條規範的觀念興起。有些人不再堅持字面解讀地獄的含

羅尼米斯·波希追隨者所創作的油畫作品，描述天使帶領靈魂進入地獄的情形。

左頁圖：《耶穌受難與最後審判》（*Crucifixion and Last Judgement*）雙聯畫，約完成於1430至1440年間，出自荷蘭早期藝術家楊·范艾克（Jan van Eyck）之手。此鑲板作品在15世紀中期算是少見，把地獄傳統觀念和擬人化骷顱死神的新手法順利串接。

法蘭德斯畫家漢斯．梅姆林（Hans Memling）的《最後審判》（*The Last Judgement*）三聯畫，完成於1467至1471年間，其中右邊這幅描繪的是惡人被拖往地獄裡去。

描繪地獄惡魔攻擊靈魂的情景，出自盧卡．西諾萊利（Luca Signorelli，生於1441年，卒於1523年）之手，甚為栩栩如生的畫作。

義，改採啟蒙時期的新態度，探尋如何以自然物質來解釋地獄。地獄火的組成有哪些東西？地獄存在地球的哪個地區？這樣的話，宇宙又在哪裡呢？托比亞斯．史文登（Tobias Swinden，生於1659年，卒於1719年）把啟蒙時期的經驗主義給具體化了，並在其著作《地獄本質與地點之調查》（*Enquiry Into the Nature and Place of Hell*）一書中，嘗試以地質學解釋經學觀點。

經過一番調查後，史文登有了新穎的想法，他認為地獄不可能在地球上，原因有幾個。首先是地球沒有足夠的燃料讓地獄之火持續不斷燃燒，且顯然也沒有足夠的空間容納全部的墮落天使——傳統認為墮落天使的數量約當等於天上星星總量的三分之一之多——所以就算再怎麼擁擠，也沒有空間容納整個人類歷史中的罪惡靈魂（對於德雷克索計算得到的2.5平方公里，史文登表示嗤之以鼻）。不過，史文登下結論的關鍵點，在於地球沒有能力燃燒足夠的溫度給地獄之火——畢竟地球表面上有這麼大的面積都是由冷水覆蓋，地球怎麼有辦法讓地獄之火燃燒呢？

針對這個提問，史文登給出的解答是簡單又微妙：地獄一定在太陽上。那裡有足夠的燃料製造永不熄滅的火焰，

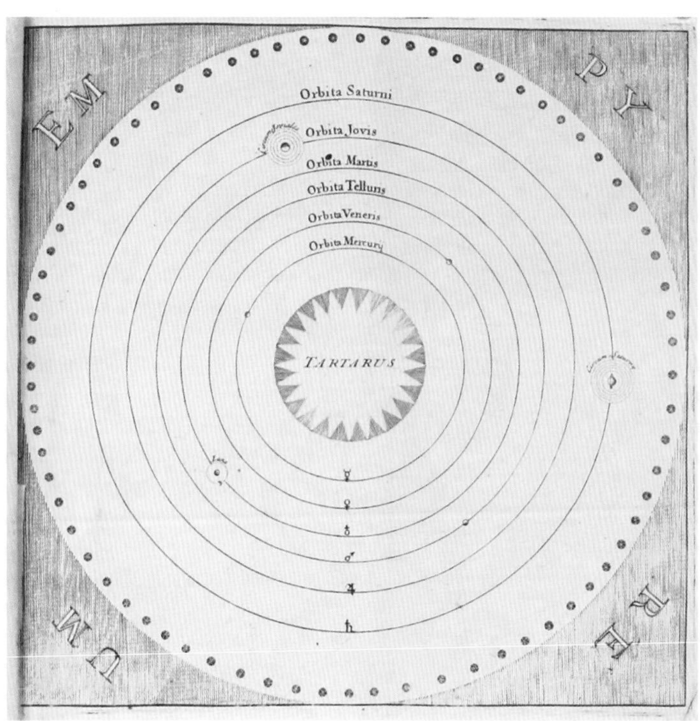

1714年，托比亞斯．史文登（Tobias Swinden）的第二版《地獄本質與地點之調查》（*Enquiry Into the Nature and Place of Hell*），其中史文登將其理論繪製成地圖，而冥界塔耳塔洛斯就位在太陽的中心。

持續讓靈魂蒙受極熱酷刑。「若有人笨到想質疑，堅持不接受本論點，那就讓他前往那條線（赤道）底下的地區，並在陽光照射強度最大的時候，赤裸著身子，直接曝曬在炙熱的陽光之下。」太陽的大小是地球的100萬倍，所以也有足夠的空間容納地獄住民。那麼，天文學家在太陽表面上觀測到的黑點又是什麼呢？那是讓我們一瞥困住靈魂的黑暗之地。隨之，定論就此浮現，史文登寫道，不用懷疑，我們的星星就是「冥界塔耳塔洛斯，或說是當地的地獄」。

1693年，義大利托斯卡尼傳教士喬凡尼．皮納蒙迪（Giovanni Pinamonti）在《地獄也收基督徒》（*Hell Opened to Christians*）一書中，自行計算出地獄的大小尺寸，並於數百年後的1916年，啟發小說家詹姆斯．喬伊斯（James Joyce）創作《一位青年藝術家的畫像》（*Portrait of the Artist as a Young Man*）。書中寫到，地獄厚達6450公里，罪人被強烈擠壓到不可動彈的程度，就算被蠕蟲啃咬眼珠，也虛弱到無法反抗。「每個罪人都像是一座點燃的爐火，身體裡面就有火焰；污穢的血液在血管裡滾沸，頭顱裡的腦、胸腔裡的心臟、罪惡肉體裡的腸胃等等，全都燒到沸騰，且罪人的周遭即是火焰深淵。」

左圖：耶穌會位於羅馬的「耶穌聖名教堂」（Gesù）的巴洛克穹頂天花板，於1679年公諸於世，出自喬凡尼·巴底斯達·高里（Giovanni Battista Gaulli）之手。由於罪人摔落入地獄，所以畫框也破裂墜落到3個不同地點。

右頁圖：安東尼奧·薩利巴（Antonio de Saliba）約在1600年編製的文藝復興時期世界地圖，把地理環境與超自然力量結合在一起。中心的部分是地獄，周圍有8個一圈圈的托勒密同心圓，逐圈向外擴大，而外圈的異世界裡有惡魔、不死鳥、蠑螈。

就在這段時間裡，藝術家受當代文學的啟發之外，也深受講道壇上佈道悲嘆之情的影響，開始回應起新教認為遠離神即是最大懲罰的看法。米爾頓之所以創作《失樂園》，目的是要「辯護神對待人的作為」，但卻誘發世人開始對撒旦迷人形象產生好奇和興趣。我們藉由追隨撒旦，和了解撒旦的每個想法，進到地獄探索，這段故事將會把傳統的天意教誨擱置一邊，改聚焦在自由意志之上。

VERITABLE REPRESENTATION DES PREMIERES MATIERES OU ELEMENTS,
Van Antonius Saliba,
ELEMENTEN,
Veel Plaatsen verbetert.
Par A D W.
Gebraght door A D W.
TOT HARLEM BY
AMBR. SCHEVENHUYSE
Caart en Konstverkooper.

撒旦與天使長米迦勒（Michael）帶領的天使戰隊打了一場殘酷的戰役之後，和其軍隊「從超凡的天上被快速扔往火焰之中／伴隨著極為惡劣的毀壞和焚燒一起墜落／來到永劫不復的無底之地，棲身於此不得離開／並困在極其堅硬的鎖鏈與懲戒火焰裡」。撒旦和其軍隊一路在混亂之中，跌落了9天，直到「最後抵達地獄／洞穴開啟，但等到他們全都進去後，洞口又關了起來／他們棲身的地獄到處都是火／所到之處皆充滿無盡的哀傷與悲痛。」他們跌入燃燒的湖泊裡，從硫磺火浮起時便發現頓失了天使的型態，天上的一切已不復存在，發現「周圍都是恐怖的地牢／既像個大火爐在燒，又像是每道火焰都在著火／沒有一絲燈光，只有看得見的黑暗／為的只是要凸顯出哀傷。」這句話幾百年來相繼引發討論──「看得見的黑暗」採矛盾修辭法，用於對照天上的光，簡單幾個字就起了毛骨悚然的力道，帶出最能代表地獄的黑暗。因為神不在了，所有的美好殆盡，只剩下純粹的空洞。

1633年，小弗蘭斯．弗蘭肯（Frans Francken the Younger）創作之《人類永元的難題──善與惡之間的抉擇》（*Mankind's Eternal Dilemma – The Choice Between Virtue and Vice*）。

1712年，威廉·惠斯頓（William Whiston，生於1667年，卒於1752年）所做的《太陽系與其行星和彗星的運行軌道圖……》（*Scheme of the Solar System with the Orbits of the Planets and Comets belonging thereto*⋯）。這位英格蘭神學家相信，彗星出現就是增加「地獄的數量，冷熱交互磨難罪人，永不終止」。

麥可·柏吉斯（Michael Burgesse）刻畫之《撒旦喚醒叛逆天使》（*Satan Rousing the Rebel Angels*），出自1688年湯森版本（Tenson）的米爾頓《失樂園》（1667年初版）。

米爾頓接著描繪地獄的第2道畫面；眾惡魔給自己建造了都府，稱為幽冥界（Pandemonium），撒旦還模仿神，給自己晉升造了王宮和王位。惡魔們放聲歌唱，相互激烈爭吵，地獄成了天堂與天使的反諷寫照。接著，米爾頓才揭露了地獄真實的悲嘆，第3道畫面，也就是內在層面的地獄。《失樂園》第4卷一開場，撒旦悲痛獨白道：「我的飛翔之地是地獄，我自身其實就是地獄。」撒旦悲慘遭遇最難熬的核心，正是米爾頓的宇宙裡最至為真實的地獄，屬於精神的層面，人內在就有地獄存在，逃也逃不掉，這才是最恐怖的囚牢。

探索地獄的旅程，並非只出現在虛構的文學裡。1745年，瑞典神學家伊曼紐·史威登堡（Emanuel Swedenborg），也是位神秘主義者，他在倫敦一間小酒館用餐時，店內的燈光突然熄滅，接著角落出現一個身影對著史威登堡大喊：「不要吃那麼多！」史威登堡一聽，害怕地逃走了。當晚那個身影再度出現在夢裡，表明自己是神，揀選

TORMENTO DA ETERNIDADE

了史威登堡來揭露《聖經》的真實含義，並要史威登堡再向全世界佈道。

史威登堡發表一系列有關死後世界異象和探索的敘述，其中包含在《有關我們太陽系裡的星球》（*Concerning the Earths in Our Solar System*）一書裡，談論月亮、金星和火星上有似人的生物。然而，最出名的是1758年出版的《天堂與地獄》（*Heaven and Hell*），描述搭乘黃銅製電梯下到地獄的故事。史威登堡所陳述的內容，與中世紀聖者描寫的地獄之旅相比，既頗為近似，卻又大不相同。史威登堡寫道：「地獄持續呼出和墜下那邪惡使壞的力量」，並與天堂呼出的美善力量相互達到平衡。此外，史威登堡也指出，可在地球上地形近似的鄉間找到許多地獄：

> 山底下、丘陵與岩塊底下、平原與山谷底下，隨處都有地獄……細究的話，會發現地獄既黑又暗，地獄裡的靈會把自己曲身成可象徵他們所欠缺的燃燒木炭之光的模樣。他們的眼睛已經演變成能看到屬天真理的光，因為他們曾在世上活過……所有（洞孔）都被遮蓋了，只有當惡靈要從靈界跳入時才會打開……

史威登堡也窺見幾個小地獄的空間，其所描述的地獄景觀是我們所熟知的大都會城市匱乏與衰敗景象，且地獄裡居然有妓院存在，真是意想不到：

> 在情況些微溫和的地獄裡，可見到一些簡陋的小屋子。就跟城市中有規劃巷弄一樣，有些小屋子毗鄰相接。屋子裡的惡靈不斷爭吵、起口角，敵意濃厚，相互打鬥，把彼此撕成碎片；街道上，屢屢發生搶劫、破壞、鬧事。其他地獄裡則是有妓院，噁心到不忍直視，因為裡頭滿是穢物和排泄物。

與史威登堡同時期的世人深信不會有人想讀這本書，很快就會被遺忘。不過，實情是史威登堡的書成功引起共鳴，直到19世紀還是得到許多迴響，且正好與反對啟蒙時期科學與論證的人站在同一陣線。這本書還成為新耶路撒冷教會（Church of New Jerusalem）的創立基礎，其成立宗旨就是要「完成」其他的基督教義。

左頁圖和上圖：出自耶穌會士亞歷山大．皮耶（Alexandre Perier）著作《罪人的覺悟》（*Desenganno dos Peccadores*）一書裡的插圖，初版於1724年在羅馬問世。等著罪人的是各種感官虐刑，舉凡惡魔敲打金屬螺栓貫穿眼睛、敲打地獄喇叭刺耳作響、強迫餵食蛇蠍和蜥蜴等等，種類繁多。

1802年，塔德奧．愛卡蘭特（Tadeo Escalante）描繪地獄的壁畫，地點位在秘魯瓦羅區（Huaro）的聖約翰浸信會（San Juan Bautista）。

1879年，教宗利奧十三世（Pope Leo XIII）發布詔書，確立了永恆地獄與惡魔的存在。在當時維多利亞的年輕人心中，暢銷書《洞悉地獄》（*The Sight of Hell*）的生動描述，進一步證實了地獄的真實性。此書的作者是天主教神父約翰．弗尼斯（John Furniss，生於1809年，卒於1865年），這名字取得可真是恰好！弗尼斯成為地獄史上，唯一一位為「孩童和年輕人」發表專書談論地獄虐刑的作者，其細節描述甚為恐怖：

一個小孩子被放到燒地炙熱的烤箱裡。聽聽他為了能被放出來如何慘叫，看看他怎樣在火焰裡扭曲身體。他用頭撞擊烤箱上方，用小小的腳丫子在烤箱裡踩踱……神對這小孩很好，眼看這孩子的行為越來越惡劣、不知悔改，往後下地獄勢必遭遇更嚴厲的懲罰，所以神憐憫這孩子，才會讓他在這麼小的年紀就下到地獄去。

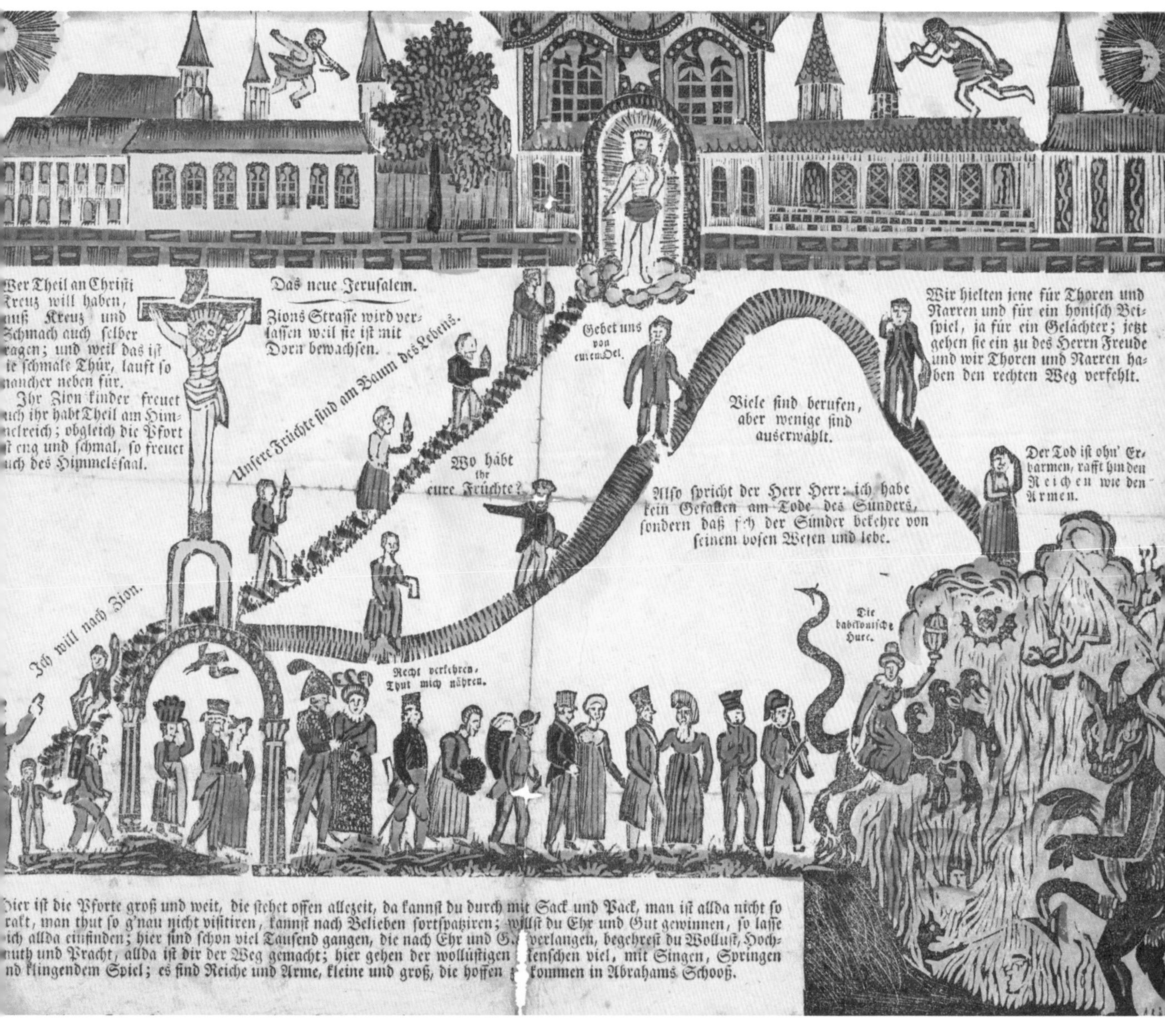

1820年左右，阿米許教派（Amish）少見的寓言式巨幅傳單，描述前往地獄與天堂的道路。上方是巨大的新耶路撒冷，下方則可見到富人走進永滅之火。

自此，地獄在大眾心中的形象差不多就是如此，沒有出現大變化。同時，大眾持續接收敘述創作和藝術作品的想法闡述，而啟發這些創作者的地獄觀念，當然也繼續在主流想法裡佔有一席之地。即便到了今日，仍常見到一些關於聖潔異象和地獄之旅的古怪想法——只要看看現代地獄之旅商業市場的成功趨勢，就會很清楚了，像是在2006年出版的《在地獄的23分鐘》（*23 Minutes in Hell*）這類書籍裡，就能找到證據；其作者美國作家比爾．雲爾斯（Bill Wiese）寫道：「我當時並不知道我人在地獄，但其實我早已掉入地獄裡。」

The Roads to Heaven and Hell.

Die Wege zum Himmel und zur Hölle.

. . . Come unto me all ye that labour and are heavy laden, and I will give you rest. Mat. 11, 28. . .

Kommt alle her zu mir, die ihr mühselig und beladen seid, ich will euch erquicken. Matth. 11, 28.

1998年11月22日，一如既往的週日夜晚，南加州地產仲介雲爾斯和妻子已就寢，突然間「在毫不知情的情況下，我發現自己被拋入半空中……落地時，周圍看來像是個監牢的地方。我全身一絲不掛……肯定不是一場夢。」雲爾斯詳細描述這段經歷，先是遇到兩隻其臭無比的惡魔，張嘴滿是褻瀆不敬的語言，後來遇到了耶穌，並交代他要把這段故事傳講出去。接著，雲爾斯醒來的時候，人是在客廳地板上大聲尖叫。

基督徒和一般世俗評論家相繼對這段經歷提出質疑。雲爾斯所描述的地獄非常炙熱，熱到「根本不可能有生命能存活」。《今日基督教》（*Christianity Today*）的羅莫伯（Rob Moll）回應指出，畢竟是地獄，所以這不構成問題。約翰．薩德蘭（John Sutherland）也在《新政治家》（*New Statesman*）中，指出很不贊同雲爾斯的文字，尤其是當聽到十億百億個受虐靈魂的無限痛楚尖叫聲時，雲爾斯居然形容成「煩人」的聲音。儘管此書招來議論，雲爾斯毫不在意地表示，這是「讓你最能親身經歷地獄的一本書」，而這本書自然是賣得很好，擠進了《紐約時報》非小說書籍排行榜達3週之久。至於為何神會揀選一位房屋仲介進到地獄，來這麼一段地獄施虐經歷呢？——我們又是誰呢？怎麼有辦法理解神的奧祕作為呢？

左頁圖：1896年，《前往天堂與地獄的道路》（*The Roads to Heaven and Hell*）。

靈薄獄、滌罪所與其他中間世界

中間世界
MIDWORLDS

死後世界的中間領域之中，最為西歐人熟悉的就屬靈薄獄和滌罪所了，這是個介於天堂與地獄之間的地區，可見於世界各地的信仰系統。拜火教的「哈米斯坦根」（Hamistagan，指處在靜態平衡之中）便是一例；9世紀時，祭司瑪奴斯依荷（Manuščihr）編寫的拜火教典籍《達斯坦依德尼格》（*Dādestān ī dēnīg*，指虔誠的決定）提到，這麼一個非善非惡之地，專門預備給無法清楚歸為邪惡或是善良的靈魂，讓他們待著等待審判日的到來。

哈米斯坦根與天主教的靈薄獄較為相似，與滌罪所的功用較為不相同，因為大家認為哈米斯坦根是個無趣的等待之地，並不是個有處罰和淨化火焰的場所。祭司瑪奴斯依荷的講述中，指出亡者可以在一個與我們不同的空間裡重新活一遍，在此多做一點好事，這樣最後就能晉升前往天國聖樂堂。對於這個地方的描述，一開始是形容成了無生氣的體驗，但後來文獻則述說是個氣溫與地球類似的環境，冬天會冷、夏天會熱。

在伊斯蘭教裡，有個類似的地方稱為「巴爾撒克」（Barzakh，指阻礙、障礙或是分隔），人死後、復活之前的暫居之處；這裡的罪人會受懲罰，十足善良者則能享受安逸（不過，小孩歸屬無辜，因此可以豁免直接往天堂去，到亞伯拉罕的愛裡去）。《可蘭經》裡只提到巴爾撒克3次，且只有一次明確指出是位在地球和天上之間的邊境

LIMBO, PURGATORY AND OTHER MIDWORLDS

（另外兩次是用作比喻，指地峽，介於鹹水——就是我們的這個世界——和來世的新鮮甜水之間）。多位穆斯林學者認為這是個非常重要的地方，但也有學者完全忽略不理。

中世紀的伊斯蘭教法學家伊本．泰米葉（Ibn al-Qayyim，生於1292年，卒於1350年），發展出一套觀點，指出聚集在巴爾撒克的靈魂，會與跟自己潔淨程度相當的歸類在一起。蘇菲主義（Sufism）中，阿拉伯安達魯斯穆斯林（Arab Andalusian Muslim）的學者伊本．阿拉比（Ibn Arabi，生於1165年，卒於1240年），相當重視巴爾撒克，宣稱這可不只是個邊疆之地，而是連接無形和有形世界的重要橋樑，若沒了巴爾撒克，那沒有一個世界有辦法存續下去。

而佛教輪迴之中，佛陀往生後，使用中陰（bardo）一詞表示死亡與重生中間的過渡階段，此詞常用來與靈薄獄觀念相比較。藏傳佛教尤其重視中陰，典籍《西藏度亡經》（*Bardo Thodol*，即「中有境救度」）裡的重點也是在談論中陰。傳統認為此本經書是蓮花生（Padmasambhava）於8世紀編輯完成，也就是藏傳佛教最古老的寧瑪派（Nyingma）所尊稱為「第二佛陀」的蓮花生。

右頁圖和右圖：約是1500至1600年時期，波斯騎士的鎖子甲，上頭佈滿護法咒，且每個鎖環的對立面，除了印有阿拉的名字，也印了什葉派（Shi'a）5位伊瑪目（imam，伊斯蘭教對領袖的稱呼）的名字，也就是穆罕默德、阿里（Ali）、法蒂瑪（Fatima）、哈桑（Hasan）、侯賽因（Husayn），又稱「五人組」（Panjtan），或稱「罩在斗篷下的人」（Ahl al-Kisa）。

該書解說了該如何看出死亡的跡象，以及該舉辦什麼樣的法事，但主要內容不是要給亡者讀，而是要幫助在世的人想像死後世界的情況，指引往生者於投胎轉世前，在中間世界渡過49天。

《西藏度亡經》把這段過渡期的存在形式分為三類；第一個是臨終中陰（chikhai bardo），亡者會經歷「實相清楚的光」，又或是幾近的體驗；接著是實相中陰（chonyid bardo），亡者可一瞥佛陀的千變型態；然後就是受生中陰（sidpa bardo），在此亡者會依據其業力（karmic level），出現各種不同的幻覺，從地獄猛獸到熱情交纏的伴侶皆有可能出現。再加上另外三類中陰，清醒意識狀態、禪那（dhyana）狀態、一般睡夢狀態，意識狀態總計有六種中陰分類。

西歐發展出靈薄獄與滌罪所之前，傳統對於中間世界的觀念主要是來自希臘神話。如荷馬著作《奧德賽》提到黑帝斯裡有個地區叫做水仙平野（Asphodel Meadows），會被送到這兒的靈魂都是不夠良善、進不了至福樂土（Elysian Fields），但卻也沒罪惡到得被送進黑帝斯的地獄深處，即冥界塔耳塔洛斯。

荷馬在《奧德賽》24章14節，描述水仙平野是「亡靈的居住之地」，而古希臘詩人和評論家傳統上都認為這是個宜人的地方，並把「水仙」解讀為指草木蒼翠之地，這地方有著近似天堂的宜人舒適。同樣的，文藝復興時期後，像是英格蘭詩人亞歷山大．波普（Alexander Pope，生於1688年，卒於1744年）便藉此引用，並發揮成「快樂的靈魂居住在滿是水仙的黃色平野」。但是，荷馬在《奧德賽》共在三處提到水仙平野（11:539、11:573、24:13），皆形容為非常憂愁不愉快的樣貌；水仙平野有著黑帝斯的真實樣貌：沒有歡樂，沒有陽光，漆黑瀰漫，亡者蒼白的靈魂哭喊尖叫，漫無目的地閒晃，就像是影子、夢境一般。

右頁圖：8世紀西藏畫作，和平與憤慨的中陰神明。

靈薄獄
LIMBO

羅馬天主教神學裡，有個靈薄獄（limbo，源自拉丁文「*limbus*」，指邊界）的觀念，是種位在地獄邊緣的地點或狀態。基督教經文其實沒有提到靈薄獄，1992年教宗若望保祿二世（Pope John Paul II）所委託完成之天主教教會教理，其總結之天主教信仰的內容也未提及靈薄獄。其實，靈薄獄的觀念是中世紀歐洲詮釋經文、推理思考出來的想法，此地是被原罪玷污的死者終點，至於可與神喜悅做伴的靈魂會被拒絕進入，而得永生在地獄受苦的靈魂也不得進到這具備神仁慈本質的地方。

事實上，靈薄獄有兩個不同的地區，區分為嬰幼兒靈薄獄（limbus infantum）和先祖靈薄獄（limbus partum）。嬰幼兒靈薄獄是少數參考黑帝斯和蕭奧後所誕生的觀念，收容未受洗便夭折的孩童靈魂；其原罪仍在，但年幼未犯下任何罪惡行為。顯然，公義的神不會把如此不幸的嬰幼兒驅趕去永生受磨難，所以勢必另有個地方存在。影響力甚大的聖奧古斯丁所提出的假設指出：「這類嬰幼兒離開肉體時未受過洗，所以他們要有個責難最輕的地方才是。」

聖奧古斯丁有許多朋友是拉丁教父（中世紀早期貢獻許多並形塑基督教教義的權威思想家和作家），諸如耶柔米（St Jerome，約生於347年，卒於420年）、維恩的阿維圖斯（Avitus of Vienne，約生於470年，卒於517或519年），教宗格雷戈里一世（Pope Gregory I，約生於540年，卒於604年）等，同樣都相信有靈薄獄存在。這群人盼望靈薄獄只是無辜嬰幼兒靈魂短暫的家，最終嬰幼兒都還是會得到屬天的關愛。

至於先祖靈薄獄，乃是個中世紀名詞，用以表示神所喜愛的人可以遊蕩之地，他們不論犯了什麼罪，都得等待耶穌基督的救贖，之後才能進到天堂。《舊約》的地底世界黑帝斯之中，靈薄獄是另外規劃出來的地方，所有聖經裡的先祖都居住於此，等到基督在十字架被釘死之後，才能下來到地獄解救他們，這段經歷正是「地獄劫」（harrowing of hell）的內容。唯有獲得基督的救贖，才能進到天堂，基督在《約翰福音》14章6節說道：「我就是道路、真理、生命，如果不是藉著我，沒有人能到父那裡去。」現代大眾的

巴托羅梅．貝爾梅霍（Bartolomé Bermejo，生於1440年，卒於1500年）創作之《耶穌下到靈薄獄》（*Descent of Christ into Limbo*），歸屬四大祭壇畫。

認知會認為靈薄獄是「天堂等候所」的想法，乃是參照了福音書；像是《路加福音》16章22-25節裡，耶穌講了一則有關乞丐拉撒路（lazarus）和財主的寓言故事，其中乞丐被帶上了天堂，而財主發現自己進了地獄之後，感到無比憂愁。

從1世紀起，基督教作家把「亞伯拉罕的懷抱」解讀為靈魂等待啟程前往天堂的暫時住所，接著羅馬天主教會、東方正教會（Eastern Orthodox Church）也傳承了同樣的解讀

耶羅尼米斯．波希的追隨者約在1575年所完成的《基督在靈薄獄》（*Christ in Limbo*）。

內容（不過，還是沒有使用「靈薄獄」一詞）。如此一來，在基督到來之前，過世的靈魂就有個地方可以待著等待。像作家亞歷山大的革利免（Clement of Alexandria，約生於150年，約卒於215年）便論述道：「這些靈魂未受審判就被譴責的話，那也太不公平了，且若只有誕生於（基督）到來之後的人，才能享有天上公義的好處的話，那也實在不公平。」

但丁在其《地獄篇》中，把靈薄獄歸在地獄的第一圈，但非常不同於地獄其餘地區，這裡沒有那些恐怖的暴力場景。但丁的地獄嚮導維吉爾就居住在一個美麗明亮的城堡裡，周圍有護城河和7座高牆，俯瞰「翡翠綠」青草地；與維吉爾一起在此居住的，還有其他在基督之前過世的崇高古人，包含特洛伊王子赫克特（Hector）、尤力烏斯．凱薩（Julius Caesar）、維吉爾、厄勒克特拉與奧費斯（Electra and Orpheus），以及穆斯林薩拉丁（Saladin）和阿威羅伊（Averroes）。但丁的靈薄獄是個佈滿林木的陰鬱大地，「幽暗、深藏、霧蒙」，深谷裡滿是但丁一開始以為是肉體劇痛的哀哭之聲，但後來發現是深深的悲痛嘆息聲，是「嬰幼兒、女人、男人等各種不同人群組成的群眾」發出來的聲

古斯塔．多雷（Gustave Doré）為但丁《地獄篇》創作的多幅插圖之一。第4篇無罪的異教徒，「我們迷失了，但遠不及要受懲罰／沒有了盼望，我們只能在渴求之中過活。」

音，這哀情觸動到了但丁：「我聽到那深刻的哀惘之情時，我的心實在是碎了，因為我所認識的偉人，男人和女人，全都困在靈薄獄裡，動彈不得。」

但丁對靈薄獄的描述，依舊是最為鮮明和生動，但在現代天主教神學中，靈薄獄觀念幾乎已被遺忘。2007年，國際神學委員會（International Theological Commission）作為梵蒂岡羅馬教廷（Vatican）的顧問單位，針對傳統靈薄獄觀點，完成一項為期3年的調查計畫，得到的結論是「此救贖觀點具有沒必要的侷限性」。

1470至1475年間，安德烈亞．曼特尼亞（Andrea Mantegna，生於1431年，卒於1506年）所創作之《耶穌降到靈薄獄》（*Christ's Descent into Limbo*）。

滌罪所
PURGATORY

到義大利旅遊時，眾多觀光景點之中，務必要造訪後世在物質世界遺留下來的蹤跡，要說是證據也是可以的；其中規模最小的，或許也是最為離奇的了。專門為滌罪所靈魂祈禱的教會，算是相當常見；舉例來說，拿坡里市（Naples）市中心的聖瑪莉亞煉獄教堂（Santa Maria delle Anime del Purgatorio ad Arco），創建於1638年，1656年黑死病橫行，教堂的地下墓室塞滿了屍體，全是未能好好安葬的遺體，因此被認定會永遠待在滌罪所，至今聖瑪莉亞煉獄教堂仍會為這些可憐的靈魂，定期舉辦禱告會。

另外，來到羅馬，這裡有間獨特的靈魂淨化博物館（Museo delle Anime del Purgatorio）。這間小小的「博物館」是塞在儲藏室裡的耶穌聖心受難堂（Chiesa del Sacro Cuore del Suffragio），吸引著迷於死後世界的遊客前來朝聖，一睹被焚燒的滌罪所靈魂前來觸碰過或是燒燙過的物件。當年靈魂淨化博物館的小教堂遭遇火災，神父維克多・朱德（Victor Jou't）發現牆上燒出一張人臉，推論是來自滌罪所靈魂的臉，目的是要警示世人，也懇求世人為滌罪所靈魂禱告，祈求他們都能轉往天堂，至此便成立了博物館（恐怕只有憤世嫉俗的人，才會把博物館的成立和教堂的修建費用聯想在一起吧）。靈魂淨化博物館擁有一系列帶著類似燒痕的物品，都是朱德神父陸續收集來的物件，包含有1871年帕爾米拉・拉斯塔利（Palmira Rastelli）在瑪麗亞・扎甘第（Maria Zaganti）的祈禱書上，留下三根指頭的燒痕；另有

羅馬靈魂淨化博物館收藏的燒痕藝品，據稱是被滌罪所焚燒的靈魂所觸碰過的物品。

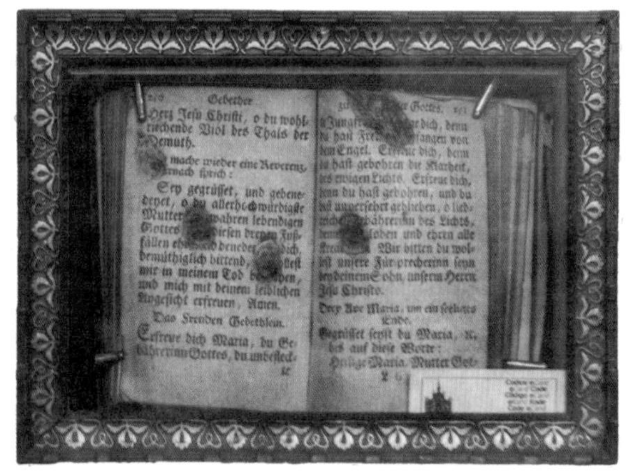

1654年，溫斯勞斯．霍拉（Wenceslaus Hollar）繪製位在聖派翠克島（St Patrick's Island）上的滌罪所入口。

一個類似的物件，不過時間是1815年，埃林亨教區（Parish of Ellinghen）瑪格麗特．德米肋（Marguerite Demmerlé）的岳母死後30年，在其書上留下的指頭燒痕。

人類要相信的是，在一個公正、憐憫的宇宙裡，眾多宗教和傳統文化有共同看重的點。基督教（以天主教教義為主）對此明確給出回應，也就是滌罪所的觀點。勢必要有個普通人可以去的「第三個地方」，也就是非慣性犯罪的罪人、也非完美無瑕的聖人可以前往的地方，好洗滌掉輕微罪責，因為這類的輕罪不至於要下地獄。在那裡，他們承認做了不好的行為，並獲得原諒，減輕罪惡感，最後就能重新淨化，以嶄新的面貌獲准進入完美的天堂。不過，不同於猶太教地底世界蕭奧，此中間世界是個滿是火焰的煉獄，亡者得承受虐刑考驗，而最常見的就是冰與火（目的是為了淨化，不同於地獄裡的懲罰）。不過，只要獻上禱告——生前的禱告也算數——即可獲取美好的恩典，虐刑便可減緩或縮短。

淨化之火觀念的形成，其實是源自猶太教和基督教的共有傳統。研究死後世界的權威歷史學家雅克．勒果夫

（Jacques Le Goff）指出，認為滌罪所是個實際地點的想法出自西歐，時間點很晚，落在近12世紀末期的時候，並於13世紀發展成無可動搖的觀念。《聖經》沒有提到滌罪所，這也是基督徒對於滌罪所是否真實存在出現意見分歧的主因。舉例來說，新教一直以來都否定滌罪所存在的可能性，但天主教會則持續堅信「在神的恩典和友誼中死去的，但仍尚未被完美淨化的」，全都得到滌罪所去完成淨化流程，「然後才能達到可進到喜樂天堂的聖潔」。從有教會以來，為死者禱告與獻祭的儀式便一直存在，《馬加比二書》（2 Maccabees）12章41-46節提到猶大·馬加比（Judas Maccabeus）寄錢到耶路撒冷，為的就是要在聖殿裡，給在戰鬥中喪命的士兵舉行獻祭。

與遙不可及的天堂相比來說，滌罪所讓信實的活人有個可以幫亡者懇求的管道，也帶來可逃脫地獄酷刑的盼望。弗斯瓦荷尼·夏多布里昂（François-René de Chateaubriand，生於1768年，卒於1848年）寫道：「詩歌裡的滌罪所超越了天堂與地獄，因為滌罪所展現出來的是未來，其餘兩者則無。」不過，直到12世紀末，大家才明確知道靈魂到底要定居在哪裡，以及試煉要在哪裡舉行。

喬凡尼·貝里尼（Giovanni Bellini）之作《神聖寓意圖》（*Holy Allegory*），為一幅難以捉摸的16世紀畫作，經解讀是在描繪滌罪所。

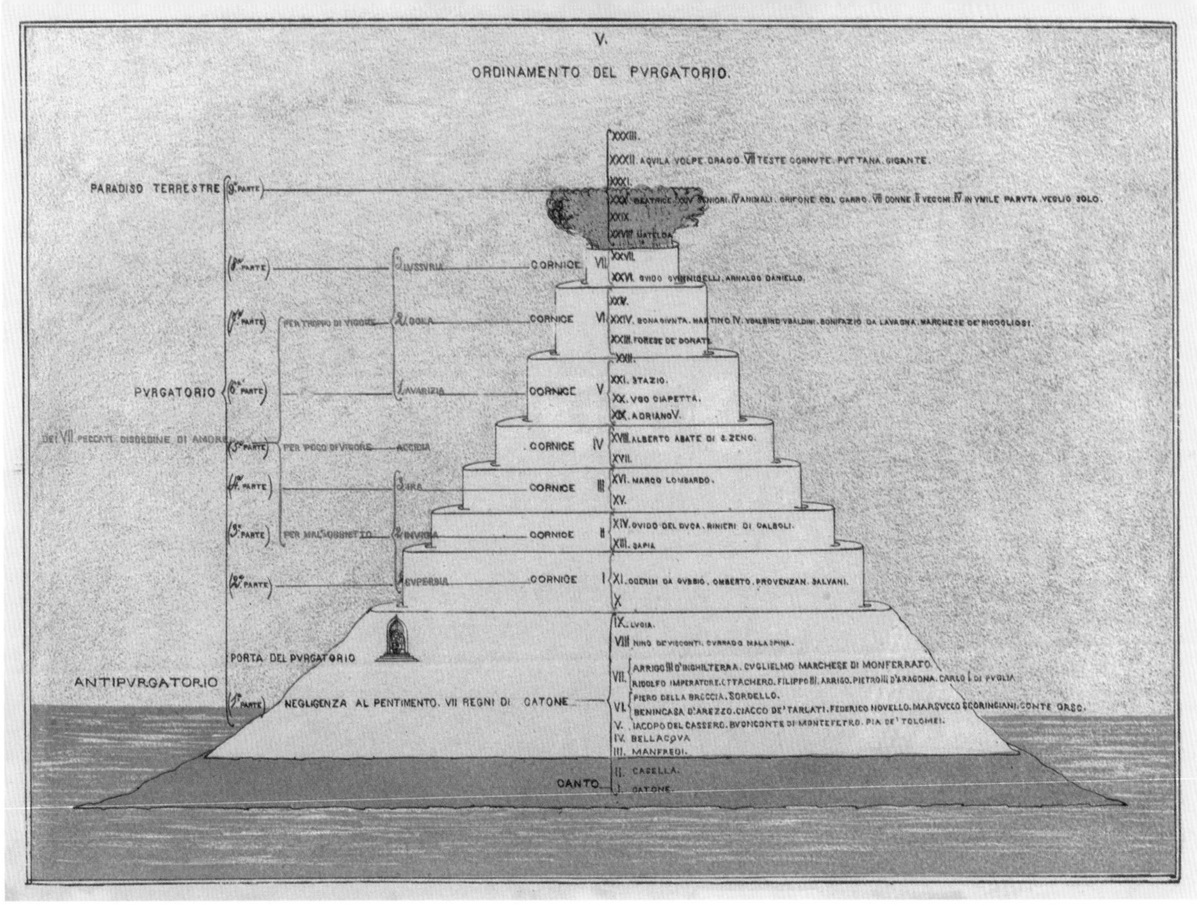

《滌罪所的階層》（*The Ordering of Purgatory*），米開朗基羅·卡塔尼依據但丁的敘述所繪製的地圖，此作於1855年問世。

聖奧古斯丁從未完全信服於人類需要這麼一個淨化的流程，但仍在其著作《上帝之城》（*The City of God*）21章26節不情願地承認了。1145年，樞機主教羅伯特·普倫（Robert Pullen，約生於1080年，約卒於1146年）出任羅馬天主教會的教區秘書長，在其著作《金言集》（*Sententiae*）裡，確認了「地獄是個地點」（*infernus... locus est*），但對於苦痛的「滌罪之火」（*ignis purgatorias*）到底在哪裡感到困惑不已：「是在天堂嗎？還是在地獄？天堂似乎不適合苦難，但虐刑也不適合矯正用途，尤其在我們這個時代更是不適當……這些死後該去悔過的靈魂要去哪裡呢？他們得去可以洗滌罪過的地方是在哪裡呢？我也還不清楚……」

奧波威廉（William of Auvergne，生於1180年，卒於1249年）從1228年起出任巴黎主教直到過世，其內容豐厚的專著《神的智慧教導》（*Magisterium divinale sive saientale*）提及需要一個可以滌罪的地方（並表示這是個「顯而易見的事實」），因為有些人是突然離世，譬如「被劍刺死的、窒息死亡的、受過多苦難致死的」，全都來不及懺悔。奧波威廉也提到，罪有許多種，並非對等，犯謀殺罪和掠奪罪者的懲罰，應不同於只是犯下罪等較輕的靈魂，像是縱樂、暴飲暴食等輕罪，所以需要一個地方可以讓犯下輕罪的靈魂可以贖罪，之後才能前往天堂。滌罪所一定存在，外加上輕罪靈魂也很普見，因此，奧波威廉認為滌罪所的靈魂數量非常多，同時地獄的靈魂數量就會減少。另外，奧波威廉也針對滌罪之火提出見解，指出火是有分種類的，譬如在西西里有可以在不焚燒毛髮的情況下，讓毛髮發出磷光的火，此外還有像蠑螈這類不怕火燒的動物，因此神怎麼可能沒有創造一種特殊的溫火，好幫助輕罪者贖罪呢？

教宗格雷戈里一世的趣聞軼事文獻指出，這滌罪潔淨的過程會於犯罪所在地執行，不過其他學者各自有不同的意見與看法，有的認為是在地底下，有的認為是在地獄的上層，另外像是可敬的畢德就認為是在高山上，比較接近天堂的地方。不過，多數學者都同意滌罪所的火很不一樣，異於格亨那的火焰。

不管如何，滌罪所教義對中世紀晚期的基督教，帶來莫大的轉變，不但啟發許多偉大的基督教建築作品，且富有的人也相當積極捐款甚至長期捐獻給支持的群眾，因為有了會眾的支持便可加速富人的滌罪流程，有助於早日進到天堂。

1825年，烏戈・福斯科洛（Ugo Foscolo）著作《但丁神曲》（La Commedia di Dante Alighieri）裡的淨界山。

英格蘭牛津有個萬靈學院（All Souls），其創建目的就是要為在1415年亞金科特戰役（Battle of Agincourt）犧牲的士兵祈禱。權威歷史學家勒果夫在其著作《煉獄的誕生》（*The Birth of Purgatory*）寫道：「對教會而言，這是最棒的權力工具！滌罪所不只幫教會帶來新的屬靈權力，且說白了，也帶來許多利益……大多數的利益進了托缽修會（mendicant orders），另也用來熱烈宣揚新教義。縱慾之下的『地獄』體制，也因滌罪所觀點的成立，獲得全力發展。」

16世紀英格蘭天主教和新教的各種激烈爭論當中，新教尤其強力批評天主教的滌罪觀念，指出那是個「捏造出來的世界」，《聖經》根本未曾提及過。激烈爭辯的過程裡，常會直直聚焦在聖派翠克島（St Patrick's Island），這座島嶼位在愛爾蘭當尼戈爾郡（County Donegal）的德格湖（Lough Derg），後來還發展成為天主教徒的傳統朝聖地。傳說故事裡，聖者派翠克在德格川（River Derg）誤抓來一隻鮭魚，當成墊腳石，還騎著這隻魚來到島上，整個大齋期（Lent）都在島上禁食。後來，每逢週六，聖者派翠克皆可在洞穴裡，從地獄帶出7個靈魂。因此，眾人開始相信地球

小畫像的細節近照，畫中但丁和維吉爾，與教宗阿德里安五世（Pope Adrian V）、國王雨果．卡佩（Hugh Capet）、希臘羅馬詩人史達提烏斯（Statius）等人一起在滌罪所裡。下圖：但丁和維吉爾在滌罪所入口。出自1444至1450年的手抄本。

上有個進入滌罪所的入口，到了12世紀，開始有前往這座島嶼朝聖的習慣；進入洞穴後就閉口不出聲，早晨就開始講述懲罰、火焰、惡魔等恐怖內容。

伊麗莎白女王與其後繼執政者，無不想盡辦法要關閉此處朝聖地，但卻屢屢挫敗。文獻方面，最早可追溯到1185年的史料提及聖派翠克島滌罪所（St Patrick's Purgatory），製圖方面最早可於15世紀的歐洲地圖上找到該地，還是馬丁．貝海姆（Martin Behaim）1492年世界地圖上唯一一處標出來的愛爾蘭地標。1654年，溫斯勞斯．霍拉（Wenceslaus Hollar）專門為聖派翠克島製作一幅地圖，標示出許多朝聖者的站點和「禱告站」，這也就是為何當地人又稱此島為「聖站島」（Station Island）。

滌罪所，出自《貝里公爵的豪華祈禱書》（*Très Riches Heures du Duc de Berry*），傑昂．科倫布（Jean Colombe）於1412至1416年間完成的手抄本。畫中受虐的靈魂在等待淨化，天使也到來，準備帶他們去天堂。

滌罪所的發展同地獄，詩歌天才但丁《神曲》一作才問世一百多年，大眾對於滌罪所的認識就是但丁的觀點，且毫無動搖的跡象，確立起其耐久性。但丁《神曲》的第二部分《淨界篇》，裡頭許多細節片段相互協調一致，勒果夫評論道：「人類心智想出來的滌罪所描述之中，此乃最為崇高的形容敘述。」有關基督徒悔過生活的段落裡，但丁依舊是在羅馬詩人維吉爾的帶領之下（最後4篇詩章才改由碧雅翠絲〔Beatrice〕當嚮導），爬上淨界山（Mount

威廉·布萊克詮釋但丁《淨界篇》（*Purgatorio*）第29篇的插圖，取名為《碧雅翠絲問候但丁》（*Beatrice addressing Dante*），地點是在淨界山的山頂，也就是人間天堂、伊甸園。碧雅翠絲乘坐的是「凱旋戰車」，在前頭拉的是獅身鷹首獸。

of Purgatory），也是南半球的唯一一處陸地。但丁一邊爬上山、一邊解釋這座山和地獄都是撒旦從天堂墜落造成的。他們穿越七層（與七原罪〔seven deadly sins〕有相關聯）的磨難與困苦之後，他們終於來到山頂上的人間天堂，時間是3月30日週三（透過格里曆〔Gregorian calendar，西洋舊曆法為儒略曆，16世紀羅馬教皇頒訂新的置閏規則，格里曆成為當今多數國家所採用的新曆〕的校正之後，日期就會變成4月13日）。

今日而言，英國聖公會（Church of England）依舊不接受「羅馬天主教的滌罪所教義」（the Romish Doctrine concerning Purgatory），而東方正教會（Eastern Orthodox Church）、東部正教會（Oriental Orthodox Church），以及部分英國聖公會教徒（Anglican）、路德宗（Lutheran）、循道宗（Methodist，即衛理教會），則認為死後會以某種形式的淨化存在，且是可以為亡者祈禱的。天主教會仍相信滌罪所的存在，不過教宗若望保祿二世和教宗本篤十六世（Pope Benedict XVI）皆指出實際上並沒有「滌罪所」這麼一個地方，那其實是一種狀態，但教會信條並未提到地點在哪裡，也沒有明確的淨化流程說明，這部分就待個人自行解讀了。

天堂、樂園與烏托邦

期望有個平和喜悅的死後世界作為獎賞，這份渴求就跟地獄裡的熱度一樣原始。與地理條件截然不同的地獄相比，天堂、樂園與烏托邦的地理環境往往顯得較為模糊，難以找尋。想尋找地獄的話，通常只要往下探就可以了，畢竟地獄和地底世界與地球的地質特性相同，生物也有著一樣的特質，就像火山暗示著地球表面之下埋藏著火，山洞又暗暗顯露出地獄的入口。天堂與樂園的話，其環境「絕無僅有」，完美但又不甚了解，且在那閃亮的光照射之下，細節就又顯得更不清楚了；從古至今，乃至於未來，天堂一直都存在，不受時間影響；那是個遙遠的奇異國度，或許是座橫跨海洋的島嶼，又或者是位在無從看透、也無法觸及的天空之上。

奇特的是，雖說我們對於天堂裡的生物了解不多，但天堂卻跟地獄很類似，一樣與現代社會有所呼應。美國蒙大拿州安尼儂原住民（Native American A'aninin people of Montana，即格羅斯文特人〔Gros Ventres〕）裡頭，經驗老道的獵人傳統上都相信死後世界有大沙丘（Big Sand）存在；為能滿足獵人的內心，靈魂在這兒仍可繼續狩獵，並食用動物的靈魂。對馬努斯島（Manus，近新幾內亞島〔New Guinea〕）的阿得米拉提群島（Admiralty Islands）居民來說，人死後的生命會以近乎生前的相同模式延續，財產和資產都不會更動；1935年，瑞歐．法蘭克林．弗茨（Reo F. Fortune）在《馬努斯宗教》（*Manus Religion*）一書中寫到，若生前是警察，那麼死後也還是名警察，其他鬼魂依舊要支付稅金給警察。至於婆羅洲的雅珠達雅族（Ngaju Dayak，位在南加里曼丹〔South Kalimantan〕）的亡者，則是會來

HEAVENS, PARADISES AND UTOPIAS

到肋烏理敖（Lewu Liao），這裡是個位在富饒國家裡的一座「鄰近」村莊，河川漁產豐富，林木生長茂盛。

隨著中世紀歐洲的城市富裕發展，基督教的死後世界階層與管理也逐漸成為廣為探討的主題。《聖經》提及審判日結束時，神應許在地上建立屬天的上帝之城（City of God），即「新耶路撒冷」，而雄偉的大教堂讓這個世界出現了專門研究聳立建築的考古研究。不過，我們要先來探討埃及的情況，尚在農村時代的埃及人夢想可在豐饒的蘆葦田獲得永生，即「燈心草田」。

威尼斯總督宮（Doge's Palace）的巨幅作品《天堂》（*Il Paradiso*），乃是丁托列多（Tintoretto）於1588年過後所繪製的。

古埃及的蘆葦田

A'ARU OF ANCIENT EGYPT

古埃及人的死後世界天堂原本只留給一個人：法老王。埃及最古老的墓文《金字塔文》，約莫是在西元前2400至2300年，乃是專門為皇宮貴族準備的文字。法老王過世後會攀升到天空：「你會沈浸在星光照耀的天空……太陽人會呼喚你，那不朽之星會把你升到半空中。」接著，法老王就會加入夜空成為星星：「你會定期跟著獵戶座從天空的東方升起，也會定期跟著獵戶座從天空的西方墜下。」法老王會與太陽神並坐，但最終會超越眾神，獵殺眾神吃下肚：「王會再次出現在天空中，戴上地平線之主的皇冠，打損眾神的背脊，並取走眾神的心……吞下每一位神明的智慧。」（《金字塔文．話語篇》〔Utterances〕273-274）

古埃及工匠森尼杰姆（Sennedjem，約生於1295年，約卒於1213年）的墓地圖畫，位於尼羅河西岸的德爾麥迪那（Deir el-Medina），圖中繪製了森尼杰姆和妻子伊妮費蒂（Iineferti）一起愉快地在燈心草田工作。

後來的《棺槨文》（*Coffin Texts*）以及更後來的《死亡之書》，相繼把死後世界的觀念揭露給眾民。本書在探索杜埃和異世界（見20頁）時，談到古埃及人過世後會進到地底世界，展開艱苦的旅程。地獄景觀裡的火焰和惡魔突襲，最終會在抵達瑪特女神之殿後徹底改變，這裡是前往目的地天堂的入口，但前提是要通過阿努比斯的審判，也就是取心來量測良善程度。若發現不夠良善，亡者就會被鱷魚樣貌的天神阿米特給吃掉，從此消失；若是夠良善，且正確複誦祈禱文，也完全認罪了，那麼就會獲准進入蘆葦田（「A'aru」有時也會拼寫成「Earu」），也就是燈心草田，冥王奧西里斯的完美之地。

埃及塔克汗古塚（Tarkhan）編號518 墓地裡找到的亞麻布球，約是4500年前，慈愛的父母為了孩子死後有玩具可以玩耍，在孩子的墓地裡所放置的玩具。

這便是良善的古埃及人會擁有的死後生活，那鬱鬱蔥蔥、灌溉豐沛的綠色田野是埃及人日常生活的相反寫照。想像群島上滿是無窮盡的燈心草田，蘆葦田據說是位在太陽升起的東方，一路延伸的蘆葦桿讓人聯想起地上的尼羅河三角洲（Nile Delta）邊境的蘆葦；這裡是狩獵和農作的絕佳大地，可長久餵飽亡者。

蘆葦田具備了地球上各種美好的特點——蔚藍天空、運河船帆、飲酒、打架、婚姻、知名天神會一同居住，以便被持續膜拜。在廣大的田野之中，亡者會分到一塊負責耕種的野地。若生前是付錢請人來做粗活的，陪葬品中的巫沙布提俑備有農耕工具可以代替主人下田耕作；西元前1000年過後沒多久，巫沙布提俑還有了工頭，手持打穀用的連枷來鞭笞偷懶的巫沙布提俑。

為了能在天堂裡重生，埃及人才有死後祭典、儀式、咒語和木乃伊，目的就是要把身體保存下來，以便能好好享有蘆葦田裡的極樂喜悅。1900年，英格蘭的埃及學家恩奈斯特．阿爾弗雷德．華立斯．巴吉（E. A. Wallis Budge）在其著作《埃及人的宗教》（*Egyptian Religion*）裡，引用一位愉快的靈魂所說的話：「我設下陷阱捕捉禽鳥，最棒的會入我的肚皮。我見過我的父親冥王奧西里斯，我凝視我的母親，我也做過愛……。我被帶到天外的區域，我讓地上

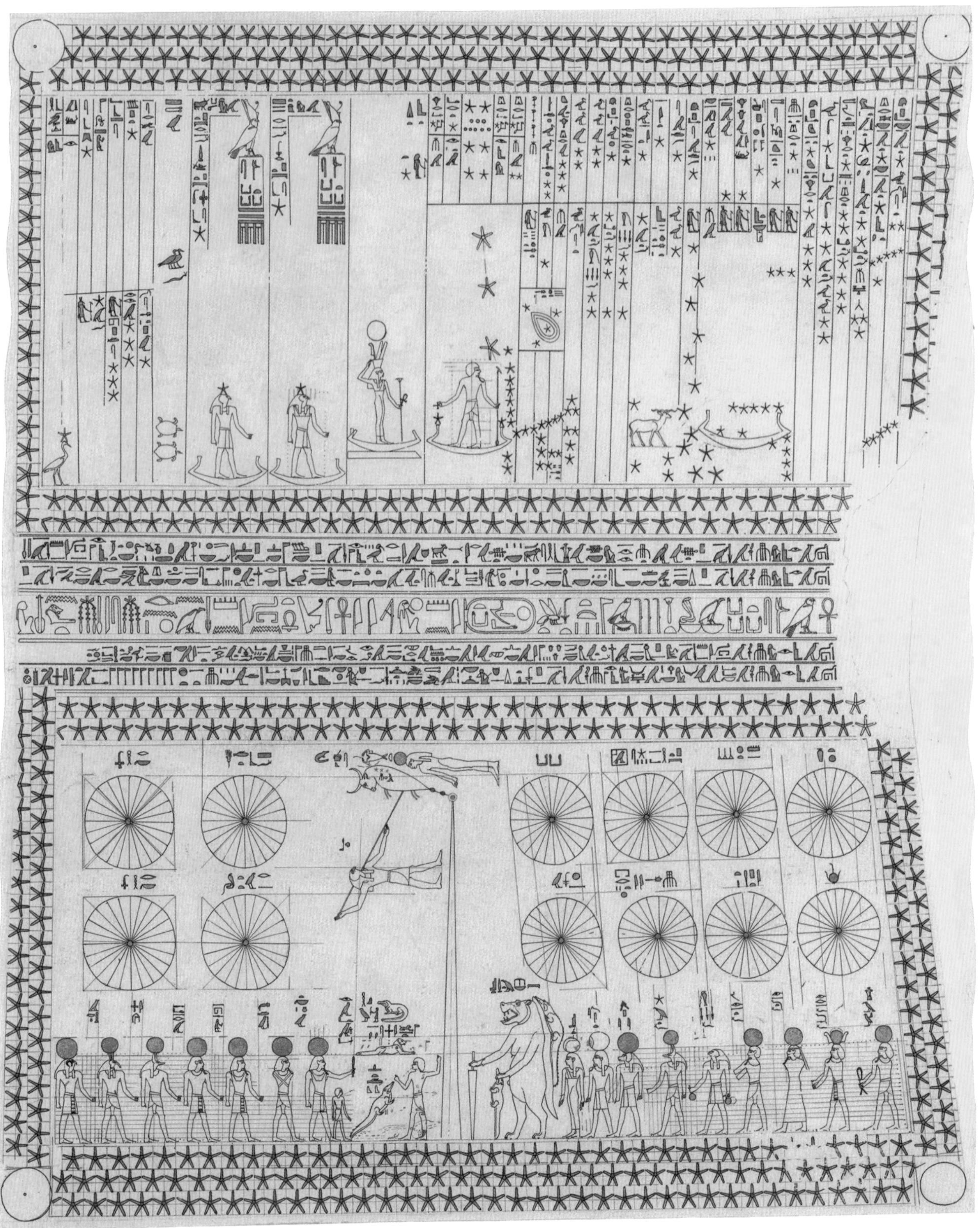

萬物生長茂盛；那裡有喜樂的心……我把我的船綁在天上的湖泊裡……我用我的嗓音唸出規定的文字，我把讚美都歸給神。」

在只有法老王能進入蘆葦田的時代，文獻裡常會描述逝去的王者以隼或鵝的樣貌升上天，有的時候法老王是騎著蚱蜢升天，又或是化做一片雲、一道縷煙，另有敘述指出法老王是攀上階梯，這梯子是一束束陽光組合而成的。還有一說指出，這就是為何法老王的墓地是造成階梯金字塔（step pyramid）——真的金字塔是後來的事——其實就是為了表達光束階梯的想法（這想法埃及花了1000年才發展出來，成為其最鮮明的矛盾點，其死後世界同時是地底世界和天外之域）。

埃及在地上的社會階級結構也跟著進入到死後世界，法老王依舊保有屬神傾向的狀態，不過卻可能遭受後繼者的破壞——當登基的是法老王的敵手時，有跡象顯示後繼者會毀壞其墓地和紀念碑，毀去前任法老王抵達天堂的機會。有一說指出女法老哈謝普蘇（Queen Hatshepsut）的繼子圖特摩斯三世（Thutmose III），正是基於此原因，便在繼承王位後，褻瀆哈謝普蘇。隨著時間發展，死後世界的專有性漸漸從傳統觀念中抹去，不過仍就只有富人才負擔得起製作木乃伊和建造奢華墓地，這都是確保亡者能有機會進到蘆葦田所必須做的事。

左頁圖：埃及建築師塞尼穆特（Senenmut，活躍於1473年）是女法老哈謝普蘇（Queen Hatshepsut）的親信，此幅天象圖就繪製在其墓地的天花板，內容描述眾神與各星座的關聯。

古印度的天堂

HEAVENS OF ANCIENT INDIA

印度教的地獄場景實在是眼花撩亂，與其相映襯的則是多采多姿的天堂，且也同樣是生命大循環旅程中暫時停留的一站，而輪迴便是生與死的循環。與基督教觀念相比較來說，良善印度人的最終目標並非是前往天堂，而是在多次循環的生命之中累積足夠的善事，最後才能達到末喀裟（從物質苦難中解脫，並結束輪迴），然後便可獲得覺悟、與梵合一，達到「梵我」（One Supreme Self）。

不管怎麼說，印度宇宙觀的結構的確相當複雜，當中有多個高境界（high realm），那麼高境界的宇宙本質為何呢？印度的宇宙時空裡，時間是無限的。宇宙的生命有一劫（kalpa，即佛陀的一日）這麼長，這段時間達43億2千萬年

約莫1810年的插圖，描繪印度神濕婆（Shiva）的天堂，地點據悉是在西藏的蘇迷盧山（Mount Meru），濕婆在這裡與美麗的另一半帕爾婆蒂（Parvati）交合。

之久。宇宙時間到了的時候，會被梵天摧毀，接著梵天會在無限期的宇宙循環之中，重新再造一個宇宙。

宇宙結構的部分，《梵卵往世書》（*Brahmanda Purana*）和《薄伽梵往世書》（*Bhagavata Purana*）皆描述宇宙裡有十四層羅卡（Loka，指稀見之地），既算是個類別範疇，也是個天上的領域。前面我們討論過其中7個比較低的境界（地底世界帕塔拉，見32頁「古印度的地獄」），至於高境界，第一層是「布羅卡」（Bhu-loka，即人世間），另外還有6個比較高的境界「維亞蒂斯」（Vyahrtis），由上而下依序為：

1. 撒塔亞羅卡（Satya-loka，最高境界）
2. 塔帕羅卡（Tapar-loka）
3. 加拿羅卡（Jana-loka）
4. 瑪哈羅卡（Mahar-loka）
5. 斯瓦喀羅卡（Svarga-loka，眾神之首因陀羅的天堂地）
6. 布爾羅卡（Bhuvar-loka），太陽月亮之地

出自17世紀《羅摩的旅行》（*Mewar Ramayana*）一書的天堂插畫，此則故事有2500年的歷史，而本書為現存狀況最好的一個版本。畫中羅摩（Rama）的隊伍抵達撒拉育河（River Sarayu）河畔，從圖中左下角進入水域，接著上升抵達天堂。

第156、157頁圖：同樣是出自《羅摩的旅行》，此幅精美的畫作描繪巨人昆巴卡納（Kumbhakarṇa）被梵天詛咒一輩子都得沈睡。魔王羅伐那（Rāvaṇa）派來一群惡魔，打算延攬昆巴卡納加入惡魔行列，所以他們製造吵鬧的聲響，用武器攻擊，在耳朵旁放聲吼叫和敲打樂器，努力要叫醒昆巴卡納。

我們最感興趣的是「斯瓦喀羅卡」和最高之地「撒塔亞羅卡」。眾神之首因陀羅（Indra）之地正是斯瓦喀羅卡，良善之人轉世之前，在此可獲得重生，享受喜悅，這地方得抬頭才能看見雲層覆蓋住的蘇迷盧山高峰，天堂的境界皆在此平衡共存。印度教裡，宇宙山是地球的至高點，也是所有萬物的中心，恆星與行星以此繞轉，更是梵天的家。這座有5個山峰的聖山，同時也在佛教和耆那教宇宙學裡佔有重要地位。從各宗教信仰巨型顯赫寺廟的多層屋頂設計，便可看出這座聖山的影響力。印度傳統觀念認為，這座位在喜馬拉雅山北面的高山，估算高達8萬4千由旬，約等於110萬公里，這可是地球直徑的85倍。

在這座巨大無比的高山山峰上方，斯瓦喀羅卡就夾在各個天堂境界之中，專收良善但未達到末喀裟程度的靈魂。此處的主要地是阿瑪拉瓦蒂（Amaravati），而諸位提婆（deva，仁慈天神的統稱）的王因陀羅就是在殊勝殿（Vaijayanta）管理一切，這是座金碧輝煌的宏偉宮殿，其周長達1300公里，高64公里。在這座天上的歡樂園（Nandana Vana）漫步，可觀賞到能實現願望的聖樹大香樹（Kalpavriksha），嗅聞木槿花、玫瑰、風信子、忍冬花，同時間還有著跟花朵一樣香甜的輕柔音樂在播放。

這偌大的宮殿充滿扁桃樹的香氣，連同傢俱全都是黃

印度神明因陀羅和妻子莎奇（Sachi），一起騎乘有五個象鼻的白色天象艾拉瓦塔（Airavata）。

阿組納（Arjuna）前往斯瓦喀羅；出自12世紀早期，插畫版本的梵文史詩《摩訶波羅多》。

印度聖書《博伽梵歌》（*Bhagavad Gita*，西元前200年至西元後300年，第11篇敘述宇宙相克里希納（Krishna，無邊際的宇宙），打從時間開始的時候就在了，也存在於「整個世界，一直在動，又一直不動」，佔有「整個地平線」。

金打造的，柱子則是用鑽石製作而成，全由梵天的兒子、眾神的建築師毘首羯摩天（Vishwakarma）負責設計。宮殿裡，天天都有音樂和舞蹈，歡樂聲連連。只要通過艾拉瓦塔（Airavata）管轄的入口之後，即可一起同樂。艾拉瓦塔是具敬畏感的白色屬天「雲象」，這頭戰鬥之象擁有五個象鼻、十根長牙，乃是眾神之首因陀羅上戰場的坐騎。

在黃金天堂境界和白象之上的是遠在數千萬由旬之外的「撒塔亞羅卡」（真理世〔world of truth〕），這花朵遍佈的花園是最高的境界，屬於創造之神梵天和女神薩拉斯瓦蒂（Sarasvati）的家，也是最期望能抵達的極樂天境。不過，就跟其他天堂境界一樣，同樣都會有離開的一天。撒

塔亞羅卡是一處有著大量蓮花的大花園，每個種類的蓮花皆具有不同的屬天力量，位在正中間的是個巨大宮殿梵天之座（Brahmapura）。蓮花和梵天關係密切，有幾本《往世書》敘述梵天是從蓮花而生，與毗濕奴（Vishnu）的肚臍相連；不過，更久遠的文獻指出，梵天是在金卵希拉雅噶巴（Hiranyagarbha）裡造了自己，然後才創造了宇宙、《吠陀經》以及人類。

左頁圖：19世紀早期印度南部的畫作，畫中梵天和女神薩拉斯瓦蒂坐在法哈南（vāhana，坐騎）上，也就是翰沙（haṃsa，鵝）。

探索印度的宇宙學很可能是趟沒有終點的旅程，因為數百年來持續有多種不同的系統接續出現。某程度來說，原因可歸咎於《往世書》文學都必須要涵括宇宙學的部分，因此除了與宇宙學相關的論點，也同樣留下許多各種好奇心驅使的思索內容。一旦有新想法出現，不會立刻被否決，而是會經歷斟酌思量、適應變化和納入接受，不過既有核心觀念認為宇宙和個人可相容的想法依舊堅固。《薄伽梵往世書》作者寫道：「因為你是沒有極限的，不論是眾天神還是你自己都無法觸及你那榮耀的盡頭。宇宙的數量無限，每一個宇宙都包覆在殼裡，由時間之輪驅使，在你裡面漫步，就像是吹拂在天空中的沙粒。」

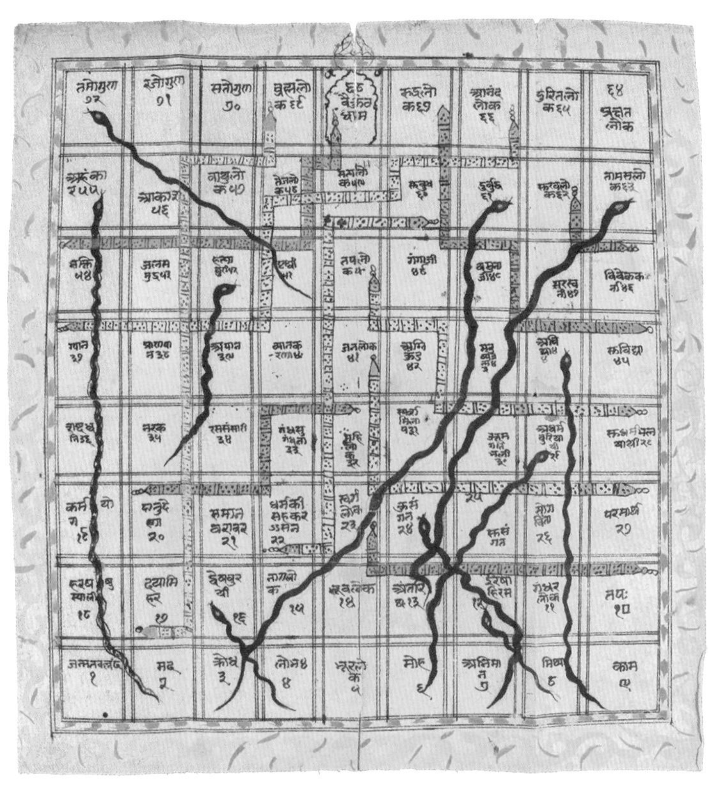

有種名為「蛇梯棋」（Snakes and Ladders）的遊戲，其實是古印度教導倫理的遊戲，叫做吉拿拿巴吉（Jnana Bagi），「天堂與地獄遊戲」；每個方格係依據不同善行與罪行的傳說故事來編號。

東方的天堂

HEAVENS OF THE EAST

道教為中國傳統哲學思想之一，主張謙遜的虔誠行為，並強調要與道和諧共處。此乃宇宙間大自然的秩序和行為，藉由學習與「道」合而為一，了解那表面看似混亂的形式，然後便可達到完美。道教至少可追溯到西元前4世紀，此哲學思想認為人類是循環宇宙裡的縮影，強調「道」為一切之先（而非把天神擬人化），不過仍相信天堂的存在。想要抵達天堂的，首先得先找到神秘的崑崙山。

這巨大的山峰是由九層不同的戒律所組成，一路習得各戒律後，即可抵達最高峰、進入永生極樂。這極樂天堂長

兩張1830年佛教徒的宇宙地圖。左圖：階梯地圖顯示出世界（綠色和橘色部分）相對非常小，世界乃是介於七天層和七天地之間。右圖：圖中上半部繪製了七大林和七河川、太陽星君宮（Sun God Palace），以及一棵高達1萬6100公里的巨大番石榴樹。

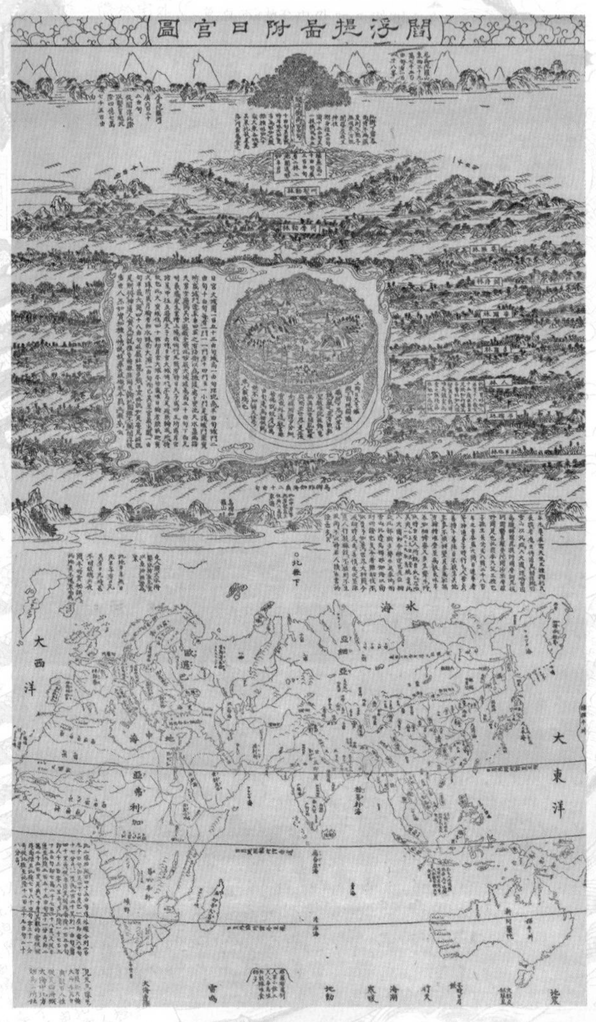

有一棵不死樹，有不死水流經這裡，一進到這兒便可獲得西王母的保護；西王母可以為活人和死人賜下繁榮和長壽。西元前4世紀時，莊子寫道：「西王母得知，坐手少廣，莫知其始，莫知其終。」此文獻算是有關西王母最早的紀錄資料之一。根據道教的傳說，等著進到天堂的活人之中，西王母會把特有的藥水撒向她最喜愛的那一位，此人便能獲得開心愉快的感受。

相較起來，佛教徒的旅程目的地乃是個人經由涅槃（滅盡）從輪迴中解脫，當除去「三火」或「三毒」——貪（raga）、瞋（dvesha）、痴（moha）——的時候，即可抵達目標。雖然東方佛教有著許多不同的變化形式，從使用咒語法術的，到西藏僧侶各派的戒律，在此最有關聯性的是在東亞廣受歡迎的佛教淨土宗。

淨土宗信徒遵循傳統佛教教誨，追尋涅槃，只不過目標是要到「極樂淨土」（地球會一直腐敗下去），可藉由把自己獻給佛陀的化身來抵達淨土，此化身即為阿彌陀佛（指祂是無量的光），掌管著位在西方日落上方某處的天堂。阿彌陀佛在《般舟三昧經》說道：「若你想要來到我這兒來，在我這兒出生，那麼你得不斷地在心中呼喊我。你得一直把這念頭放在心上，緊抓不放，那麼你便能順利來到我這兒出生了。」依據淨土宗另一本主要的典籍《佛說無量壽經》，這是個豐饒的地方，寬廣開放的平原，沒有山，到處都有天神和人類，隨處可見花朵、水果、香氛、成群的鳥兒：「他們一吹氣，那些微風就會把花朵吹散，遍落在這塊佛陀的田野上。這些花朵掉落時，會依據顏色排成圖案，不會搞混；那色調之精細，那香氣之濃郁。當腳踩在花瓣上的時候，腳會下沉10公分；腳抽離開時，花瓣又會恢復到原本的位置和形狀。」

河川之中，有些寬80公里，流經黃金沙丘。踏入水域裡涉水時，水溫會立即調整成適合涉水者的溫度。散發著香甜味道的寶石樹，上頭有金、銀、綠玉、水晶、珊瑚、紅珍珠、祖母綠，成列排在河畔上，比任何能在地上找到的東西都還要講究且寶貴，並散發出各種色彩的光芒萬丈。其餘地方還種了香蕉樹、椰子樹、蓮花田，全都是用寶石製成的。

1700年至1799年，西藏佛教徒的曼荼羅（mandala），幻輪（Yantra）魔法圖案，上頭是張人皮，用於做法儀式；人皮圖案表示此咒語得小心使用。

第164頁圖：15世紀早期的中國刺繡唐卡（thangka），內容是佛教徒的保護神怖畏金剛（Vajrabhairava），繡工精細。

左圖：出自1906年理查・卡內・譚保爵士的《三十七位神明……》之作，緬甸地上和天上靈魂居民的階級圖。地下有4個地獄領域，中間是有著紅寶石腳的蘇迷盧山，然後是高層天上的層級。

下圖：緬甸的「有情」（Sentient Being）觀念圖，關於靈魂的進化，乃是從印度借用來的思想。從左下角開始是地底世界的惡魔靈魂，一路來到右上角非物質世界的靈魂在等待涅槃的到來。出自1906年《三十七位神明……》。

1750年日本的當麻曼荼羅（Taima Mandala），描述阿彌陀佛的淨土，打造在黃金池上的巨型宮殿。

順利逃離地上的貢獻者，可以獲准進到極樂淨土，而通行證就是貢獻者相信阿彌陀佛救贖力量的信念，同時也能脫離再投胎的輪迴。不過，這天堂不一定是靈魂的最終歸屬之地，有可能只是前往更高領域的中途站。每個靈魂能聽到自己想聽到的聲音，涵括超脫、不動心、止靜、疾滅等課題，這可帶領靈魂前往終極正覺，最終可在涅槃中消滅自我。

中國人相信蓬萊山島位在渤海東邊某處，一處擁有5座島嶼的群島，又稱神仙島。傳說這處天堂有長生不老藥，西元前219年，秦始皇曾多次派人前去探尋這長生不老藥。

希臘與羅馬：黃金時代、至福樂土、極樂群島

GREECE AND ROME: THE GOLDEN AGE, THE ELYSIAN FIELDS AND THE ISLANDS OF THE BLESSED

遠在開始尋求過去的天堂之前，歐洲製圖家便著迷於把伊甸園繪製於海上（見15頁），古時希臘人和羅馬人對那神秘的消逝年代，也就是那幸福無比的黃金時代（The Golden Age），懷抱著緬懷般的渴望。面對這麼一個遙遠卻又充滿完美極好創造的年代，奧維德（Ovid）、赫西俄德（Hesiod）、柏拉圖（Plato）等作者無不致力於揮灑熱情洋溢的創作。當宙斯的父親柯羅諾斯（Kronos）掌管地球時，男人不需要勞力工作，女人無須經歷生產。柏拉圖指出，凡是神認為值得親近的負責任、美善之人，皆成天在這裡裸著身體悠哉過活，享受完美的氣候。大自然狂喜茁壯成長，不用照料也是大為豐收。

奧維德在《變形記》（*Metamorphoses*）裡指出，黃金時

老盧卡斯．克拉納赫（Lucas Cranach the Elder）創作之《黃金時代》（*The Golden Age*）；畫中左上角的森林可能是哈騰費斯城堡（Hartenfels Castle），即安納斯提拿王朝（Ernestine）的家族住所，由此可見克拉納赫想要討好克拉納赫家族，所以暗指因為該家族的贊助，因而有了新的黃金時代。

1599年，安東尼奧・坦佩斯塔（Antonio Tempesta）創作之《黃金時代》（*The Golden Age*）。

代沒有法律和懲罰，因為人們會自動自發做對的事情。想像一下，世界上每個國家皆和諧相處，氣候終年逢春，河水裡流的是牛奶和蜂蜜。死亡不再是件恐怖的事，只不過就是睡著罷了。這時期是由柯羅諾斯和泰坦（Titans）所統治，但後來被宙斯和奧林帕斯十二神（Olympians）打敗。依據古希臘詩人赫西俄德的描述，這一支黃金人類種族的繼承者為「銀族」，後來又被「銅族」繼承，接下來的第四代便是特洛伊戰爭時期的偉大英雄。

這段時期，那消失已久的遠古時代；希臘人和羅馬人都在想：有可能找回這個地方與這段時光嗎？或許，這段黃金年代的膠囊仍在某處隱隱閃爍，可能位在某個被時間遺忘的島嶼上，是一個人類道德所無法觸及的地方。赫西俄德解釋，黃金時代的地點可以再次找到，但路途極其遙遠，不只是到某個海島而已，並敘述了柯羅諾斯如何把王國轉換成地底世界——到那裡就可以找到至福樂土（Elysian Fields）了。

本書前面探討過希臘羅馬人的黑帝斯，從期間找到的資料之中，我們得知希臘的地底世界是個複雜的地下大陸，

1861年，亞歷山大．利托夫琴科（Alexander Litovchenko）的《船夫卡戎載靈魂渡斯堤克斯河》（*Charon carries souls across the River Styx*）之作。

有多個區域，或說是有不同的鬼魂國度。分類新到來者有幾項考量因素：一個人在世時的英勇程度、與神的關係、罪惡等級；終究，你的通行證件就是美善的行為。先由船夫卡戎帶領渡過斯堤克斯河（渡河費用由死者家屬支付，也就是在死者的舌頭下方放一枚硬幣），接著還要順利通過地獄三頭犬塞拜羅的守衛，然後就可以見到地底世界的審判官，通常認為是由艾亞哥斯（Aeacus）、拉達曼迪斯（Rhadamanthus）、米諾斯國王（King Minos）出任，而審判會決定新到來的靈魂應被送往何處。冥界塔耳塔洛斯是個有懲罰的滾燙地獄，浪費生命單相思的靈魂會被送往哀悼之地（Mourning Fields），這是個比較沒那麼恐怖的地方，但仍舊不是個能永遠開心待著的地方，而水仙平野聽來雖然比較像是個能讓放鬆的選項，但在荷馬的描述裡卻是個沒有歡樂的黑暗之地。

不是的，至福樂土又稱「Elysium」，依據拜占庭希臘學者薩洛尼卡的歐斯塔修斯（Eustathius of Thessalonica，

約生於1115年，卒於1195或1196年）的解釋，意思是「深受喜樂打動」，這兒有鬱鬱蔥蔥的山谷和平緩起伏的丘陵，是個眾所期待的天堂。荷馬在《奧德賽》4卷561行寫道：「在那裡，人類的生活非常輕鬆……那裡不會下雪，也沒有風暴，從不下雨，海上吹來的是響亮的西風，讓人享受涼爽。」（譯注：希臘神話中的「西風」象徵「宜人的春風、和風」）維吉爾在《伊尼亞斯紀》（*Aeneid*）6卷637行告訴我們該如何在天堂度過光陰：「這裡泛著玫瑰色的蜂蜜酒有充足的香氣，他們熟悉自己的太陽和星星。有些把手腳放進摔角草地裡玩耍，在運動上競賽，在黃沙上扭打；有些讓雙腳隨著韻律跳舞，又或是大聲吟唱詩歌……」有誰能拒絕永生玩摔角？永生跳舞？永生作詩為樂呢？維吉爾接著在742行寫道：「我們每個人都得承受自己的靈魂……我們有些之後會被帶到寬廣、充滿歡樂的至福樂土，可以自由遊晃，最終……什麼都不會留下，只會有超然純淨的感知，以及純淨火焰的靈魂。」

亞瑟．包溫．戴維斯（Arthur B. Davies，生於1862年，卒於1928年）之作《至福樂土》（*Elysian Fields*）。

出自3世紀上半葉地下墓穴（hypogeum）的濕壁畫，地點是羅馬的奧大維鎮（Ottavia）。畫中，天神墨丘利（Mercury）帶著去世的孩童來到至福樂土。

希臘作家蒲魯塔克（Plutarch，約生於46年，卒於119年）的敘述指出，進入至福樂土之前，會先有一段較為忐忑不安的初始期：「一開始，靈魂四處遊蕩，憂心不安地匆匆來回，半信半疑地生疏穿越黑暗：在初始期結束之前，所有的恐懼會蜂擁而至，戰慄、發抖、盜汗、驚詫……。」可喜的是，最後會有「極美好的光打過來，接著便進到純淨的牧草地區，四處有談話的聲音和舞蹈，還有壯麗的聖音和聖形：完成初始期者可以自由遊蕩，沒有束縛，並戴上自己的皇冠，好與神交流溝通，並結交聖潔的人……」

不同的文獻對於至福樂土的位置有不同的說法，有的說是極樂群島（Islands of the Blessed），有的說可能是在神秘世界邊境裡的天堂群島草原；或許，甚至可以在地球上找到這些群島也說不定。對此看法，希臘歷史學家蒲魯塔克在其著作《塞脫流斯》（*Sertorius*，此書為《對比傳記》〔*Parallel Lives*〕其中一卷）8章2節探討過後，嗤之以鼻地表示：「堅信這裡就是至福樂土，且認為受到賜福的都定居於此的想法廣為流傳，連異族人都深信不疑，但這不是真的，那僅僅是荷馬哼哼唱唱的東西。」

右頁上圖：18世紀早期，法國畫家傑昂．安東尼．華鐸（Jean-Antoine Watteau）之作《乘船去西特爾島》（*The Embarkation for Cythera*）；傳統上，一提到西特爾島（現在的「基西拉島」〔Kythira〕），便會聯想到維納斯女神（Venus），以及比至福樂土與極樂群島更富情色色彩的天堂。

1880年約翰．斯賓塞．羅丹姆．斯坦霍普（John Roddam Spencer Stanhope，生於1829年，卒於1908年）之作《流經至福樂土的遺忘之河》（*The Waters of Lethe by the Plains of Elysium*）。麗息河（Lethe，字面是指遺忘的意思）是古時地底世界的河川，投胎的靈魂得來喝上一口才能抹去前世的記憶，遠景則是至福樂土裡愉快的靈魂。

無論如何，隨著歲月流逝，群島也演變成單座的極樂之島（Isle of the Blessed），或稱為幸運之島（Fortunate Isle）。有些作家認為是兩種不同的個別想法，但有作家則認為這些島嶼和至福樂土是可以交互替換的。詩人品達（Pindar）滿腔熱血地寫道：「凡在兩處都堅持了三世，未讓靈魂犯下任何過錯，便可沿著宙斯的道路來到盡頭，抵達柯羅諾斯之塔，這裡有海風吹拂極樂之島，黃金的花朵燦爛閃爍。」

《跳水陵墓》（*Tomb of the Diver*）的天花板於1968年在義大利南部挖掘出土；跳水認為是用以表示死亡的瞬間，靈魂跳入永生之海。

中美洲的天堂

MESOAMERICAN HEAVENS

我們都知道，宇宙結構由十三層天堂和七層地獄組成，已是中美洲各個傳統文化廣為接受的認知。馬雅人認為，一棵巨大的宇宙木棉（Ceiba）連結了十三層上界和九層地底世界，該樹的樹幹和樹枝像脊柱似的觸及每個靈界，而中間世界（地球）則位在正中心。

埋葬的骨灰甕，馬雅人用來保存祖先的骨骸。圖中間可見到過世的統治者穿上有爪子的美洲豹服裝，且還灑上了鮮血──馬雅人認為美洲豹是神聖的，穿梭在各個世界裡做斡旋協調。圖左右兩邊都是地底世界的神，前來歡迎過世的統治者抵達最終目的地。

馬雅文化典籍《波波烏》（*Popol Vuh*，子民之書〔Book of the People〕）的解釋指出，生存在地球上的人類是脆弱的，因為馬雅人相信毀滅與再生的宇宙循環，而天神之前曾多次造出不同的人類。第一批人類是用泥土做的，無法行動，「能說話但沒有心智」；造物主見了不滿意，便用洪水把他們沖掉，打算重新再造。

製造第二批人類時，取樹木造男人，取蘆葦桿做女人，這批人類又同樣沒有智力，不懂得要崇敬造物主，但

約是600到900年的香爐，上頭的圖案是馬雅神明「基尼奇阿郝」（Kinich Ahau，太陽神），其招牌特徵就是鼻子，以及嘴巴周邊的魚貝標誌；焚香的煙和香氣會從臉面冒出。

西元300到600年間，有顆美洲豹頭裝飾的罐子；此奢侈品為馬雅貴族的陪葬品，目的是要在死後世界盛裝貴族要喝的巧克力。

卻有著不朽的生命，死後3天便會復活。這批人類一樣被摧毀了，這次是被滾燙的洪水給沖走，而倖存下來的被認為是成了猴子的祖先。第三批人類是用黃色和白色的玉米麵團製作而成，體內流的是神的血，這批麵團人之中，男女各只造了4位。這次試作大大成功！可是，眾神發現這批人類的智力會威脅到神至上的地位，打算也毀掉他們，因此天之心（Heart of Heaven，此為造人故事中天神「烏拉坎」〔Huracán〕的名字，所以《波波烏》一書暗指造物主即是烏拉坎）出面把人類的心智銳減，讓人類不再看得那麼透徹，如此一來剛好夠笨的人類就誕生了。

或許各個不同的馬雅文化族群之間，沒有一個統一且定義清楚的死後世界觀念。維拉帕茲（Verapaz）的波勾麥馬雅人（Pokoman Maya）相信，他們已故的國王會下到先前討論過的地底世界希巴巴（見69頁）。猶加敦馬雅人（Yucatec Maya）則是相信地底世界的存在，但也認為會有個審判體制，良善的人會被女神伊希塔布（Ixtab）帶往天堂。此外，從帕卡爾大帝（Pakal the Great）位在帕連克（Palenque）的陵墓裡，可見到馬雅貴族的祖先從土裡發芽，長成水果樹，象徵永生天堂的果園。

左圖：10至12世紀的圖米（tumi）祭祀用刀，用於活人獻祭。

右頁圖：16世紀上半葉，墨西哥《賽爾登手稿卷》（*Selden Roll*）的頂端，又可稱為《新火手稿卷》（*The Roll of the New Fire*）。圖中以嵌入星星的段帶，演示八層天堂（通常會用眼睛代表星星）。在第九層天堂裡，羽蛇神魁札爾科亞特爾（Quetzalcoatl）坐在至上天神「二神」（The Two）之間，接受二神賦予權力、管控生命的力量。

此外，「花山」（Flower Mountain）是傳統馬雅圖像學裡常可見到的詞彙，這是一座會移動、有生命的山或是山洞，有各種花朵符號做裝飾。該圖示的解讀方式有數個：一是認為與現今渚篤黑馬雅人（Tz'utujil Maya）的信念有關，那就是地球的核心裡有一座魔幻的山；二是認為花山是馬雅祖先老家的天堂；三是認為花山正是奇科莫斯托克（Chicomoztoc），所有納瓦族（Nahua，講納瓦語的族群）的神話起源地；四是認為花山是祖先去找太陽神的一個天外地點。另外，還有一個想法是認為花山離太陽神的天堂很遠很遠，很可能是個水底下的天堂——或許就跟阿茲特克雨神的天堂特拉洛坎（Tlālōcān）差不多。許多傳統馬雅陵墓之中，可見到海洋生物遺骸和水底意象，從而觀察到馬雅人的觀念。

馬雅人常透過活人獻祭的方式，與住在多彩天堂的天神和住民溝通、表達敬意，且戰事期間更時常舉行獻祭。納

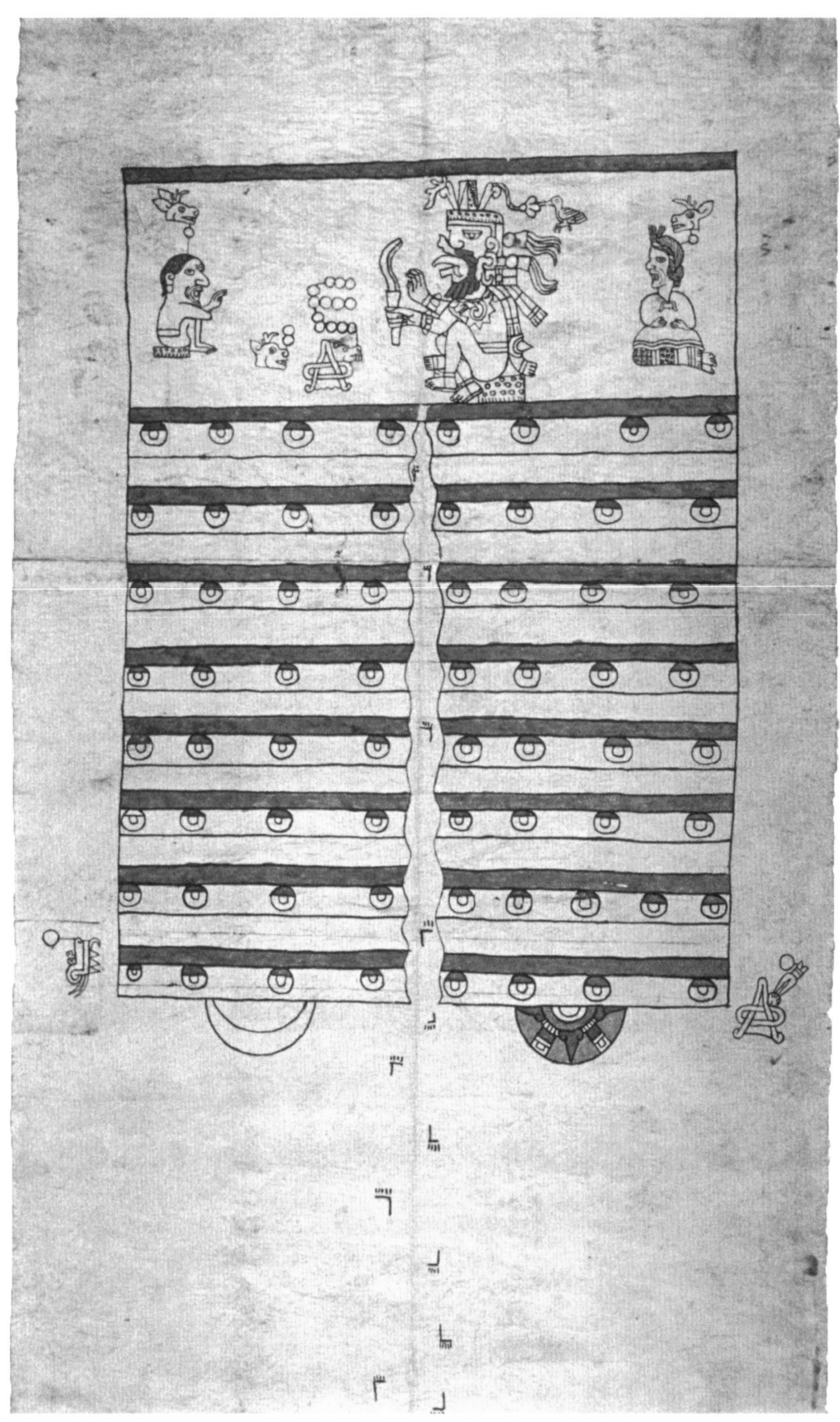

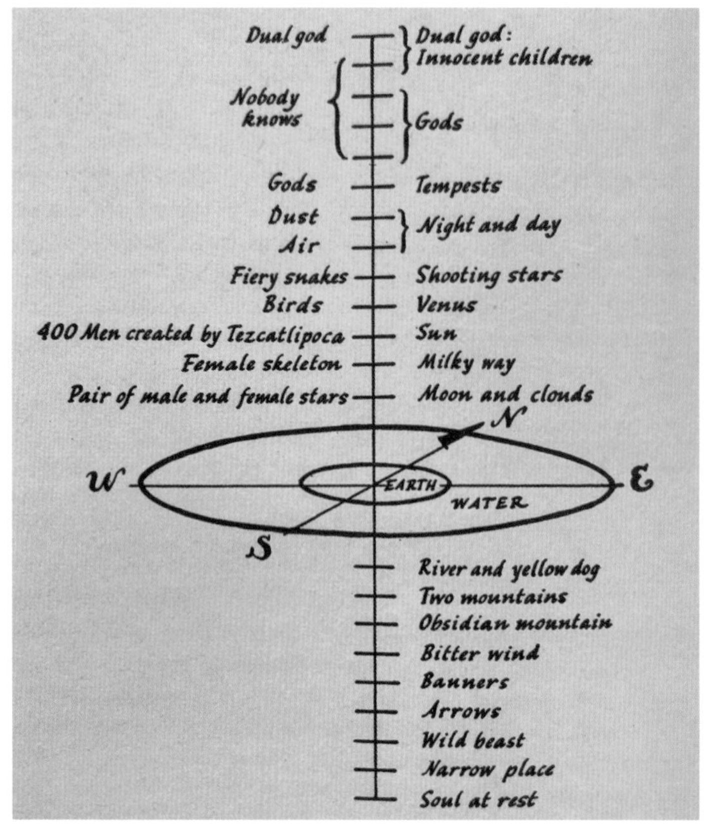

解釋納瓦族宇宙觀的圖表。

康（nacom，戰事祭司）會希望藉由獻出戰俘，討得神明歡心，祈求保佑打勝杖，而階層較高的俘囚會留到重大場合，像是國王或皇后登基的加冕典禮。獻祭屠殺有許多恐怖的手段，最普見的是斬首和挖心（且還是在囚犯人還有氣息、有意識的時候），不過普遍較能接受的方式是把囚犯扔進天然的井裡慢慢死去。其實，第二種手法也是用來和神明溝通的管道。馬雅人有時會把小孩慢慢放入井裡，任憑孩子們獨自在井裡待上好一段時間，這樣孩子便能與神明對話了；數小時過後，小孩會被拉出井外，並被寄以厚望，希望能代為傳遞神的訊息。

印加文明裡，與黑暗的烏庫・帕查（ukhu pacha，下面的世界）對立的是高界哈南・帕查（hana pacha，上面的世界），又稱為太陽之地（Land of the Sun），乃是恆星、行星與神明的家，擁有美德的印加人都有機會來到這裡沈浸在神的陽光和溫暖之中。住在此處的重要神明，包含太陽神印地（Inti，印加人相信國王薩帕・印加〔Sapa Inca〕是印地的後裔），還有月亮女神媽媽基拉（Mama Killa）和雷電之

1940年代挖掘出土的墨西哥地底壁畫「特奧蒂瓦坎」（Teotihuacan）；依據考古學家艾方索．卡索（Alfonso Caso）的解讀，一個特奧蒂瓦坎就等於是天堂特拉洛坎（Tlālōcān），而圖畫中間這位是特拉洛克（Tlaloc），負責掌管降雨和戰事的中美洲神明。不過，現今則認為中間這位是死後世界的女神，洲卡爾．湯博（Karl Taube）是專精於中美文化與藝品的學者，稱呼這位女神為「特奧蒂瓦坎女蜘蛛人」（Teotihuacan Spider Woman）。

神伊拉帕（Illapa），伊拉帕的外衣光輝四射，手持棍棒，要造雨的時候就會把銀河系放入罐子裡。

至於彩虹與閃電則是從地球通往天境的奇幻道路，高山山峰是通往天堂的神聖入口，也是為神獻祭（包含活人祭）的舉辦地點。道德良善的亡者，只要認為自己在世上的事務都已了結，便可踏上這條美好的道路。另外，保護亡者的遺體是很重要的，因為雖說死亡迫使靈魂離開肉體，但遺體和靈魂仍會繼續存在，需求也都跟以前一樣，沒有改變。人們相信，要是遺體被毀壞了，那麼靈魂註定會留在世上漫無目的地閒晃，因此大家花費許多精力在墓地裡妥善保存遺體，如此一來靈魂就能抵達天上的目的地，接著就能回頭協助曾幫忙保存遺體的人。

阿茲特克文明的信仰系統（納瓦族是更精確的說法，包含有阿茲特克人、奇奇梅克人〔Chichimeca〕、托帖克人〔Toltec〕），詳細解說了十三層天堂的結構。每一層都

人偶在縱橫交錯的河川裡游泳，而河水是從山上流下；依據考古學家艾方索．卡索的解讀，此場景是特拉洛克的死後境界。

是由不同的「神明」負責掌管，而整個十三層天堂組合成為「希帕克里」（Cipactli）的頭。希帕克里是太古時代的宇宙鱷魚，神就是取其軀體做為造物的基礎（特拉蒂帕克〔Tlaltícpac〕，也就是地球，乃是雕刻希帕克里的軀幹而成，而九層地底世界米克蘭〔Mictlān〕則是用希帕克里的尾巴製成）。

就靈魂來到天堂的目的地來說，與我們有關聯性的只有幾點。最下層的天堂「伊未卡達．梅茲特利」（Ilhuicatl-Meztli，月亮移動的天空），居住於此的眾神包含有月亮之神梅茲特利（Meztli）、貪慾和通姦之神特拉佐蒂奧托（Tlazolteotl）、刺捅雲朵腹部來製造雨水的雷神特拉洛克（Tlaloc），以及藉由氣息控制雲朵的風神埃赫卡托（Ehecatl）。雖然是位置比較低的天堂，但是個歡樂的地區。傳教士貝納迪諾．薩貢（Bernardino de Sahagún，生於1499年，卒於1590年）在其著作《西班牙新事物的歷史》（*Historia de las Cosas de Nueva España*）曾提到：「那裡從不缺嫩玉米的穗，也不缺蒲瓜、青椒、番茄、帶殼的

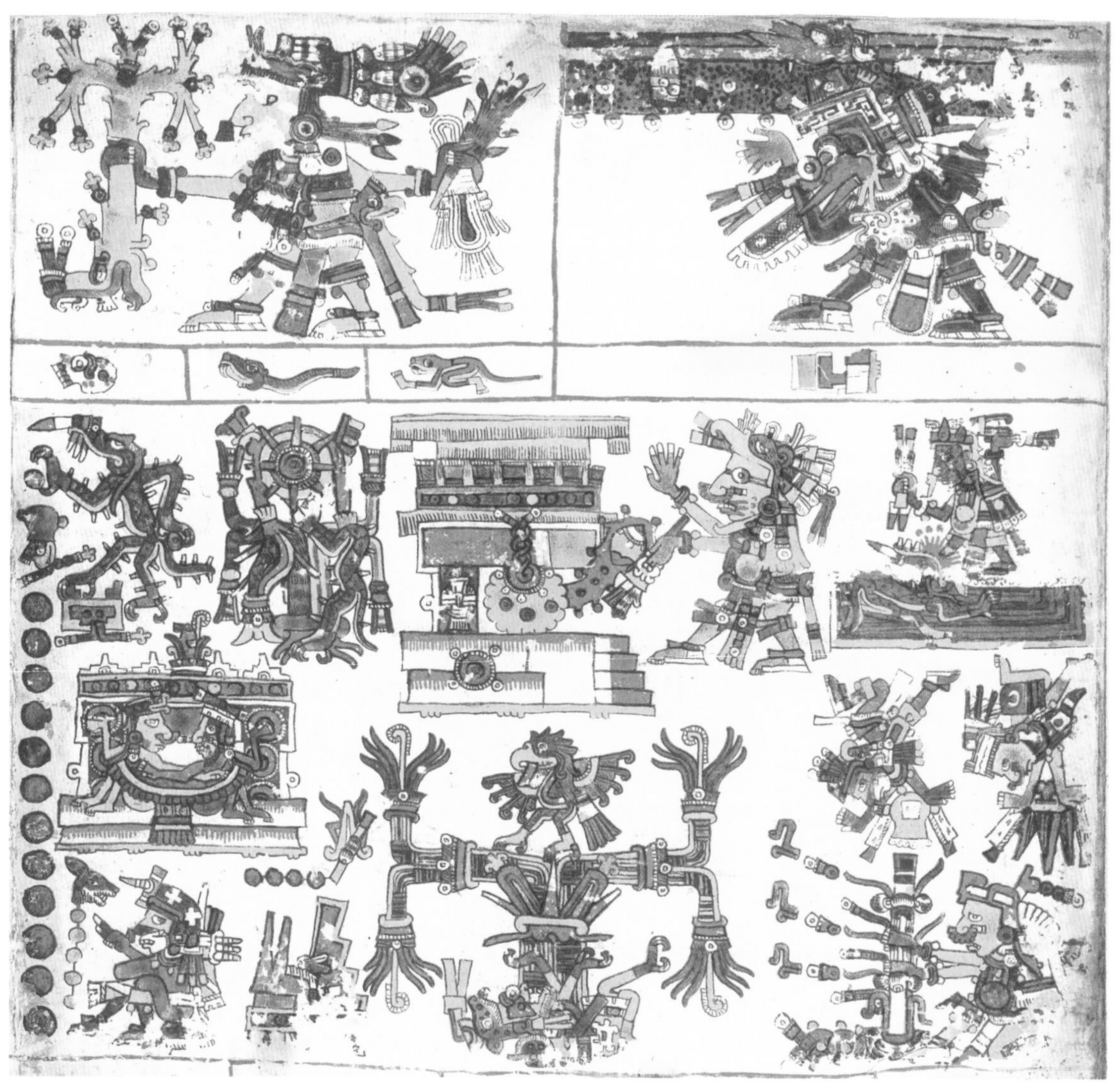

綠色豆子、小草和鮮花，居住在此的眾神稱為塔洛克斯（Thaloques），會顯現出來管理偶像，且他們全都留著長髮……」

由於雷神特拉洛克居住在這層最低處的豐饒之地，所以又稱為「特拉洛坎」（水霧之地）。啟程來到這裡的靈魂有溺水而死的，有被雷劈導致肢體變形的，有因為與雨神有關的疾病而死亡的，還有就是離奇死亡的靈魂，現在全部已確定是受到水神的照料了。馬雅的死後世界有大量充足的花朵做為裝飾，當有新的靈魂抵達這塊霧氣之地時，乾枯的樹枝會立即開出枝葉，迎接靈魂來到這塊永恆春天大地。新來到的靈魂獻唱感恩詩歌給特拉洛坎，然後才去踢足球、玩跳

特維茲蘭帕（Tlahuiztlampa，黎明地的方向），死後世界的東部地區，在此可接受祖先的教誨，也可接觸到東方守護神魁札爾科亞特爾（Quetzalcoatl），即飛翔的羽蛇神。

背，或是躺在溪水旁陰涼處的花床上消磨時光。4年期間充滿歡樂，之後靈魂會回到人間。至於其他一般的靈魂，全都得到地底世界米克蘭去。

另一個有趣的地點是第三層天堂伊未卡達．托納帝屋（Ilhuicatl-Tonatiuh，太陽移動的地方），這裡是第五太陽之神托納帝屋（Tonatiuh）的家，這兒有遍地的花朵，隨處都有鳥兒和蝴蝶。戰場上喪命的男人和難產死亡的婦女都會來到這裡，男人伴隨太陽沿著花之路來到至高點，然後交由女人陪伴太陽回到原本的位置，兩者都是以花朵、羽毛鮮豔的鳥兒、蝴蝶的形式來完成這項守護的工作。

最上層的天堂是伊未卡達．奧梅約康（Ilhuicatl-Omeyocan，二神之地、二元神的家），此處為一對造物神的家，奧梅堤庫特里（Ometecuhtli）和其女伴奧梅西華提（Omecihuatl），前者為食物之神、生命循環之神。未發展出判斷力前便死亡的孩童靈魂會來到這麼一處黃金境域，與這對天神一起居住，這兒終年茂盛的大樹枝幹會滴下乳汁餵飽孩童。孩子們個個的外貌都無比多彩耀眼，有玉、有綠松石，還有奪目的各種寶石，一起待在這塊美麗純真之地，與偉大的造物神建立關係，不用擔心會被送往死人的陰冷之地。

隨著西班牙人的佔領，這些信念並未就此被丟棄，反倒是結合入基督教，成為與天主教天堂有關的天界。我們從下方這首被佔領時期的詩歌片段，便可窺知一二，這首詩歌是由納瓦族幼童朗誦獻給聖母瑪利亞：

就像是咬鵑的羽毛，我們回世上，
我們這群年幼的孩童，謙卑躬身，
向聖母瑪利亞祈禱，她向來純潔。
就像是多彩的羽毛，我們染色了；
就像是珍珠的項鍊，我們被串起：
我們這群年幼的孩童，
向聖母瑪利亞祈禱，她向來純潔。

左頁圖：庫斯科畫派（Cusco School）的火繩槍天使（ángel arcabucero），該畫派風格係以華麗著稱。此畫繪製的天主教天使，身穿安地斯山脈一帶的貴族服飾，手上拿了一把火繩槍（早期從槍口填裝彈藥的長槍），同時結合了天主教教義和原住民的傳統信仰。

哉奈：伊斯蘭的樂園天堂

JANNAH: THE ISLAMIC GARDEN PARADISE

維吾爾手抄本《納吉法拉迪斯》（*Nahj al-Faradis*）的兩張插圖；約是在1465年，帖木兒帝國的卜撒因皇帝（Sultan Abu Sa'id Gurkan）下令完成的書籍。圖中繪製了先知穆罕默德（未出現在圖中）在夜行登霄中，造訪了天堂。

欲了解伊斯蘭天堂所具備的原始力量，那麼要先知道阿拉伯半島的面積約為260萬平方公里，是全球最大一塊沒有河川流經過的區域。因此，伊斯蘭天堂「哉奈」（Jannah），便是一個鬱鬱蔥蔥、水源充沛的地方，多麼愜意又絕妙。只要你夠良善，便能成功從停滯不前的巴爾撒克（Barzakh），通過色拉特橋（罪人上了這座橋，橋就會縮減成一根人髮的寬度，無從順利通過），接著就會看到有群歌詠天使在哉奈的大門前歡頌著：「祝你們平安！這是你們因堅忍而得的報酬，死後世界的善果真優美。」（《可蘭經》13:24）再來進入一處層層相疊，人聲鼎沸，隨處可見到大大小小的帳篷和市集之地，這裡就是「樂園」（the Garden）了，有著永恆賜福的草木蒼翠，河水豐沛湧出；《可蘭經》3章133節描述樂園分層底下的次樂園，其大小與天和地同樣寬廣。每個受賜福的住民都被個別安排住進了豪宅，裡頭有沙發、地毯、高腳酒杯、豐盛的飯菜和水果，全都是為了能讓住民盡情放鬆享受。雖然沒有文獻明確講述拜訪伊斯蘭天堂的旅程，不過就跟哲罕南（Jahannam，火）一樣，《可蘭經》有大量的細節說明，且都架構在《聖訓》之上。其實，和地獄相關的文獻相比，關於天堂哉奈的文獻紀錄多了非常多，這算是很特別的情況。同時，穆罕默德告訴我們樂園裡的驚奇之處遠遠超過人所能描述的程度：「阿拉曾經說過：『我為我那敬畏美善的僕人預備好了，那是眼睛所看不到的，耳朵所聽不到的，內心所構想不到的。』」《可蘭經》32章17節也說道：「任何人都不知道已為他們貯藏了甚麼慰藉，以報酬他們的行為。」人類是無法想像這天堂是多麼美好。

那麼，我們有哪些線索可以建構出此座天堂的地理環境呢？伊斯蘭學者提爾米迪（al-Tirmidhi，生於824年，卒於892年）指出，當先知被問到天堂裡的建築物時，先知答道：「磚頭是金和銀製成的，灰泥是麝香製成的，鵝卵石是

雄偉的天堂，隸屬於國王阿拔斯一世（Shah ‘Abbas I，統治期間為1588至1629年），波斯薩法維王朝（Safavid，1501至1736年）的偉大國王。

先知穆罕默德（未畫入圖中）遇到火雪天使（Angel of Half Fire Half Snow），出自約莫是1465年的伊朗手卷。

珍珠和藍寶石組成的，還有土壤全是番紅花粉。凡是來到這裡的都滿有喜樂，完全不會有不好過的感受；永不死亡，直到永遠；服飾也永不損壞，青春更是永駐常在。」

依據伊斯蘭文獻《關於天堂的一本書：天堂的描述、獎賞與親密關係》（*The Book Pertaining to Paradise, Its Description, Its Bounties, and Its Intimates*），每一位敬虔者都有一頂用寬100公里的單顆鏤空珍珠所造成的巨大帳篷：「天堂裡，每週五（受賜福者）會聚集到一條街上。北風會吹起，把香氣吹到大家的臉和衣物上，增添他們的外貌與魅力。獲取外貌與魅力的光澤之後，大家便各自回家去。」

河流不只流經樂園，也流過樂園底下；其實《可蘭經》裡的天堂哉奈常被指稱為「臨諸河的樂園」（47:12），這對實際上生活在無比乾燥的阿拉伯半島的人來說，沒有比這環境更棒的了。不過，不只是有水的河流，《可蘭經》還曾提及乳河、酒河、蜜河：「敬畏的人們所蒙應許的樂園，其情狀是這樣的：其中有水河，水質不腐；有乳河，乳味不變；有酒河，飲者稱快；有蜜河，蜜質純潔。」（47:15）（這4種河流與《創世紀》伊甸園裡的4條河流有關，即比遜河〔Pishon〕、基訓河〔Gihon〕、希底結河〔Hiddekel〕、伯拉河〔Phirat〕。）《聖訓》裡的描述是這些河流都會長成莫大的尺寸，且「菲諦兜」（al-Firdaws，層級最高的天堂）有一百層的轟隆湍流。

禱告公雞天使（Rooster Angel of Prayer）的體型非常巨大，祂的頭可以觸碰到神的王位，祂的腳則是站立在地球上。天使加百列解釋，這隻龐大的禽類是負責看管時間的天使，呼喚敬虔者前來禱告。

從《伊斯蘭教的死亡之書》（*Islamic Book of the Dead*）之中，我們知道極樂的亡者每週固定會去喝這幾條河流：週六喝的是水，週日喝蜜河，週一喝乳河，週二喝酒河；喝醉之後，飛行1000年，來到純淨、滿是麝香的一座巨山去喝甜水莎莎貝（salsabil），這是週三；到了週四，亡者會抵達一座高大的城堡，斜躺在沙發上喝薑汁，最後一站則是到不朽之桌（Table of Immortality）喝花蜜。

喝天堂的酒喝到醉，並不會是個大問題，因為這裡的酒不會變酸，所以喝醉只會感到愉快，不會有宿醉的問題。《可蘭經》7章45-47節寫道：「有人以杯子在他們之間挨次傳遞，杯中滿盛醴泉，顏色潔白，飲者無不稱為美味；醴泉中無麻醉物，他們也不因它而酩酊。」當被問到亡者是如何解酒時，先知回答道：「他們是藉由肌膚排

汗，那汗水有著麝香的香氣，且他們的腹部還是精瘦。」（伊本・希班〔Ibn Hibban〕）

天堂哉奈這地方還有著神奇龐大的植物群，提供舒爽的陰涼處和源源不絕的水果。（傳統上認為當樹木相互敲擊時，會發出悅耳的音符。）本書稍早討論哲罕南時，有提到地獄樹「欑楛木」（Zaqqum），而天堂哉奈也有類似的植物。神秘巨樹「西德拉督敒達哈」（Sidra al-Mun ahā，極境酸棗樹）便是其中一個，赫然聳立在樂園的遠端，那是近阿拉住所的地方（《可蘭經》53:20），形成天堂的邊境，這是創造物都無法跨越的邊界。

另外還有一棵巨樹，叫做土巴樹（ ūbā，賜福之意）。雖然只在《可蘭經》裡出現過一次，但《聖訓》也有相關記載。多年來啟發了蘇瑞瓦爾迪（Sohrevardi）等多位作家，且都認為神鳥斯摩奇（Simurgh，約等同於獅身鷹首翼獸）就是在此棵樹上孵蛋。胡肋拉的父親（Abu Hurairah）指出，先知穆罕默德曾說過：「天堂裡有這麼一棵樹，在其樹蔭旅行得花上一百年的時間才能遊歷完畢。」

現代基督教天堂的認知裡，認為天堂過的是禁慾的簡樸生活。對比起來，伊斯蘭教的天堂哉奈顯然是個更具感官性與性慾的領域，其中大家最為熟知的特色是「呼麗」（houri）。伊斯蘭傳統裡，呼麗是貞潔的少女，在天堂等候美善的人來到。《可蘭經》78章33節寫道：「敬畏的人們必有一種收獲，許多園圃和葡萄，和兩乳圓潤，年齡劃一的少女。」漂亮的呼麗，如紅寶石般美好，如珊瑚般美麗，如深處珍珠般純潔。《可蘭經》曾多處提及呼麗，且用的都不是單數詞。（至於每位信徒有幾位呼麗作伴，《可蘭經》並未給出精確的數字。）《可蘭經》36章56節指出，呼麗是「配偶」，另在37章48節描述是「美目」的配偶，而《聖訓》裡的描述是「坦承到連骨髓都可以看清」、「青春永駐」、「除了頭髮和眉毛之外，其餘地方皆是光滑無毛」、「單純」、「漂亮」。

依據《伊斯蘭教的死亡之書》，呼麗的外貌相當多彩：「先知說道：『至高神阿拉幫呼麗天使的臉龐創造了四種顏色，白、綠、黃、紅，還用了番紅花、麝香、琥珀、樟腦造了身體。』」這的確是個愉悅的境域，《伊斯蘭教的死亡之書》又說道：「每一天樂園裡的人都會越變越好看……

「神鳥斯摩奇與鳥群出發攻擊海靈」；出自19世紀華麗版的波斯神話作品《老人星之光》（*Anvār-i Suhaylī*）。

每個男人在品嚐佳餚美酒和享受性愛上，都獲得一百倍的愉悅感受。」

來到伊斯蘭地區的西方人，接收到的天堂哉奈是個充斥著感官刺激的地方。13世紀歐洲流傳的是更為誇大的描述，其中最鮮明的例子就是1264年出版的《穆罕默德的階梯書》（*Liber Scalae Machometi*）。此書造成轟動，其描述的內容令人嚮往陶醉，因為有豐盛無比的美食饗宴，有瑪瑙和珍珠覆蓋的大帳篷，且在外牆鑲有紅寶石的宮殿裡，還有非常多位笑臉迎來的少女。西方基督教大眾的想像畫面，已被這多彩多姿的天堂觀念給深深撼動，我們可從中世紀歐洲不同的神話之地中觀察到相關影響。夢想之地安樂鄉（Cockaigne）便是一例，這部分本書稍後會討論（見230頁），那是個想像出來的豐饒之地，數百年來一直都是大家共有的夢想。

瓦爾哈拉

VALHALLA

關於永生拿長刀開心砍殺朋友這檔事，我敢冒昧地表示，這不是一般人對天堂的想像，不過維京戰士也很難歸屬為一般人就是了。古斯堪地那維亞人有個美好的天堂瓦爾哈拉（Valhalla，源自古語瓦須爾須〔Valhöll〕，指殘殺之廳），也是奧丁（Odin）的英雄堂，這裡是個可以盡情縱樂的地方。[10]不過，來到這裡可不是一件容易的事，因為奧丁和瓦爾基（Valkyrie，奧丁的女隨從）只准許在戰場上英勇戰死的靈魂進到這兒來（有其他資料顯示捐軀的勇士有時也會被送往地底世界海爾；年代史家史洛里・斯圖拉松〔Snorri Sturluson〕指出，只有病死和年邁過世的會前往海爾，但在講述奧丁之子巴德爾的故事時，又自打嘴巴表示有位戰士死後被送去了海爾）。

一個裝飾華麗的偌大宴會廳，負責看守的是狼群，上方還有老鷹盤旋，這裡就是「金光閃閃」的瓦爾哈拉。屋頂是用戰鬥的盾牌製作而成，椽子（人字屋頂的斜木）是拿矛和槍搭建的，而圍繞長餐桌周圍的座椅是胸鎧製成的。瓦爾

右頁圖：左為瓦爾哈拉，右為耶夢加得（Jörmungandr）；耶夢加得這隻塵世巨蟒（Midgard Serpent）是取公牛頭做餌，從海裡釣上來的。此圖出自17世紀冰島手抄本。

10 另有學說指出瓦爾哈拉是一處廳廊的這個說法是誤譯的結果；瑞典民間傳說裡，曾多次提到亡者之山，名字也是「Valhall」。因此，或許「höll」一詞乃源自「hallr」（石頭），而「Valhalla」原意是指整個地底世界，而非單是個廳廊。

馬克斯・布呂克納（Max Brückner）1896年的作品《瓦爾哈拉》（*Valhalla*）。

Midgards Ormurin
VH
Heimdallur

哈拉的亡者賓客又被稱呼為恩赫里亞（einherjar），他們的時間都花在做生前就很喜歡的活動，即打架鬧事、大吃大喝，之後再幹架，偶而也是會做點英勇的事蹟，但接著又是打架滋事。[11]這些事都可以盡情隨興、無須節制，因為每到晚上傷口便會神奇癒合，回到滿血狀態，準備再來另一回合。

這神奇的重生力量也出現在廚房裡：晚餐餐桌上的肉是來自超大隻野豬沙利姆爾（Sæhrímnir），每回沙利姆爾被屠宰後，都會再次復活。伴著餐點吞入肚的飲料部分，可以選擇走到山羊海德倫（Heiðrún）側邊，從那從不用休息的乳房擠出一缸又一缸的美味蜜乳，這乳量之豐沛足以餵飽每一位勇士。另外還有神鹿艾茲烏斯（Eikþyrnir），其鹿角可為赫根尼須（Hvergelmir）注入泉源，接著赫根尼須又分流出許多條浩瀚河川。（古斯堪地那維亞的作品《詩歌埃達》（*Poetic Edda*）之中，《海爾庫伐．印地斯巴納第二部》（*Helgakviða Hundingsbana II*）第38段寫道：「露水滴滿全身的年輕成年雄鹿，比所有的動物都還要出色優越，牠的角對著天空閃耀。」）瓦爾哈拉有提供桌邊服務，負責服務的是一群群女隨從瓦爾基。

湘烏得岩畫（Tjängvide image stone）；約莫是1000年維京時代的岩畫，地點在瑞典湘烏得（Tjängvide）。畫中描繪的是奧丁騎有八隻腳的馬匹斯雷普尼爾（Sleipnir），又或者是某位逝去的勇者騎上奧丁的八腳馬，迎接英魂抵達瓦爾哈拉。

我們可以從《詩歌埃達》裡的《格里姆尼爾之歌》（*Grímnismál*）這一首詩，進一步取得相關描述。第8-10節奧丁的記述裡，指出瓦爾哈拉位在葛雷海須（Glaðsheimr，古斯堪地那維亞語，指光亮之家〔bright home〕），從遠方望去，這座廳廊相當金光閃耀，且是「平靜升起」。同首詩歌之中，我們得知瓦爾哈拉有個宏大的大門，名為瓦爾肯林（Valgrind，

左圖：10世紀丹麥的彩色耶靈盧恩石（Jelling Runestone），描繪基督被釘死在十字架上的場景。斯堪地那維亞的天神奧丁是被矛槍刺穿「吊在」樹上，因此一般認為此圖中基督是要比擬奧丁之用。

11 維京人視為休閒的殘酷活動，包含像是「拉皮趣」和「溺水遊戲」等，可參見作者2015年的著作《擲狐狸、章魚摔角，以及更多已被遺忘的運動項目》（*Fox Tossing, Octopus Wrestling and Other Forgotten Sports*）。

死亡之門），這裡「被稱為柵欄，位在一處平原上，在聖門之前自然是聖潔的：這柵欄相當有歷史，只有少數人知道如何用鎖關上。」在瓦爾肯林這道大門的保護之內，瓦爾哈拉共計有540個出入口，每一個入口都大到足以讓800人同時湧入。這麼一個遼闊的地方，裡頭還有數個次廳，像是畢斯尼基須（Bilskirnir，索爾之廳〔Thor's hall〕）便是其中之一，此廳有540個房間，且是奧丁認為最為宏偉的次廳。另外，我們經由奧丁也得知，山羊海德倫和神鹿艾茲烏斯所在的牧草地，乃位在瓦爾哈拉的最上層，方便海德倫和艾茲烏斯嚼食萊達樹（Læraðr）上的枝葉。

出土的是有1100年歷史的維京勇士墓地，這位勇士居住的地點為現今挪威境內的特倫達拉格郡（Trøndelag）。

近年考古挖掘出土的維京勇士墓地裡，觀察到一項不尋常的特點，因而「翻轉」了我們對維京人死後世界看法的理論，貨真價實的「翻轉」。2020年，由挪威科技大學教授雷蒙．沙維奇（Raymond Sauvage）帶領的考古團隊，挖出了1100年前一位維京勇士的墓地，發現勇士的刀被小心翼翼地放在軀體的左邊，而非右邊。沙維奇教授表示：「會這樣安放，反應出安葬儀式裡有的重要觀念」，教授進一步解說道：「其他（維京）物品也常被放置在鏡射的翻轉位置。因此，有些考古學家認為，這表示維京人認為死後世界就是鏡射正常世界的結果。」

我們排除萬難，從史洛里．斯圖拉松《散文埃達》第二部分《詩歌語言》（*Skáldskaparmál*）的開端，慢慢收集到其他有關刀劍的特別細節。《詩歌語言》的作者成功打敗喬治．盧卡斯（電影《星際大戰》導演），至少早了800年提出了「光劍」的想法；那發光的劍是飲酒作樂的人在暗天裡飲酒時的唯一光源，地點是在一處廳廊裡——到了第22章，確定了這廳廊就是瓦爾哈拉——那裡周圍的牆滿是美麗的盾牌。瓦爾哈拉的英雄會持續不斷縱樂和大吃大喝，直到躲也躲不掉的末日雷格那諾克（Ragnarök）到來為止。到時，勇士們會從540道出入口分散出去，並守好自己在奧丁大軍裡的戰鬥位置，攻打巨人和魔狼芬里爾（Fenrir）。這是註定敗北的一場戰役，但卻是最後一次展現英姿的機會，這也是瓦爾哈拉的目的——奧丁為自己的最後一役募集最優秀的鬥士。

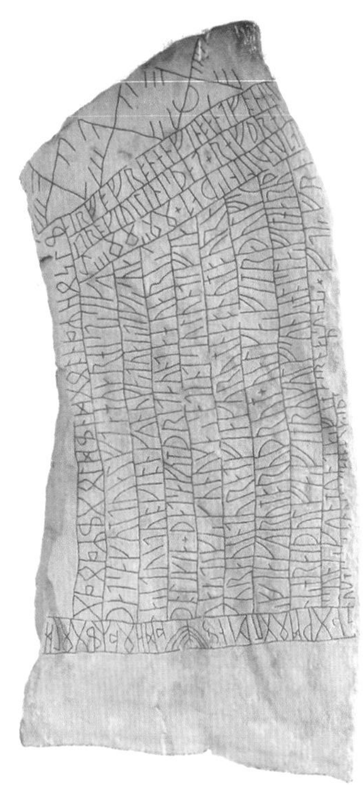

高2.5公尺的洛克盧恩石（Rök runestone）。根據瑞典近期的研究，此石是為了紀念「註定一死」的男子瓦摩士（Vamoth），其往生後加入奧丁的軍隊，一起去擊打魔狼芬里爾，也就是吞日之人（swallower of the Sun）。

聖經裡的天堂
BIBLICAL HEAVEN

千年以來，每個猶太團體所相信的死後世界各有不同的形式。早期拉比的教導認為，誠心奉行「哈拉卡」（Halakhah，拉比律法的名字）的人都會在那即將到來的世界裡獲得獎賞，那個世界稱為「歐蘭哈巴」（Olam Ha-Ba），但希伯來聖經從未提及這檔事。有些追隨救世主（the Messiah）的信徒相信，死人有天將會重生面臨審判，憑著在世的行為決定得受懲罰或收獎賞，不過卻沒有明確的教導解釋天堂或地獄的確切本質為何。若想摘要整理數百年來的相關討論與猶太教的主要教義，那麼我們可以說，重點是要好好地在世上生活，而非老想著死後的目的地。人死後就交給神了，那是個凡人無從知悉的另一個世界。《米示拿》（*Mishnah*）是集結猶太教傳統口傳教義而成的第一本主要典籍，其《父兄集》（*Ethics of the fathers*）1章 3 節寫道：「不要成為那種為了獲取獎賞才事奉主人的僕人。」做好事，乃是為了做好事。

造物主，上方有天堂的眾天使，下方為地獄大肆張開的下巴。出自英格蘭手抄本《霍爾勘聖經圖冊》（*Holkham Bible Picture Book*），成書時間約莫介於1327至1335年。

那麼，基督徒在天堂這方面，《聖經》有提出什麼樣的貢獻呢？仔細想過之後，大家或許都會同意在現代人的畫面裡，那是個比荒地般的焰火地獄，還要明亮非常多的地方，但是卻很難明確想出各種細節，想得到的就只有珍珠大門和黃金街道。可能原因是依據基督教神學，凡人的心智根本就無從領會那到底是多麼地壯麗堂皇。

5世紀時，聖奧古斯丁形容天堂是「不可言喻的」，表示言語無法盡述。見《哥林多前書》2章9節說道：「神為愛他的人所預備的，是眼睛未曾見過，耳朵未曾聽過，人心也未曾想到的。」中世紀天主教對天堂的想法稱為榮福直觀（visio beatifica），又稱神的視野，只有抵達天堂才能完全認識神。保羅的文字助長了榮福直觀的發展，在地上「我們現在是對著鏡子觀看，模糊不清」，但之後「就要面對面了。我現在所知道的只是一部分，到那時就完全知道了，好像主完全知道我一樣。」（《哥林多前書》13:12）喪失這股看見的能力，乃是所能想見最糟的虐刑了，中世紀稱之為失去的痛苦（poena damni），也是地獄的重要組成元素。

右頁圖：尼可拉·柯升（Nicolas Cochin）1650年之作，《天國的地圖與道路指引》。此幅宗教用途的街頭海報，繪製出天堂、滌罪所、地獄的分層；上方是天城耶路撒冷，中間是滌罪所的靈魂，仍歸屬在天堂的大門之內，而下方的火焰大河，則是路西法（Lucifer）掌管的地獄。

聖徒保羅在《羅馬書》（*Romans*）14章17節解釋道：「因為神的國不在於吃喝，而在於公義、和睦，以及聖靈裡

Trinité
le Royaume
des Cieux
Cherubins
Vertus
Puissances
Principautez
Dominations
Throsnes
Archanges
Anges
La Ste Cite de
Ierusalem Celeste
le Purgatoire
le Purgatoire
le Monde
Par Permission
& Priuilege du Roy,
Octroie a l'auteur, lequel l'a cedé à
Pierre Mariette demeurant ruë sainct
Iacques a l'Esperance
Auec aprobation de Mrs les Docteurs de Sorbonne.
Cette Carte du
Royaume des Cieux a esté
composée par le Sr. Hierosme Chastelain
a la gloire de Dieu Roy des Roys.
A PARIS.

的喜樂。」早期神學家與傳道士得持續不斷奮力說明神在地上建立的樂園，基本上就是改良版的世上生活（不過，後來就出現了在天上的天堂，且只有敬虔的人才能前往加入神的行列）。

猶太教拉比阿巴·阿瑞哈（Abba Arikha，生於175年，卒於247年）解釋那即將到來的世界時，說道：「那裡沒有飲食，沒有飲酒，沒有生兒育女，沒有討價還價、沒有嫉妒、沒有仇恨、沒有爭吵。敬虔者來到這裡唯一要做的事，就是戴上皇冠坐著享受那美好的存在（Presence）。」（《猶太百科全書》〔*Encyclopaedia Judaica*〕，12卷，1357頁）對耶穌而言，天堂就是與神合一，並藉由《約翰福音》提供了一些具體細節，耶穌在最後的晚餐（The Last Supper）承諾門徒那永恆的生命時說道：「在我父的家裡，有許多住的地方；如果沒有，我早就對你們說了，因為我去是為你們預備地方。」（14:2）

如同地獄一樣，我們找到最為生動且完整可靠的天堂描述，乃是聖徒保羅在《啟示錄》裡的闡述。天堂開啟了一道門，約翰就從這裡被帶進天堂。在禮拜的儀式之中，約翰看到一個地方，讓他聯想到宏偉的皇宮。在王位上，有個輪廓，其外表有著碧玉和紅玉髓，散發出閃電和雷聲，有彩虹環繞，周圍還有4隻活野獸，外形分別為獅子、公牛、男人、老鷹，每隻野獸都有6個翅膀，身上佈滿了眼睛。另外，還有基路伯（Cherubim）不停頌讚唱著：「聖哉！聖哉！聖哉！主、全能的神，昔在、今在、以後要來的那一位。」（早期基督徒認為這4隻活物分別代表四福音書的作者：馬太、馬可、路加、約翰。）

天使長米迦勒（Michael），戰勝惡魔的象徵，其腳下是被逐出天堂的反基督者。

到了《啟示錄》21章，新耶路撒冷從神那裡降到地上，「預備好了，好像打扮整齊等候丈夫的新娘。」這是一座雄偉的天城，是神的殿，也是神天上的住所。神的光是那麼光亮，沿著金光閃閃的街道傾洩而出，完全不需要日月的

天上的耶路撒冷是一座城市，出自約於1200年完書的《花之書》（*Liber Floridus*）。

光。新耶路撒冷就是這麼一座用各種珍貴寶石打造而成的耀眼城市：

城牆是用碧玉做的，城鎮是用明淨像玻璃的純金做的。城牆的根基用各樣寶石裝飾的：第一座根基是碧玉，第二座是藍寶石，第三座是瑪瑙，第四座是綠寶石，第五座是紅瑪瑙，第六座是紅寶石，第七座是黃璧璽，第八座是水蒼玉，第九座是紅璧璽，第十座是翡翠，第十一座是紫瑪瑙，第十二座是紫晶。

《啟示錄》21:18-20

約翰被帶到一座高山上，俯瞰這座天城。從這優越至高的位置，約翰接著詳細描述城市的實際尺寸：「那對我說話的天使拿著一根金的蘆葦，要量那城、城門和城牆。城是四方的，長寬都一樣。天使用蘆葦量那城，共有2400公里，城的長、寬、高都一樣。」（《啟示錄》21:15-16）這裡的高牆都鑲上了珠寶，十二道大門中，每一道門都是用一顆巨大的珍珠製成。來到這裡的住民獲得拯救，永遠無需再害怕：「他要抹去他們的一切眼淚，不再有死亡，也不再有悲哀、哭號、痛苦，因為先前的事都過去了。」（《啟示錄》21:4）在城中，「經過城裡的街道。河的兩邊有生命樹，結十二次果子，每月都結果子；樹葉可以醫治列國。」（《啟示錄》22:2）

聖依勒內（St Irenaeus，約生於130年，約卒於202年）在高盧（Gaul）一帶的羅馬城鎮盧格杜努姆（Lugdunum，現今法國里昂〔Lyon〕）擔任主教，這位睿智的早期基督思想家表示，參照經文認為天國要降到地上的想法，乃是完全照字面解讀而成。聖依勒內——激烈爭辯——堅持要採取字面解讀的方式，而非寓意闡釋，且其深信的天堂具備相對感性、近乎因果補償的本質，這天堂將會隨著基督返回

12世紀的聖像，描繪的是通往天堂的三十道階梯，這啟發是來自7世紀西奈山（Mount Sinai）上的修道士約翰．克立馬科斯（St John Climacus）之著作《神聖攀登的天梯》（*The Ladder of Divine Ascent*，又作 *The Ladder of Paradise*）；每一道階梯代表一種基督徒美德，而惡魔會從階梯上把基督徒拉入地獄。

威廉．布萊克之作《天使的啟示》（*Angel of the Revelation*），約完成於1803至1805年間，為受《啟示錄》10章啟發之作。聖徒約翰凝視望向「大力的天使⋯⋯身披雲彩，頭上有彩虹，臉像太陽，兩腳像火柱一樣」。

而來到地上，基督要「摧毀人世間的國度，並帶來永恆的國度」——即救世主的國度。

舉個例子來說，給貧窮的人一頓餐點，你就會在最後救世主的國度裡，獲得一百年份的餐點做為獎賞，且全都比你嚐過的餐點都還要美味上一百倍。溫馴謙和的人，不僅能繼承這世界，還能幸福開心地生活，其所在的樂園充滿了物質與感官享受，那可是基督徒可能會跳出來譴責穆斯林所篤信的樂園。在這樂園裡，可以飲用葡萄藤結出的果實，因為

「復活的是肉體」，在這個天上的天堂裡：「葡萄園會生長，共計有一萬株芽苗，每株芽苗有一萬根樹枝，每根樹枝有一萬根嫩枝，每根嫩枝上有一萬串葡萄，而每一顆葡萄可以榨出25個單位的葡萄酒。當聖人拿了一串葡萄，另一串葡萄便會呼喊：選我、選我，我們這一串更好！」（聖依勒內，《駁異端》〔*Against Heresies*〕，約成書於180年）

雖然《新約》和《舊約》偶而會提供一些有關天堂的細節資訊，但對於實際地點在哪裡，以及要去哪裡才找得到，卻又相對模糊不清。比較說來，《啟示錄》以近乎圖解街道圖的方式，提供了詳盡的尺寸數據，但那裡的日常生活是什麼模樣呢？幾百年來，許多作家認真細查文獻，並用邏輯推敲，努力要找出答案。那裡有著什麼樣的色彩、聲響、味道和其他屬天的特色呢？有個答案是棕櫚樹，這位作家是拉克唐修（Lactantius，生於260年，卒於320年），是基督教羅馬帝國第一位皇帝君士坦丁一世（Constantine I）的輔臣。拉克唐修把棕櫚樹帶進了天堂，因為羅馬棕櫚葉象徵勝利，耶穌得勝騎著驢子進到耶路撒冷時，地上鋪的就是棕櫚枝。

我們也知道神和天堂都是超越時間之上的，《彼得後書》3章8節寫道：「在主看來，一日如千年，千年如一日。」因此，在天堂裡，沒有晝夜，沒有四季，沒有年，沒有世紀。所有的事物都一起發生，也都一起體驗。17世紀英國聖公會傳道蘭斯洛特．安德 斯（Lancelot Andrewes）也肯定了此一說法：「現在，沒有任何東西會凋零，全都會保持綠意、新鮮。此時此刻的這裡，還有那裡都一樣：有著永恆的春天；那裡沒有其他季節，只有春天。」（出自1965年約翰．懷特利．布蘭奇〔J. W. Blench〕之著作《英格蘭的傳教工作》〔*Preaching in England*〕）（恆久不變的永恆並非基督教獨有，像在埃及的《死亡之書》裡，傳統上亡者就是冥王奧西里斯，並宣告自己是昨日、今日和明日。）

非洲第一位主教居普良（Cyprian）認為，不同於其他樂園允諾會有感官上的享受，天上裡並沒有性愛（因此地上也不應要有性愛），這位主教於258年殉難。一名好基督徒應要過上貞潔的生活，這樣才能達到天使般純淨的條件。居普良寫道：「你要保持貞潔，這樣你就跟神的天使一樣了。」4世紀米蘭主教聖安博（St Ambrose）在其專書《天堂上》（*De Paradiso*）也提出相同看法：「貞潔甚至創造了

救贖地圖，富有樂園、贖罪、聖餐、天堂與地獄的元素。出自英格蘭北部的加爾都西修會（Carthusian）畫報，有詩詞、編年史和專著等作品，年代介於1460年和1500年間。

天使。凡保持貞潔的人就能成為天使，不貞潔的人就成了惡魔。」

過了將近1300年後，來到1698年，清教徒約翰·鄧頓（John Dunton）寫了《論述我們應要認識天上的朋友》（*An Essay Proving We Shall Know Our Friends in Heaven*）一書，指出神將讓他在天上與去世的妻子團圓，但夫妻倆不會發生性關係。要是發生了不潔的事：「也當不成天使了；因為被誘惑後，便會遠離純淨，就跟亞當一樣墮落了。」

或許，還有個讓人笑不出來的發現。《聖本篤準則》（*Regula Sancti Benedicti*）一書中，有段驚人的論述，作者是義大利人聖本篤（Benedict of Nursia，生於480年，卒於547年），討論到《創世紀》28章12節，雅各夢到通往天上的階梯：「他作了一個夢，夢見一個梯子立在地上，梯頂直通到天，　神的眾使者在梯子上下往來。」聖本篤認為要做到每一道階梯所代表的美德，這樣才能跟著天使升往天上。不自私與富有耐性，這都是肯定要有的美德，但第十個階梯卻是要人不苟言笑：「傻子才會放大聲量大笑。」聖本篤對此提出警告，而他所描述的天上是個不能隨意嬉笑的地方。

左頁上圖：手抄本《宏比內弗祈禱書》（*The Neville of Hornby Hours*），約創作於1325至1375年間，把古希臘對天球（celestial sphere）的想法，與基督教觀念整合在一起；從恩典之中墜落的天使成為了地獄裡的魔鬼。

左頁下圖：賓根的賀德佳（Hildegard of Bingen）在其著作《認識上主的道路》（*Sci Vias Domini*）之中，描繪了26個異象，此圖便是一例。圖中，神帶領賀德佳去看有著「宇宙蛋」外形的宇宙。

聖奧古斯丁於羅馬帝國時期的北非努米底亞（Numidia）一帶擔任希波主教（Bishop of Hippo Regius），可謂是拉丁教會重量級教父。其著作《上帝之城》是西方思想的基石，書中機敏地回應基督教招致羅馬帝國毀滅的不實指控，另也探討了許多含義深遠的神學問題，像是具備美德的人遭受苦難、惡魔真實存在，以及天堂的實用價值等。聖奧古斯丁相信，惡魔被擊打之後，復活的肉體就會升到天上去（不同於柏拉圖主義人士的看法，認為在地上的身體是不會被帶到天上去）。

對於人的肉體腐爛後成為沙土，或是被海洋、大火、野生動物給消滅，這又代表什麼意思的部分，聖奧古斯丁也提出回應：人復活後，都會回到相同的年紀，也就是耶穌「生命黃金時期」的那個年紀；即便是夭折的孩童，也一樣會神奇地長大成人。

聖奧古斯丁也回答了當代人心中所存有的疑問——女人是否也會在神的國度中復活？會有這疑問乃是因為女人是從男人的身體所創造出來的，因此當以整全的角度來看的話，女人不是應該要變成男人嗎？聖奧古斯丁給出的答案是否定的，指出「女人的性別並非是缺陷，而是天生的」，到了死後世界便「沒有性交和生產的必要」。聖奧古斯丁在他處也談論到，我們在樂園裡的時候，肝

文藝復興初期畫家安吉利科（Fra Angelico）之作《最後的審判》（*Last Judgement*），約完成於1425至1431年間，現存於佛羅倫斯一處位於聖馬可（San Marco）的博物館內，此畫作屬於首幾幅把天上描繪成美麗花園的創作。

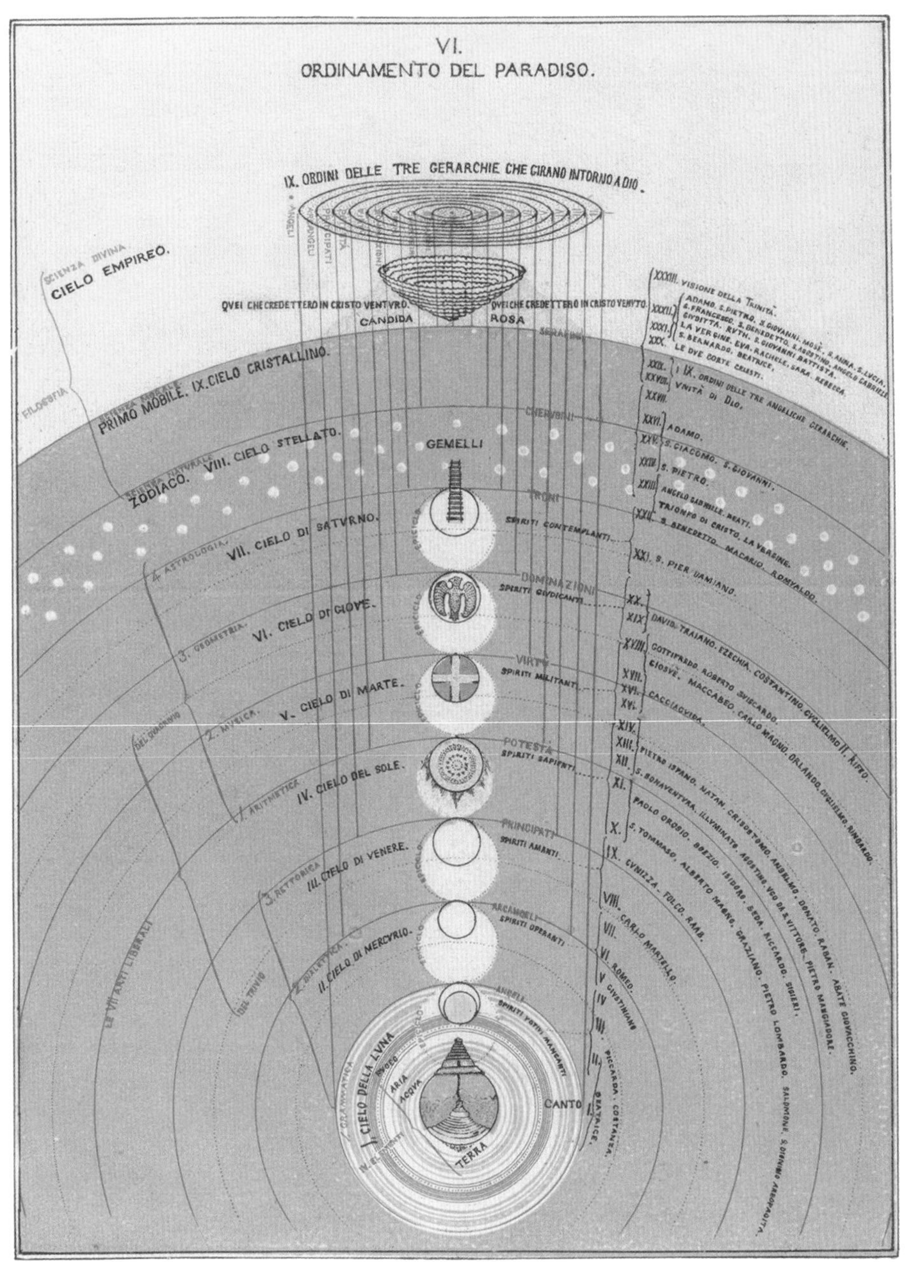

1855年，米開朗基羅．卡塔尼繪製但丁《神曲》裡的宇宙；畫中的天上階層呈現上下顛倒的圓錐狀，最上層覆蓋的是最高境界的天堂（Empyrean），屬於神的領域。

臟和其它器官會變地透明（也就是當我們在神面前完全顯露自己的時候）。此外還提到，更棒的是，我們完全不需要進食；且在天上不會有腸胃脹氣的問題，因為在神的照料之下，腸胃會完美運作。

中世紀出現篤信神祕主義的女性教徒，表示自己看到屬天的異象，還有去往天上和地獄的屬靈旅程。其中，有些是隱士，封閉在教會或隱修院裡生活與工作，進食分量和活動量都非常少，舒適度和受干擾的程度也都降到最小，且為

了盡量以人的身分，過著接近天上的生活，禱告成了他們的食物。1095年，教宗烏爾班二世（Pope Urban II）頒布約章，鼓勵大家要尊重這些女教徒，這些「為這個世界而死」的女性，乃是在尋求「永恆的伴侶」。

其中最為出名的，當屬賓根的賀德佳（Hildegard of Bingen，生於1098年，卒於1179年）。這位德國聖本篤修會（Benedictine）的女修道院院長，崇尚神秘主義，也從事寫書創作，其感到欣喜的異象皆發生在她清醒的時候。賀德佳在《功勞生命之書》（*Liber vitae meritorum*）一書中，提及曾瞥見天上的住民：「我看到某些人，宛如是透過鏡子看到的那樣。他們身穿極白的衣物，布料裡有黃金交織，且從頭到腳都用了極致寶石做裝飾……他們頭上戴著皇冠，那是用黃金、玫瑰、百合交織製成的皇冠，周圍的管樂器也都用了寶石……他們的衣物散發出非常強烈的香氣，宛如噴了香水一般……」

文藝復興時期的偉大巨作——盧卡．西諾萊利（Luca Signorelli）於1499至1502年間所繪製的《加冕》（*The Crowning of the Elect*），地點在奧維多大教堂（Orvieto Cathedral）的聖畢里久禮拜堂（Cappella di San Brizio）。西諾萊利係依據但丁著作，發展出自己對地獄和天上的觀點。

中世紀初期，歐洲出現了城鎮發展，公共衛生成為必要的重要議題，所以也不難不注意到開始強調起樂園裡有著香甜氣味與純淨空氣的細節說明，以及各種無從想像起的奢華建築材料。舉例來說，教宗格雷戈里一世在《對話錄》（*Dialogues*）中，提及一位士兵的故事，相當鼓舞人心，這位士兵從生死邊緣歸來，談起他所瞥見的天堂模樣：

越過橋的那一端，遍地的綠色草地，以及香甜的花朵與香料，心曠且怡然。原野上，可見到身著白衣的人群。空氣中充滿甜美的味道，餵飽居住在此地和在此地活動的住民。這些受福者的住所，無不滿有光照。那裡正在興建新屋，其容納的空間實著嘆為觀止；顯然是用金磚打造而成，但不知是為何人所建造。

中世紀後所出版的《聖人列傳》（*Acta Sanctorum*），共計有68卷之多，按年份記載了多位基督教聖人的一生，也記載許多有關過著隱居生活的聖人比薩的格拉德斯卡（Gherardesca of Pisa），其在1269年過世前看到了天堂的異象：「街道全都是最純的黃金和最奢華的寶石，有條街還是由許多棵黃金樹排列而成，其枝頭上滿是黃金。那裡的花朵種類繁多，既華美又豐盛，甚是比我們在地上任何一處開心花園，更加誘人、更加賞心悅目。」

城鎮周圍有7座城堡，裡頭住的是一般人的靈魂，一年之中城鎮裡的貴族會屈身前來拜訪3次。天堂裡，社會地位最低的是位在比較不重要的要塞，階級較低者居住於此（這恰恰反映出格拉德斯卡這位姐妹見證到地上世界的都市化發展——約發生在1150至1250年間，中歐地區的都市發展從兩百座增長到約1500座）。

多瑪斯·阿奎納（Thomas Aquinas，生於1225年，卒於1274年），發揮最高學術知識分子實事求是的精神，解決了沒有一致天堂的問題。從阿奎納身上，我們知道天堂是聖人相互溝通的肢體：「因為所有信實的人組合成為肢體，彼此分享所有……所以，我們應相信教會要共享所有美好事物。」不過，阿奎納又在其著作《神學大全》（*Summa Theologiae*）中，參照《創世紀》指出：「現在，動物和植物都是為了維繫人類生命而存在……因此，當人類做為動物的生命結束時，動物和植物也跟著終了。」

第206、207頁圖：此幅寓言性質的畫作為阿德里安·范尼（Adriaen van de Venne）於1614年所創作之《補獲靈魂》（*Fishing for Souls*），時值荷蘭共和國與西班牙簽署十二年停戰協定（Twelve Years' Truce，1609至1621年）的期間，畫中可見不同宗教派別彼此相互較量嫉妒。

除了死後世界裡沒有動物和植物之外，阿奎納也認為天堂裡的靈魂是靜止不動的，這是人所渴望的最後安息。阿奎納還指出，有福的人在樂園裡，有屬於自己的亮光，那是和聖人及天使有所差異的光。此外，阿奎納也針對受譴責的人在地獄遭受懲罰的部分，提出來自天堂的觀點，在那個年代算是普遍的想法；天堂的住民不會同情罪惡的靈魂，其實罪惡靈魂的懲罰裡，其中有一項便是讓有福的人享有喜樂，這是在伸張神的公義。後來，美國神學家強納森．愛德華滋（Jonathan Edwards，生於1703年，卒於1758年）也認同了這樣的觀點。愛德華滋的傳記作者撒姆爾．霍普金斯（Samuel Hopkins）於1765年出版的《已故強納森．愛德華滋的一生及其性格》（*The Life and Character of the Late Reverend Mr Jonathan Edwards*）一書中表示，要是地獄的火燄被熄滅了，那麼「天堂裡的光就會變暗許多，受福者的喜樂與榮耀多會跟著結束，且會釀成神永恆國度無可挽救的傷害。」

若要來談談大眾認知中根深蒂固的天堂形象，那麼還有兩位重要人物。再次討論伊曼紐．史威登堡（Emanuel Swedenborg）之前，得先來談談但丁《神曲．天堂篇》（*Paradiso*）及其悠久的影響，像是米開朗基羅．卡塔尼於1855年所繪製的地圖便是深遠影響的例子，也幫助我們清楚畫出但丁對宇宙的想法。如同先前在地獄和滌罪所裡，但丁在模糊但光亮的天堂，放上建築物，爾後自然成形，但其細節部分仍就是相當與眾不同。

哪還有什麼比得上那篇描述罪人承受虐刑的短文——虐刑都是自己拿定主意的行為所招致的後果。《天堂篇》之中，自負的人格特質不復存在，因為那裡是神的國度。不同於煉火異世界裡的靈魂，善人並不需要經歷忍耐的過程，但卻是要專注於神，並擴大神的愛，最終才能上升到理解神和其旨意。但丁在天堂所遇到的靈魂皆在等待，在屬天的愛與喜樂之中，等待肉體復活，回到肉體之中。

1505至1515年間，耶羅尼米斯．波希（Hieronymus Bosch）完成的作品《有福的人上天堂》（*Ascent of the Blessed*）。天使帶領全身光溜的靈魂，穿越一道光，前往天堂，下方的天使則是在協助靈魂準備好以同樣的方式上天堂。

但丁是下降到恐怖的地獄，而《天堂篇》的天堂正好恰恰相反；這位詩人離開地球，往上進到天上去，爬上托勒密宇宙觀裡的天球，那是層層包覆的透明天體，每一層都是一顆偌大的天體，宛如俄羅斯娃娃那般，且其轉動作用正好說明了星球的軌道。但丁遇到許多號人物，越是接近宇宙最外層的最高境界天堂（Empyrean），也就是神的住所，這些人物的形象就更加具體且光亮。

舉例來說，第一層天體是月亮天，善變的女人居住於此，那都是沒有好好走出一條生命的女人。接著，但丁依序向外來到水星天、金星天、太陽天（包含多瑪斯．阿奎納在內的神學家皆居住在這裡）、火星天、木星天、土星天，然後是恆星原動天（Primum Mobile），也是最外層的天體，最後抵達最高境界的天堂。當但丁見到神的時候，神是位處九個旋轉圈中央、閃閃發亮的光點，後來發現旋轉圈是9個天使唱詩班。但丁所到之處，描述的意象都是圓形和球狀，可說是完美結合但丁那時代的宗教與科學觀。1861年，古斯塔．多雷（Gustave Doré）精彩描繪出這段故事，讓我們有了歷久彌新且出色的天堂畫作（見212頁）。[12]

17世紀時，天文科學逐步發展，但卻沒能在越來越精密的望遠鏡之中，找尋到天堂的蹤跡，隨之疑問遂變成了：要是天堂不在星星之中或是眾星之上的話，那麼天堂會在哪裡呢？其中一種解答是：天堂根本就不在某個地點上。德國基督教神秘學家雅各．伯麥（Jakob Böhme，生於1575年，卒於1624年）回答了死後靈魂去往何處這個問題，表示天堂和地獄不是個地點，而是存在我們心中：「靈魂沒有必要前往任何地點……靈魂的內在早已有天堂和地獄……所以，沒有要啟程去到哪裡，因為天堂和地獄無所不在，在宇宙之間共存。」

傑拉德．溫斯坦利（Gerrard Winstanley，生於1609年，卒於1676年）與其他人一起創辦了激進的新教宗派「真平等派」（True Leveller），又稱為「開墾派」（Digger），推崇早期的共產主義，且很不屑所謂的「外在天堂，認為那是假教師灌輸到頭腦裡的幻象，為的是要博取開心，以便拿取錢財。」另一個激進團體「喧囂派」（The Ranters）的成員威廉．龐德（William Bond）於1656年寫道「天堂與地獄只存在人的意識裡頭，這人要是過地貧窮又可悲，那麼就是在地獄，會跟牛或馬一樣死去。」據稱英格蘭探險家華特．雷利爵士（Sir Walter Raleigh，約生於1552年，卒於1618年）完全否定了天堂與地獄的存在，反倒是認為「我們會跟野獸一樣死去，離開之後，與我們相關的記憶也不復存在。」

第210、211頁圖：文藝復興時期的荷蘭藝術家老彼得．布魯格爾（Pieter Bruegel the Elder）於1562年的作品《叛逆天使的墜落》（*The Fall of the Rebel Angels*）；同《啟示錄》所記載，路西法（Lucifer）及其墜落天使軍團摔落到地獄裡。

12 1861年，古斯塔．多雷依據但丁《神曲》繪製了135幅畫作，但出版商認為風險太高，所以拒絕為其出版，多雷因而決定自己出資。沒想到上市兩週便賣到斷貨，隨後多雷接到這位出版商的電報寫道：「大成功！你快來！我實在太蠢了！」

這般抨擊性的言論，卻也讓伊曼紐・史威登堡有關異象的寫作更具影響力。史威登堡生前共出版了18部作品，揭露自身所見的天堂異象，其中最為生動的描述是在《天堂的秘密》（*Arcana Cœlestia*）一書之中，完書於1749至1756年間。史威登堡寫道：「我來談談，那從亮光之中直接升起的事物。那裡的大氣像極了鑽石，像是有極微小的顆粒散發著光芒，彷彿空氣裡就有鑽石顆粒……那裡的大氣裡，看似有半透明的珍珠，由內而外散發著光芒……那裡的大氣，看起來像是與金或銀抑或是長得像鑽石的金銀一起在燃燒。那裡的大氣，由多種不同色彩的花朵組成，花朵非常小，小到看不見。」天堂裡的花園「實在足以讓人嘆為觀止；放眼望去，大大的庭院裡有各種各類的樹木，如此美麗、如此誘人，遠超過想像力所能想到的一切。確實每一樣都是長在最美好的春季，茂密盛開，華麗迷人，變化萬千。」

史威登堡也揭露了天堂裡的建築樣貌：「除了豪華房屋與城鎮，我有時也會看到其他裝飾用的建築元素，像是階梯台階和大門；這些東西像是有生命似的，四處移動，也時常變化，保持新穎美麗且對稱。」史威登堡甚至還去參觀了天使的家（並表示自己有體驗天使的永恆生命）：

所有的天使都有自己的住所，全是非常華麗的房子……那房子是如此純淨，如此引人注目，沒有比這更純淨的了；地上的房子根本比不上……善靈和天使的靈所住的房子，通常都會有柱廊或是長廊，且還是有穹頂的，有時還是雙穹頂，那是他們走動會經過的地方。走廊的牆面用各種不同的方式製成，還用了花朵和特殊編法製成的花環增添光彩。

史威登堡的天堂是個充滿情懷的地方，可謂是鏡射地上世界而成的樣貌。伊甸園還原於天堂最高的一層，天使裸著身體在此走動，「因為裸體相當於天真純潔。」

數百年來，各種意象堆積形成現代大眾對天堂想像的基石，至今持續豐富發展。1999年7月，教宗若望保祿二世（Pope John Paul II）公開宣佈天堂並非是輕飄飄雲朵上有許多天使和豎琴的地方，而是死後的「一種存在」。教宗在

左頁圖：古斯塔・多雷（Gustave Doré）詮釋《天堂篇》玫瑰天（Rosa Celestial，譯注：即至高天）的畫作，位於但丁《神曲》的第三、四部。那是最高境界的天堂，神的住所。

第214、215頁圖：1783年之作，把教會畫成一艘船，航行遠離物質的世界，前往神的國度，而各天主教派系倒是在相互爭奪掌控權。此係依據法國宗教戰爭（French Wars of Religion）的預言性畫作而成，這幅預言性畫作於1762年被位在法國比永（Billom）的耶穌會院（Jesuit College）沒收，因為在法國耶穌會（Jesuit Order）解散期間此作為不利的佐證。

TYPUS
Estó, fremant undæ, tonet æther, et si iter anhelus
Prôruat ex imis stagna refusa vadis.
Tu modò suspiciás oculis, et mente MARIAM,
Ibis, et incolumis litora tuta leges.
DONUM TIMORIS
DONUM CONSILII
DONUM SAPIENTIÆ
SPES NON CONFUNDIT
Humilitas
Temporanitas
Vir obediens loquitur victorias
PALMA OBEDIENTIÆ
CORONA PERSEVERANTIÆ
Pretiôsa in conspectu Domini mors Sanctorum ejus.
PORTUS SALUTIS
VOTUM
Invidia
Curiositas
Propria voluntas
Impura cogitatio
Acedia
Detractio
Negligentia
Intenderunt arcum, paravêrunt sagittas in pharetrâ, ut sagittent in obscuro rectos corde.
Administratione
vitæ exemplo
Orationibus
Colloquiis
APOSTASIA
RELIGIONIS
Confregisti jugum, rupisti vincula, et dixisti, non serviam. Jerem. C. 2. v. 20.
Inimici crucis Christi, quorum finis interitus. Philip. 3.
Estampe, du Tableau trouvé dans l'Eglise, des ci-devant

RELIGIONIS
DONUM INTELLECTUS
Fortitudo
CONCUPISCENTIA CARNIS
Concupiscentia oculorum
HERETICI INSULTANTES
-disans-JÉSUITES de Billom en Auvergne. 2e ... 1762.

左圖：通靈創作之基督畫像。
右圖：另一幅喬治安娜·霍頓（Georgiana Houghton，生於1814年，卒於1884年）所創作的天堂景色，這位英國藝術家也會通靈，從1859年一場通靈降神會開始繪製「通靈畫作」，藉由靈魂帶著她的手來完成畫作。1817年，霍頓舉辦個展，倫敦一區的觀眾不甚理解她的作品，結果慘不忍睹，霍頓還差點因而破產。

聖彼得廣場（St Peter's Square）上，告訴前來朝聖的教徒：「我們之後會發現我們所處的天堂，並非虛無縹緲，也非是個有實體的地方。」又說道：那是個「這是個人與三位一體（Holy Trinity）的關係，是活著的關係……與神有了完全的親密關係與交流……天堂是個受賜福的群體，全是在世時對耶穌基督保有信實的人，所以現在才得以與神的榮耀合一。」

這段演說之後沒多久，《羅馬觀察報》（*l'Osservatore Romano*）的首席神學家神父吉諾·昆賽提（Gino Concetti）提出看法，表示天堂仍舊有傳遞訊息到地球，寫道：「活在世上的人與進入長眠者，兩端溝通交流是有可能的……神甚至可能讓我們的摯愛傳遞訊息給我們，好帶領我們走過生命中的特定時刻。」

天堂的未來會是什麼呢？1961年，這年尤里·加加林（Yuri Gagarin）完成了《東方一號》（*Vostok 1*）的巡航任務，當時梵蒂岡的官方發言人同公眾一起著迷於太空競賽，熱烈地表示或許太空人有天會在另一顆星球上遇到天使。約過了50年，來到2012年，一場與《美國天主教雜誌》（*US*

Catholic）的訪談之中，梵蒂岡天文學家、耶穌會弟兄蓋伊．康索馬格諾（Guy Consolmagno）提出觀點，認為宇宙其他地方有發展出智慧的生命存在，可能也有豐富的神學發展，且表示：「如果我們找到發展出智慧的生命體，那麼我們便可與之就轉世化身的本質展開有趣的對談。」

伊黛爾．侯西諾（Ethel le Rossignol）1933年之作《多有陪伴》（*A Goodly Company*），經由靈的引導所繪製而成的死後世界，是侯西諾認為一定會有死後世界的確證。於1920年成為靈媒之前，侯西諾在一戰期間擔任護士（為此獲頒英國戰爭勳章〔British War Medal〕和勝利勳章〔the Victory Medal〕）。

繪製伊甸園地圖

MAPPING THE GARDEN OF EDEN

在英國威爾斯語之中，有個非常優美的字「hiraeth」。這個字無法直接翻譯成英文，意思是指激烈的哀痛之情，渴慕過往某個人的土地和人民，是一種強烈的屬靈思鄉，但對象卻是個未曾去過的地方。整理百年來地圖的過程裡，「hiraeth」這個字自然浮現在我腦中，發生的時間點正好是我在調查歐洲人想要在地球上精確找到一個地點，但那是個不屬於地上的地方：伊甸園。此乃是古老、迷人的神話：人類的第一個家，一個完美的家，現在卻遺失了，這個家位在大海裡的某處，等著被再次尋得；這個家是天上境域在地上的縮影，藏在沙漠綠洲或是遙遠東方的偏遠島嶼之上。

許多人認為伊甸園的存在是字面上解讀的結果。克里斯多福·哥倫布（Christopher Columbus）於1498至1500年間

此幅是繪製伊甸園的晚期地圖，係為皮耶·莫提（Pierre Mortier）於1700年，依據法國阿夫杭士（Avranches）主教皮耶·丹尼爾·惠特（Pierre Daniel Huet）的觀點所完成之作，圖中的題字為：「地球樂園地圖，那是眾族長居住之地，繪製目的是為了妥善理解皮耶·丹尼爾·惠特教導的神聖歷史。」

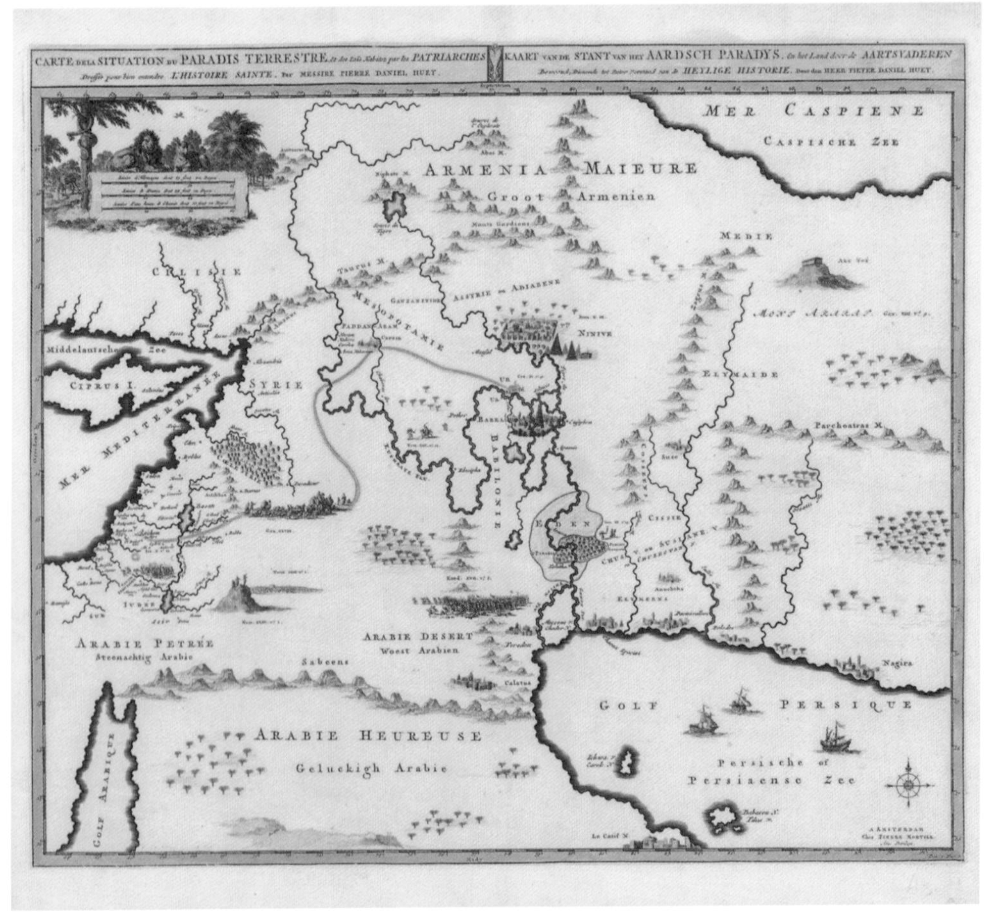

盧卡斯．克拉納赫（Lucas Cranach）之作《伊甸園》（*The Garden of Eden*），乃是為了1530年出版的「*Biblia, Das Ist Die Gantze Heilige Schrifft Deudsch*」（馬丁．路德的德文版聖經翻譯）所繪製的圖畫。

的第3趟探險航行，目的就是為了尋找地上的樂園。當哥倫布發現奧里諾科河（Orinoco River）時，即刻宣稱是找到4條伊甸園河流的其中一條，這或許是想讓天主教君主保持興味盎然的方式，遑論君主又是贊助航行的金主。哥倫布留下的文字指出，遇見當地人的時候，他歡唱頌讚當地人的自然與純真，並認為這表示他快抵達天堂了，但是這不表示他不會去掠奪當地人的財物。

伊甸園這地方就是神「把亞當驅逐出去，又派基路伯在伊甸園的東邊，拿著旋轉發火燄的劍，把守到生命樹去的路。」（《創世紀》3:24）據稱，伊甸園是四大河流的起源：比遜河、基訓河（尼羅河〔Nile〕）、希底結河（底格里斯河〔Tigris〕）、伯拉河（幼發拉底河〔Euphrates〕）。耆那教、印度教、佛教也有類似的觀念，認為蘇迷盧山是人類古代的家，是神的王座，也是四條河流發展出宇宙海洋的地方。

第220、221頁圖：耶羅尼米斯．波希（Hieronymus Bosch）的華麗三聯圖《塵世樂園》（*The Garden of Earthly Delights*），約完成於1490至1505年間。左邊是伊甸園，右邊是最後審判，中間樂園全景裡有裸身的人物和奇異的生物。

老楊．勃魯蓋爾（Jan Brueghel the Elder）與彼得．保羅．魯本斯（Peter Paul Rubens）兩位大師攜手合作的作品《伊甸園與人的墮落》（*The Garden of Eden with the Fall of Man*），約完成於1615年。

聖經註釋學家對於《創世紀》裡的記載感到不解——亞當和夏娃的花園是否真的曾在地上出現過？如果有的話，在哪裡呢？是否還找得到呢？數百年來，還說著拉丁語的基督教歐洲著迷於尋找、繪製地上樂園，主要是受5世紀時聖奧古斯丁以字面解讀經文的啟發所致，《聖經》裡紀錄的事件乃是上帝與人類的對話，因而具備了屬天的權柄，因此大家認為伊甸園是地球上某個確切地點。

最遙遠的東方有座4條河流經的花園，在地圖上必可找到這段故事最古老的畫面。中世紀《赫裡福德世界地圖》（*Hereford Mappa Mundi*）通常把東方定位為北方，而耶穌則是在地圖上方，掌管著混合了傳說故事與實際地理條件的矛盾組合。《詩篇地圖》（*Map Psalter*）是另一個例子，其取名是因為這地圖是在《詩篇》裡找到的；雖然很小一本，卻歸類為偉大的中世紀世界地圖（不過可能不是原創之作，較有可能是遺失已久的作品，原作於1230年代中期，曾掛在西敏寺亨利三世的臥房裡。）如同知名的《赫裡福德世界地圖》，《詩篇地圖》的細節資訊讓我們看到人們當時對於古代歷史、典籍經文與地理條件的理解，且其中有一幅關於伊甸園神話的畫作——畫中亞當與夏娃就坐在耶穌下方、四條河流之上。

約莫是1262至1300年間，《詩篇地圖》於倫敦製作而成；圖的上方是亞當與夏娃位在耶穌之下，中間是耶路撒冷，左下方則是不列顛群島（the British Isles）。

托勒密《地理學入門》（*Geographia*）的拜占庭手稿一般認為是在西歐弄丟的，直到1406年才尋得，從君士坦丁送往威尼斯。亞可柏．安傑羅（Jacopo Angelo）把此本2世紀之作翻譯成拉丁文之後，在歐洲製圖學掀起極大的影響。海圖的發展使得地圖繪製脫離了演示《赫裡福德世界地圖》的目的，改朝往實際需求發展，因而有了實用目的——以及科學目的。不過，到了十五世紀，《赫裡福德世界地圖》這種指向東方的地圖形式，普遍被托勒密模型的優先性所取代，進而發展成為現代製圖的基礎，納入總體座標系統（global coordinate），並建立起地圖朝北的形式。

文藝復興時期的製圖家遇到個問題，除了宗教考量，在地圖上標不出地上樂園等地的精確位置，因此伊甸園逐漸在地圖上消失了，這遺棄行為也表示現代思想隨著16世紀的到來跟著發生變化。接著，人們想要把神話合理化：像是約阿希姆．瓦迪安（Joachim Vadian，生於1484年，卒

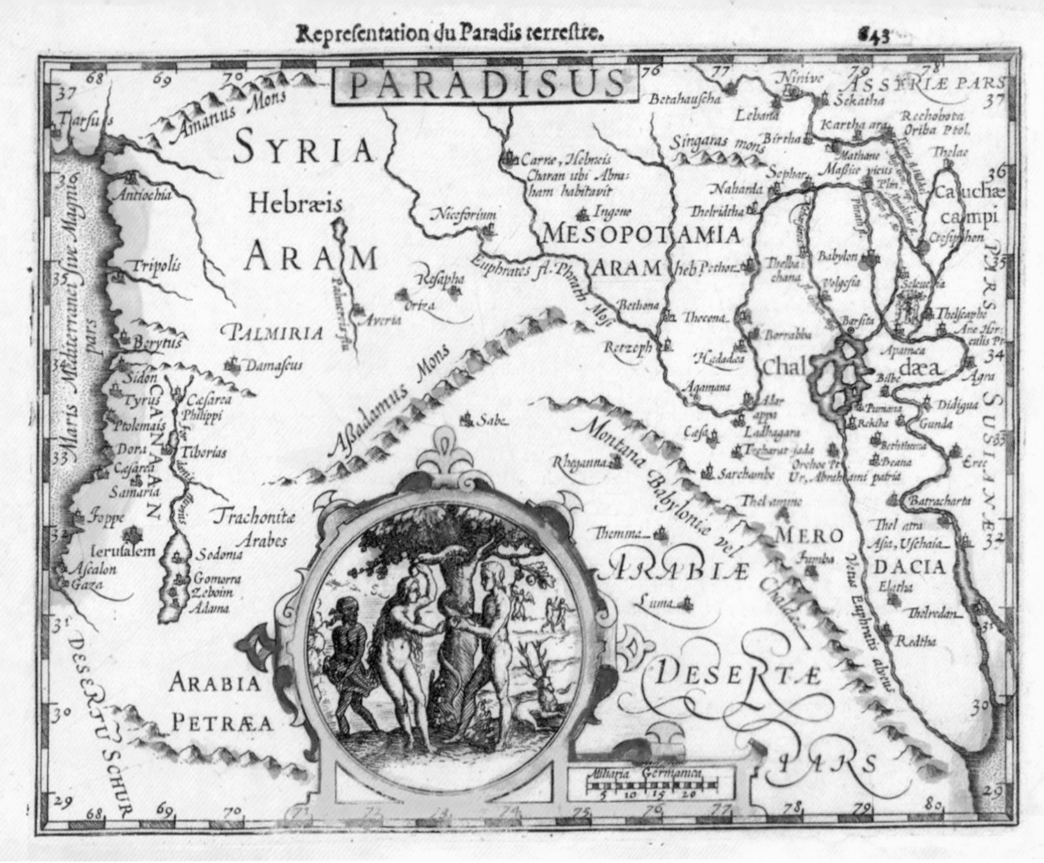

阿塔那修・契爾學（Athanasius Kircher）約在1675年完成之《創世紀描繪的地上樂園地圖》（*Topographia paradise terristris......*）。

於1551年）和約翰尼斯・戈羅皮耶絲・貝卡努斯（Johannes Goropius Becanus，生於1519年，卒於1573年）這兩位學者，提出的論點認為不應該把伊甸園解讀成一處實際存在的特定地點，而是要當作是在罪惡出現之前，亞當與夏娃純潔與賜福的存在。馬丁・路德（Martin Luther，生於1483年，卒於1546年）認為談論伊甸園的實際地點並沒有意義，因為很有可能早已被大洪水（the Great Flood）毀壞殆盡，這是人類犯罪之下的後果。

法國神學家約翰・加爾文（John Calvin，生於1509年，卒於1564年）認同路德的觀點，也認為伊甸園早已被淹沒不見了，但同時也提出安慰人心的觀點，指出神對人類還是保有憐憫之心，所以才在地上留下這座樂園的殘骸。其1553年的著作《創世紀注釋書》（*Commentary on Genesis*），附有一張美索不達米亞及其河川的地圖，聲稱這地區曾出現過伊甸園。加爾文把「4條河流」解讀為用來表示4條河流的「源頭」，兩條河流把水帶進伊甸園，另外兩條河流從伊甸園把水帶走，如此一來便可套入美索不達米亞的地形景貌了。16世紀多家聖經出版商都接受加爾文的看法與解釋，並進一步發展推廣；有些出版商重於釐清觀念，還進一步在地圖上畫出墜落的地點。1607年，傑拉德斯・橫麥卡托（Gerardus

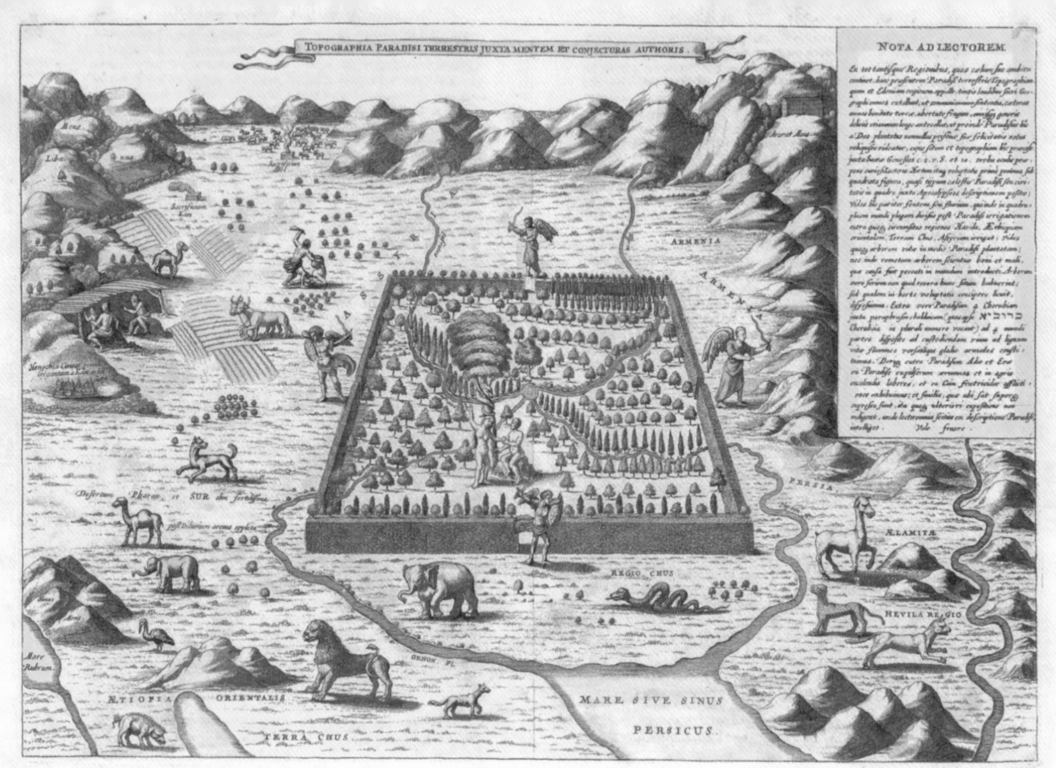

1607年，橫麥卡托與洪第烏斯一起合作完成的地圖，圖中把樂園標在巴比倫帝國（Babylon）附近。

Mercator）和洪狄亞斯．洪第烏斯（Jodocus Hondius）為《天堂》（*Paradisus*）這份地圖，發展出標有詳細地理條件細節的地圖，且其最鮮明之處便是在蘋果樹下的亞當和夏娃。

沒過多久，有4條河流的伊甸園地圖消失了。洪第烏斯之後沒幾年，探險家華特．雷利爵士在其《阿拉伯大沙漠》（*Arabia the Happie*）地圖裡，標出地上樂園及其他幾處聖經意象，此作可說是最後幾幅地圖仍保有該種意象的伊甸園。隨著大家越來越接受大洪水把伊甸園沖走的說法，有關伊甸園原始位置的觀點也變了，從美索不達米亞轉移到亞美尼亞。當時的亞美尼亞涵蓋幼發拉底河上游地區、爾米亞湖（Lake Urmia）、黑海，以及敘利亞沙漠。

當時的人認為，或許比遜河其實是斐西河（River Phasis），基訓河是阿拉斯河（River Araxes）。自此以後，聖地成了另類地標，與標明所在地理位置較無關係，倒是為了便於宣揚教義。18紀時，地上樂園的地圖通常被當成是古老的裝飾品，而地上樂園依舊是個永不會過期的新鮮議題，長存於想像力與宗教神話之中。

湯瑪斯・摩爾的《烏托邦》

THOMAS MORE'S *UTOPIA*

我們花了些時間在天上和地上的樂園走了走晃了晃，依據幾項觀察可以合理推論得到一處田園景致：烏托邦（utopia）。這英文詞彙是湯瑪斯・摩爾爵士（Sir Thomas More，生於1478年，卒於1535年）創立的，為其1516年著作的書名。該詞彙源自希臘文，一是字首「ou-」（不），二是「topos」（地方），所以「utopia」字面上的意思就是「沒有個地方」（nowhere）。

來自英格蘭的摩爾是位律師、政治家、人本主義者，最終還為天主教以身殉道。1521年，亨利八世（Henry VIII）封摩爾為爵士，1935年，教宗庇護十一世（Pope Pius XI）追封為聖徒。出生於富有的商人世家，從其著作得知，摩爾在16世紀知識分子活躍發展的倫敦，其實是一位有名無實的領導人，也是在這樣的環境之下，出現了早期人本主義的跡象。

《烏托邦》是摩爾最出名的作品，描述一個位在不存在的島嶼之上的社會，一處非正統的共產城邦，還詳細描述了該地的宗教、政治與社會習慣——基本上就是個與16世紀倫敦截然不同的樂園。該書於1516年上市介紹烏托邦的概念，並在人本主義者和傑出官員的目標讀者群中成功成熱門書籍。現今直接把這本著作稱為《烏托邦》，但當年的原始書名比較長一些：《真正的小本黃金書，超越娛樂目的的一本書，一個位在烏托邦這座新島嶼上，有著最佳狀態的共和政體》（*A truly golden little book, no less beneficial than entertaining, of a republic's best state and of the new island Utopia*）。

如同莫爾創作風格的虛幻世界和另類宇宙，《烏托邦》一書裡的重點是要諷刺當時的社會，揭露其難堪的一面，也希望做為大眾修正態度的參考，甚至還可以用來評判行為是否適切。1516年上市的時候，其理念引發炫風，而烏托邦裡每個城鎮的特色都是為了要譴責摩爾所處的倫敦。此外，雖然（又或許正是因為）摩爾自身是名律師，所以烏托邦裡並沒有該項職業。

亨利八世在位時，摩爾曾擔任英格蘭大法官（Lord High Chancellor of England），但其著作卻大肆譴責非共享的財產自有化，並指責資本主義的社會結構其實是「富人的密謀」，貪心、不公正、無用之人精心策劃出來的結果。

摩爾還痛批依賴窮人付出勞力的貴族，並罵驅逐佃戶

左頁圖：安柏西斯・霍爾班（Ambrosius Holbein）創作之木版畫，描繪湯瑪斯・摩爾爵士1518年版本的《烏托邦》一書內容；左下方可見到拉斐爾（Raphael）正在述說烏托邦這座島嶼。

VTOPIENSIVM ALPHABETVM. 13

a b c d e f g h i k l m n o p q r s t u x y

TETRASTICHON VERNACVLA VTO-PIENSIVM LINGVA.

Vtopos ha Boccas peula chama.
polta chamaan
Bargol he maglomi baccan
soma gymnosophaon
Agrama gymnosophon labarem
bacha bodamilomin
Voluala barchin heman la
lauoluola dramme pagloni.

HORVM VERSVVM AD VERBVM HAEC EST SENTENTIA.

Vtopus me dux ex non insula fecit insulam.
Vna ego terrarum omnium absq; philosophia.
Ciuitatem philosophicam expressi mortalibus.
Libenter impartio mea, non grauatim accipio meliora.

b 3

摩爾《烏托邦》書中的烏托邦文字母設計。

的地主是「貪得無厭，是凌虐鄉土的厭煩人物。」烏托邦人民都是自己鄉土的耕種者（agricolae），而非所有權人（domini）；所有耕作獲得的果實都當共享。

烏托邦裡頭，君主得發誓時時刻刻都不會擁有重超過1000磅（450公斤）的黃金。事實上，那裡的人相當看不起稀珍寶石的價值，金和銀其實是被拿來製作成一般物品，諸如尿壺、鎖鏈、腳銬等。書中還有一處相當生動的敘述，關於阿內莫利亞安國（Anemolian）大使來訪的故事，這位大使想要給東道主留下好印象，因此穿戴黃金製的衣裳、鍊環與各式珠寶，殊不知烏托邦的人因而認定此人肯定是奴隸或傻子，不然不會這樣穿戴。

又，烏托邦裡，「雖然沒有人擁有財產，但人人都很富有。」打仗是動物才會做的事，軍隊都應解散。烏托邦的

歐提留斯受摩爾的烏托邦啟發所製作的地圖，原版印了12張，只有一張倖存至今。

人也會盡可能花時間鍛鍊心智，這才是真正快樂的源頭。每一個人都要有份有用的工作，一天只工作6小時，剩餘的時間「男人和女人都一樣」花在讓心智變更好。這裡找不到妓院或酒館，不過烏托邦的生活也不是時時都稱心如意。在特定節日裡，妻子得向丈夫坦承，誠實告知家務活上的過失差池；犯姦淫的處罰就是變成奴隸。男人在同意結婚之前，可以先看一看未來妻子的裸身，女人也享有同樣的權利。自殺會受斥責，但允許安樂死。

摩爾在《烏托邦》一書中討論到許多議題，包含由城邦控管的教育、以刑去刑的原則、多元宗教、離婚、安樂死、女性權利。此書展現出摩爾的才能、智慧與想像力，因此隨著書籍譯本在歐洲大陸相繼問市後，摩爾也晉升成為歐洲重要的人本主義人士，更是此類新文學的先驅。同時，歐洲也興起有關烏托邦這座島嶼和其語言的畫作，其中有件歸為甚為稀見藝術珍品之作，為荷蘭偉大的製圖家亞伯拉罕・歐提留斯（Abraham Ortelius，生於1527年，卒於1598年）完成的地圖，受摩爾《烏托邦》一書啟發所製作而成的烏托邦海圖，共印製了12張，但現今僅留下一張（見229頁）。

可食用的安樂鄉樂園

THE EDIBLE PARADISE OF COCKAIGNE

中世紀歐洲人所尋求的已超過教會所能提供，他們要的是一個更具感官性的樂園。基督教天堂雖有盛宴美食（正如這字面上所指）來滿足每個貪嘴貪杯的衝動，非常不同於廣為傳播的理想境界安樂鄉（Land of Cockaigne，又稱Cockagne）。無論是醒著的時候，還是睡覺做夢時，安樂鄉這麼一個虛幻的樂園緊緊捉住大眾的想像力，長達數百年之久。雖說現今少有人知道，但那個年代可是有留下成千上萬的神話文獻和諷刺文字為紀錄。

這兒的誘惑力有著簡單的概念：安樂鄉是個顛倒的世

1567年，老彼得．布魯格爾有關安樂鄉的重要畫作。安樂鄉的住民沈浸在貪得無厭和懶惰懈怠的罪惡之中，因此畫中強調了住民靈魂空泛之貌。

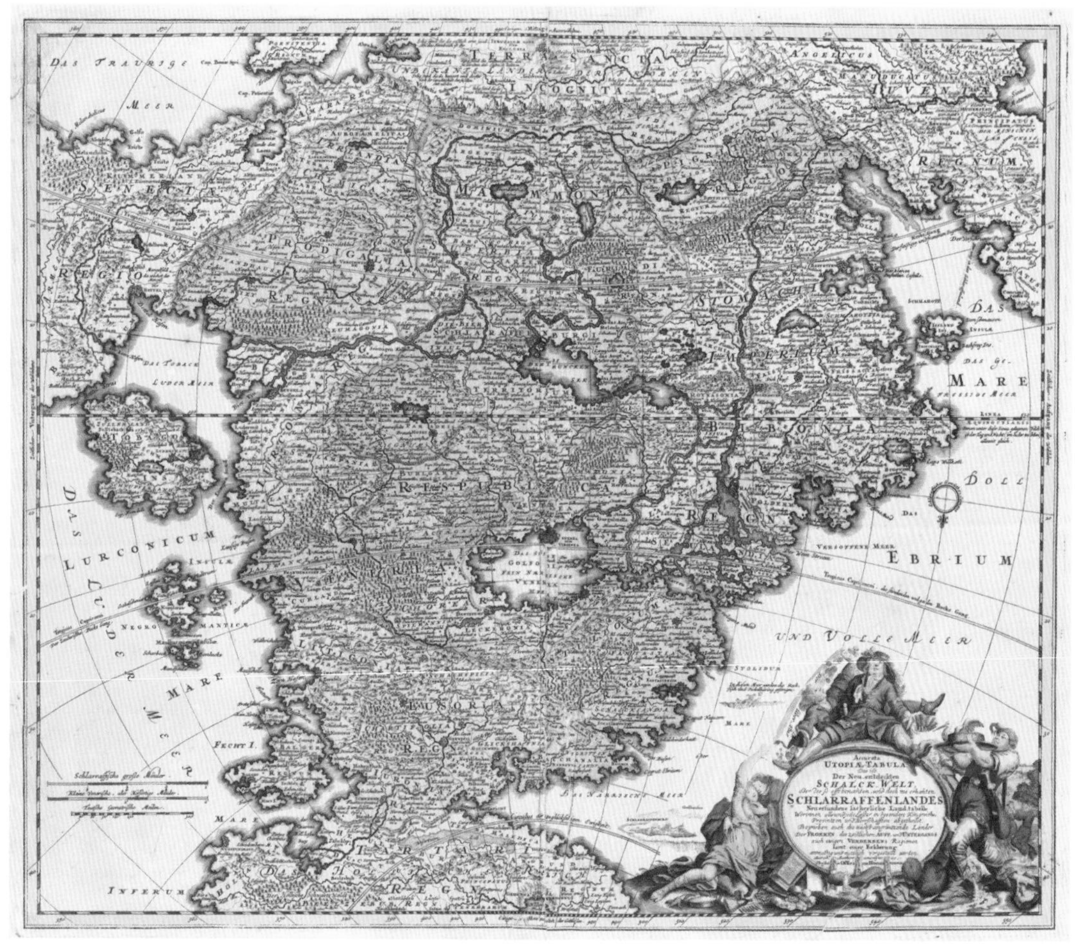

1725年，德國製圖家約翰．霍曼（Johann Homann）之作「*Schlaraffenland*」（《安樂鄉》的德文）；每一種惡習都有自己的王國，舉凡皮利塔利亞（Pigritaria，懶惰之地）、路客尼亞（Lurconia，暴食之地）、比波尼亞（Bibonia，飲酒之地）皆是。

界，所有規則皆與現實相反。夢想世界告訴我們做夢的人想要的實際環境——那麼在這個富饒之地，幻境是發生在各個社會與體制階級之中，所以日常生活的乏味與辛苦皆被徹底翻轉。同時，宗教理念中的樂園也跟著傾覆顛倒。

遊手好閒與暴飲暴食不單是被鼓勵的罪惡行為，更是安樂鄉的生活根基。在那裡，工作是被禁止的；房子都是用食物做成的，烤豬到處遊走、拿著餐具讓人割肉吃，煮好的鵝肉會自己飛入飢餓的人的嘴巴裡，烤魚會從河水躍出、直落腳邊。夢裡的住民可以享受起司的噴灑，天空會下起糖果和奶油烤鳥，樹木是用奶油製成的，而且修道士在這裡可以毆打修道院院長，修女可以盡情露出屁股，另外，人人都可藉由入眠睡覺來獲取錢財。氣候則永遠都是怡人自在的天氣，葡萄酒會持續不斷湧出，每個人都會永保青春。

「Cockaigne」（安樂鄉）一詞的源頭眾說紛紜，但多數人都同意可能是從「cake」（蛋糕）演變而來。最早用到這個詞彙的作品之中，包含11世紀晚期愛爾蘭文獻《麥克科林的異象》（*Aislinge Meic Conglinne*），此為模仿一般聖人異象記事的滑稽搞笑之作，敘述一位國王被極其飢餓的暴食惡魔附身，最終被極為好吃貪杯的「Cockaigne」（安樂鄉）所解救。德國人稱這地方為「Das Schlaraffenland」，義大利人稱為「Il Paese della Cuccagna」，而荷蘭人的「Het Luilekkerland」（字面上的意思正是「懶惰又香甜甘美之地」），也都是源自安樂鄉的概念。西班牙人有對等相同的「傻子樂園」（País de Cucaña），而瑞典人則有「路伯蘭」（Lubberland，由「lubber」一字演變而來，意思是又肥又懶的傢伙），1685年市井街道裡還出現這麼一首膾炙人口的聯韻詩：

1629年6月23日，慶祝拿坡里總督安東尼奧．阿爾瓦雷斯．托萊多公爵（Duke Antonio Álvarez de Toledo）週年的活動之中，當地用食物打造的拱門，上方的豬嘴還會噴出煙火。

> 那兒有條船，我們都知道，正在河裡航行；
> 那是剛從路伯蘭來的，此類人從不會短少；
> 過著懶日子裡的你絕對會喜歡。
> 我現在讓你前往到那兒去，
> 人說那兒離多佛市不出兩千里格。

迪肯（J. Deacon）之作《前往路伯蘭邀請函》
（*An Invitation to Lubberland*）

中世紀末，安樂鄉一說逐漸淡去，人們不再採信，並被挪用作為道德目的之用，成為反省暴飲暴食的警示；不過，後來的歷史之中，仍可見到安樂鄉概念存留下來的足跡。英國愛德華時代，道德學家取安樂鄉作為貪心與醉酒的隱喻，且倫敦以外的地區還把倫敦暱稱為安樂鄉。（1900年作曲家愛德華．艾爾加〔Edward Elgar〕的音樂會序曲《安樂鄉（在倫敦城）》〔*Cockaigne (In London Town)*〕，第40號作品，也算是為此留下紀錄。）

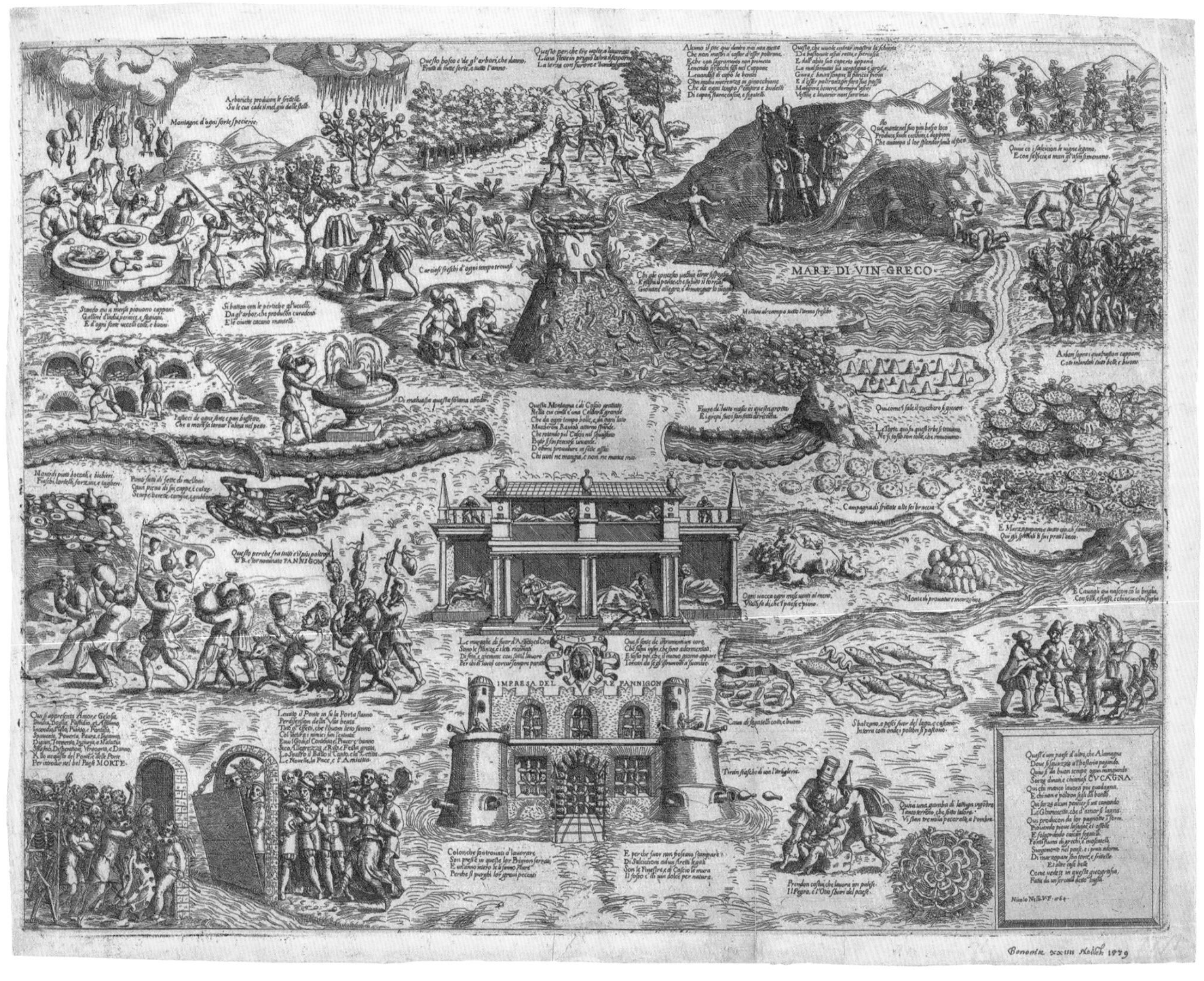

1564年，尼可羅·奈立（Niccolò Nelli）之作《安樂鄉》（*The Land of Cockaigne*）。

拿坡里有項傳統流傳至今，取名為「安樂鄉之樹」（Cockaigne tree），取一根桿子，通常會抹上油，頂端會擺上像是火腿之類的獎品，等著能爬上來的人來取走。不過，更為殘酷的是被安樂鄉啟發的祖先，16至18世紀期間開始有了項名為「可吃下肚的紀念碑」（edible monument）傳統；節慶或是皇家慶典會使用食物打造各種建築物的夢幻之地，成堆麵包、各種起司、肉品和甜點建造起來的宏偉建築。義大利稱之為「cuccagna」，乃是貴族喜愛的消遣活動。

234頁所示圖畫的標題為《皇家廣場上的安樂鄉》（*Cuccagna posta sulla Piazza del Real Palazzo*），為雕刻家朱塞佩·瓦西（Giuseppe Vasi）之作。可見到1747年在拿坡里皇

宮前方，有這麼一座安樂鄉宮殿，這是為了慶賀卡洛斯國王（King Carlos，其英文譯名為「Charles」，因此又稱為查爾斯三世國王）喜獲長子菲利普（Filippo）。每一寸建築物都裝滿了食物：五花肉、義大利培根和燻火腿、成年的馬背起司（caciocavallo）、麵包和義大利醃火腿、活的母鳥、鵝、斑鳩，然後還有更多起司一路排滿通往丘陵的道路和欄杆。中間則是做了葡萄酒噴泉，左右兩側的兩根長桿是塗滿油的「cuccagna」，只要爬得上去的人就可以獲得桿子頂端成套的精美服飾。上層精英分子聚集前來，觀看成群的飢餓平民蜂擁而至（見於畫中兩側），進入到花園之後，所有的人在地上爭先恐後隨手抓食物塞入肚，可能還會為了食物大打出手，並努力多帶點食物離開，日後還可以繼續吃。有的時候，更可見到煙火來助興。

1747年11月16日，為了歡慶長子菲利普誕生，查爾斯三世（Charles III）國王委託雕刻家在拿坡里皇宮前面，建造《安樂鄉》（Coccagna）紀念碑。農民百姓獲准進到可以食用的花園裡大快朵頤，同時皇家貴族可觀賞取樂。

現今對於安樂鄉的夢想或許早已看淡，但就某層意義上來說，還是有可前往安樂鄉一遊的方法，至少可到其所遺留下來的足跡走走。荷蘭有兩處小鎮的名稱都是從「Cockaigne」（安樂鄉）演變而來，一是烏特勒支的科肯恩鎮（Kockengen, Utrecht），二是德列斯的庫康厄鎮（Koekange, Drenth）。14世紀左右的當地居民可真是精明，居然會想到用這一招來吸引人口與勞力前來開墾，要不然該地恐怕依舊會是個無趣的泥炭沼澤之地。

1606年的作品《描述安樂鄉》（*Description of the Land of Cockaigne*），左上方可見到鑽石與珍珠的瀑布，右上方可見到煮熟的肉品。

1743年的精美作品，有關於「幸福島」（Island of Felicity）的寓意地圖，據悉是出自約翰．馬丁．維斯（Johann Martin Weis）之手。此地圖是為了「幸福秩序」（l'Ordre de la Félicité）而做，該秘密組織於1740年代初期在法國成立，有些類似於共濟會。幸福島位在「野海」（Wild Sea）的南方，但在「討喜洋」（Favourable Sea）的北邊，其特色包含有設防的「完美幸福」（Perfect Happiness）城堡。要記得避開「異想天開之石」（Rocks of Caprice）、「誘惑之堤」（Banks of Temptation）、「大驚小怪之石」（Rocks of Prudery），然後便可以把矛下在各個不同的港口，有「財富」（Wealth）、「美貌」（Beauty）、「順從」（Complaisance）、「美德」（Virtue）、「平等」（Equality），當然還有「幸福」（Felicity），每個港口都有各自的路徑可以抵達「完美幸福」城堡。千萬要小心，可別在「才能之道」（Road of Talents）走上歧路了，也別在「歡樂沼澤」（Swamp of Pleasures）迷失了。

CARTE DE L'ISLE DE LA FELICITÉ
SAUVAGE
de Pruderie
Port de Vertu
Philosophie
Route d'Emulation
Harmonie
Salunes
Marais
Port d'Ennuie
Eceuil de l'Ennuy
des Plaisirs
Route des Innocents
Amour Propre
Cajollerie
Tour des Badinages
Montagne des honneurs
Banc de Tentation
le je ne sçay quoy
Route de la Timidité
Route de l'occasion Perdue
Route du Regenie
Port de la Felicité
R. d'Ambition
Eceuil de Ambition
Naufrage au Port
Eceuil de la Volupté
FAVORABLE

陶威的錫安鎮

DOWIE'S ZION

在為本書選擇最後一個討論地點時，我在想應該要找一個可以讓真心好奇的人，可以親身前往拜訪的地方，而這個地方當然就是美國的錫安鎮（Zion）了。該鎮的創建就是為了建立一處貨真價實的烏托邦，這實在是足以誘發人的好奇心。現今錫安鎮位在芝加哥市北方64公里處，整座城鎮都是由約翰．亞歷山大．陶威（John Alexander Dowie，生於1847年，卒於1907年）所創建，出生於英國愛丁堡的陶威是一位信仰上的治癒者，自稱是先知的化身，同時也被懷疑是位縱火犯。

身穿外袍的約翰．亞歷山大．陶威，自稱是復興萬事的以利亞，創辦了錫安鎮，同時也是靈療者。

1860年，陶威先是跟隨父母從蘇格蘭搬到澳洲，1872年被授予聖職成為牧師。過了10年，陶威掌管的教會信眾規模大到要劇院才坐得下，其自稱具有神奇的治癒力，這讓一小群雪梨人牢牢緊隨陶威。1880年代，陶威搬到墨爾本，有足夠的資金建造自己的禮拜堂，且開始到海外傳教，其在美國舊金山和芝加哥的傳教工作都相當成功。

1888年，陶威在墨爾本的教會離奇燒毀，而火災的保險賠償金額相當龐大，足以幫助陶威還清鉅額貸款後，逃往美國。這段時期的陶威身穿華麗外袍，自稱是「復興萬事」

錫安鎮現今的樣貌，依舊可見到陶威受英國國旗啟發的規劃設計。

（the Restorer）的先知以利亞（Elijah）的靈歸來了。陶威施行治癒能力時，收取高額的什一稅（tithe，指教會向成年教徒徵收的宗教稅）。許多公開團體多次想要證明陶威是個騙子，好關閉其教會，但卻都讓陶威的名聲更加響亮。

1901年，陶威掌管的基督天主使徒教會（Christian Catholic Apostolic Church）經營相當成功，乃致於有能力在芝加哥北部64公里，偷偷買下2428公頃的土地，用以建造自己的錫安鎮，做為個人與6000名追隨者的新家。錫安鎮是世界上少數幾個完整規劃之後才動工興建的城鎮，且其城鎮的規劃設計更是少見，因為陶威係依照英國國旗的圖案樣式來規劃整座城鎮，好做為其家鄉根源的象徵。至於街道的名稱更都是源自《聖經》，現有街道包含大馬士革（Damascus）、底波拉（Deborah）、以便以謝（Ebenezer）、以琳（Elim）、以利亞（Elijah）、以利沙（Elisha）、以馬忤斯（Emmaus）、以諾（Enoch），以及加利利大道（Galilee Avenue）；錫安鎮北面由東至西的邊界，皆算是伯利恆大道（Bethlehem Avenue）。

陶威印製這些彩色傳單，隨處發送宣傳其樂園城鎮的愉快人生。

整個錫安鎮都歸陶威所有，不過選擇前來定居的住民享有1100百年的租約（100年是要在基督的新國度裡服事，而1000年是可享受基督千年主宰，之後人應該就要重生了）。陶威施行鐵律方式掌管整個烏托邦，幾乎所有在外面世界能享受到的日常趣味都已被禁止，像是賭博、跳舞、棒球、足球、咒罵、吐口水、看戲、馬戲團、飲酒、抽菸、戲水、吃豬肉、吃生蠔、看病拿藥、從政活動，還有不知為何要禁止的咖啡色鞋子。

錫安鎮警察腰間上的皮套全都是一邊裝警棍，另一邊帶著《聖經》，警帽上印有鴿子和大大的字樣「PATIENCE」（耐心）。如此有權勢的陶威，其個人資產高達數百萬美元，在世界各地還擁有5萬名追隨群眾。湯瑪斯．鮑爾．歐康納（T. P. O'Connor），既是愛爾蘭議員又是名作者的他如此寫道：「這位仁兄有著偉大的成就，其中有一點相當費解，那就是他的個人生活相當奢華，但同時卻又拒絕交代解釋託付給他的錢財總額有多少。」歐康納實在是搞不懂陶威的成功之道：

光是他的馬匹就價值連城，馬車軸承上還印製了徽章，且據傳他的夫人穿戴鋪張華麗、宛如女王。這麼一位謙

1903年10月4日《帕克雜誌》（*Puck*）的一幅諷刺卡通圖畫，站在中間的是約翰．亞歷山大．陶威，身穿巫師的服裝，提供拯救和其他商品給一群群易受騙上當的顧客。

遜簡樸的先知出門旅行時，身邊的侍從猶如一支小軍隊，乘坐的是特製火車。每當屬靈重擔太大的時候，他就會前往恬靜的鄉間住所，逃離信眾的再三請求與抱怨。

1905年，陶威中風後，搬到墨西哥去靜養。離開的這段期間，陶威被教會內的第二把交椅威伯．葛倫．華里瓦（Wilbur Glenn Voliva）給罷免了，理由是華里瓦發現陶威私吞了錫安鎮公款300萬美元。1907年，陶威過世，葬在錫安鎮上的湖邊墓園（Lake Mound Cemetery）。不過，非常奇妙的是，錫安鎮的故事並未就此畫上休止符。

縱使華里瓦沒有自稱是先知，也沒有神秘的治癒能力，但卻同樣有著各種古怪的行為。說是要擔負起責任，幫助錫安鎮脫離腐敗，所以施行了更為嚴格的管制規定，就連誰跟誰結婚都要管。凡是在錫安鎮抽上一根菸的人，就會被貼上「可憎之人」的標籤——其實，華里瓦在1915年建造了世界上第一面反對抽菸的大型廣告。此外，華里瓦也積極宣揚他最看重的一條宗教信念，且錫安鎮宗教法典奉之為神聖，這條信念就是「地球」這概念是個謊言，因為經文清楚說明這地是平的。1914年，華里瓦還大肆懸賞5000美元給能證明這地不是平的人，但這筆獎賞從未給出去。

最後，錫安鎮的居民了解到，在華里瓦的管理之下，

威伯．葛倫．華里瓦在伊利諾州（Illinois）錫安鎮打造的大型廣告招牌，歷史上首個禁菸廣告招牌之一；陶威和華里瓦同樣認為吸菸的人是「可憎之人」。

情況並沒有比在陶威的治理之下好過。1927年，華里瓦被抓到私吞公款，金額比前任牧師還要多，高達500萬美元。小鎮的治理權回到人民的手上，且居民還速速投票通過強制車子要貼上印有地球是圓的之標誌，如此一來，華里瓦也被迫得貼上這麼一張貼紙了。縱使華里瓦聲稱，因為自己食用了巴西豆和白脫牛奶，因此可以活到120歲，但是他在1942年就過世了，死前痛哭流涕地承認自己私吞公款，也對自己其他不當行為懺悔。今日的錫安鎮人口約有2萬5000人，鎮上還有演員凱文．科斯納所投資之棒球隊「外野手」（the Fielders team）的棒球館預定地。藉此，我們都上了一課，地上的樂園和那純真的簡單奢華，總是會讓尋求樂園的人得不到所要，縱使是他們自己親手打造的樂園也一樣無用。

威伯．葛倫．華里瓦是錫安鎮的屬靈嚮導，此圖是華里瓦所堅信的世界。此作品《聖經裡的世界地圖》（*Bible map of the world*）是教授奧蘭多．佛格森（Orlando Ferguson）於1893年所完成的扁平四方地球，依據的是《啟示錄》7章1節經文「地的四極」之字面含義。由於相信地球是靜止的，因此在右邊畫了一名男性卡通人物緊抓住速度飛快的星球，並諷刺寫道：「這些人以每小時10萬4600公里的速度，繞著地球中心飛行（他們心裡真是這樣認為）！想想看這速度吶！」

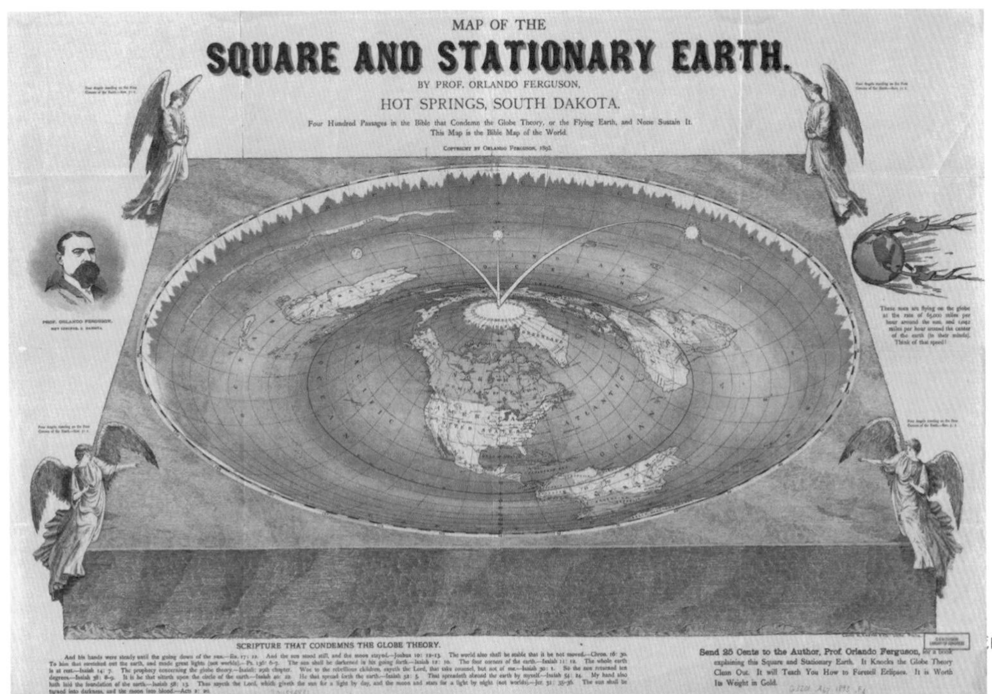

結語

這本書該如何收尾呢？對但丁這位創建死後世界的主建築師而言，《神曲》這趟旅途的終點當然只有一個。在最後一篇詩章中，詩人但丁最終遇到了神，其樣貌是三層光圈的形式：

在那顯耀光芒的光輝深處，我遇見三道圈；三圈各有不同的顏色，但尺寸大小一致；似乎是一圈反射另一個圈，就像彩虹旁邊還有一道彩虹那般，而第三圈好似另外兩個圈均等噴出的火。

在這幾個閃爍發光的光圈之中，但丁只能看到了基督的輪廓，每當想要領悟三位一體的神性與人性時，便感覺浸沐在那些光裡。意識到這一點時，那是股像浪一樣的感覺，一道橫掃而來的理解力，就連他自己也無法言喻，而但丁的靈魂包裹、浸潤在神的愛裡，這一段催生出文學之中甚為美麗的文字：

然而，我的渴求與願望像輪子一樣在轉動，維持定速動著，這是被愛推動的，也是這份愛讓太陽和星星移動。

我的看法是，雖然我們無法看透那隱藏在神秘面紗之下的謎團，但仍有許多詩詞值得我們去挖掘。就我個人而言，731年可敬的畢德（Venerable Bede）之著作《英國民族教會史》（*Ecclesiastical History of the English People*），用了非常美麗的詞彙敘述此一觀點；畢德談到，諾桑比亞的愛德溫國王（King Edwin of Northumbria）於627年慎重考慮是否要接受基督信仰，討論期間裡，有個人給人終有一死打了個比方。外頭是雨雪交雜的暴風，燕子飛翔穿越亮燈的廳廊：「這隻燕子從一扇門飛進來，立即又從另一扇門飛了出去。在廳廊裡頭的燕子是安全的，躲開了寒冬暴風雪。不過，短暫享受平靜之後，燕子又消失無蹤，飛進一個又一個的寒冬去了。人類的生命是短暫的，至於之後會發生什麼事，又或是之前發生過什麼事情，我們都無從知曉。」

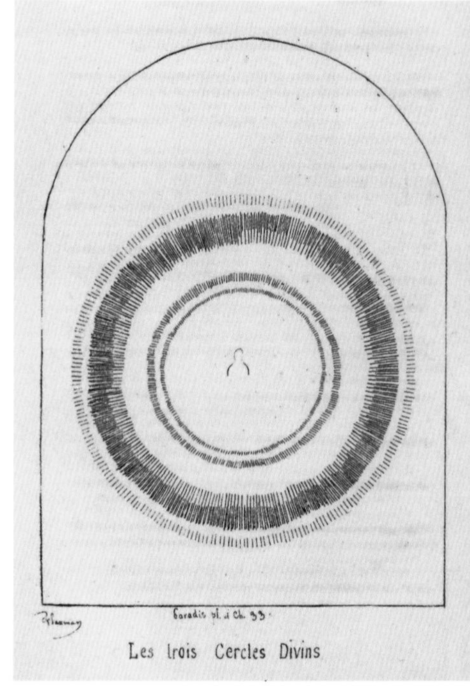

上圖：《神曲》裡，但丁最後遇到了以三環光圈形式現身的神，而此圖是約翰．弗拉克斯曼（John Flaxman）詮釋1846年版《神曲》的作品。

右頁圖：《死亡之舞》（*The Dance of Death*），17世紀方濟會裡的嚴修會（Observant Franciscans，又稱「小兄弟會」〔Order of Friars Minor〕）委託製作的作品，放置於教堂的祭衣聖器儲藏室，提醒人必有死的一日。

第244、245頁圖：《聖安東尼的誘惑》（*The Temptation of St Anthony*），約完成於1729年，皮耶．皮柯爾（Pierre Picault）接續雅克．卡洛（Jacques Callot）之作。圖中，當撒旦從天墜落時，聖安東尼從自己的洞穴裡（右下方）被拖拉出來。

Pabst
Keyser
König
Cardinal
Des Pabsts gewalt den Tod nicht halt.
Das Haupt der Welt dem Tod heimfält.
Das Haupt gekront der Tod nicht schont.
Den Cardinal ich auch hin hol.
Narr
Bischoff
Der Tod Christi zunicht hat gemacht
Den Tod, und Leben wider bracht.
Kindt Narrn zugleich gehören in mein reich.
Bader, Bischoff, führ ich aufn Freythoff.
Kriegsman
Herzog
Den Todt und ewige Höllische Pein
Hat verursagt die Sünd allein.
Kriegsman, Bettler, gleich halten her.
Seyst Herr oder Fürst dem Tod zletzt wirst.
Baur
Bürger
Edelman
Graff
Der Baur auch muss unters Tods Füss.
Kein Mensch hie hat ein bleibend Statt.
Kein Edel Blut von Todt behüt.
In Graff und Knecht der Tod hat recht.

致謝

我要向每一位提供不可或缺之協助的朋友們致謝，有你們這本書才得已完成：謝謝 Kingsford Campbell 圖書公司的查理・坎貝爾（Charlie Campbell），謝謝Simon & Schuster 出版社的伊恩・馬歇爾（Ian Marshall），也要謝謝蘿拉・尼柯爾（Laura Nickoll）和基思・威廉斯（Keith Williams）不辭辛勞製作出這麼美麗的一本書。謝謝 Franklin Brooke-Hitching 公司忍受我數年來提出的各種疑問，也謝謝我家人的全力支持。還要謝謝艾力克斯・安斯提（Alex Anstey）、阿列克斯・安斯提（Alexi Anstey）、傑森・黑斯力（Jason Hazely）、黛西・雷洛米賓斯（Daisy Laramy-Binks）、梅根・羅森布魯（Megan Rosenbloom）、林姿・費茲哈里斯（Lindsey Fitzharris）、馬特・特勞頓（Matt Troughton）、賈馬・特勞頓（Gemma Troughton）、查理・特勞頓（Charlie Troughton）、喬治・哈利特（Georgie Hallett）、西雅・里茲（Thea Lees），更要謝謝《QI》節目組的夥伴：約翰・洛伊（John Lloyd）、沙拉・洛伊（Sarah Lloyd）、可可・洛伊（Coco Lloyd）、皮爾斯・弗萊徹（Piers Fletcher）、詹姆士・哈金（James Harkin）、艾力克斯・貝爾（Alex Bell）、愛麗絲・坎貝爾・戴維斯（Alice Campbell Davies）、傑克・錢伯斯（Jack Chambers）、安妮・米勒（Anne Miller）、安德魯・杭特・莫里（Andrew Hunter Murray）、安娜・楚申斯基（Anna Ptaszynski）、詹姆士・羅森（James Rawson）、丹・史瑞伯（Dan Schreiber）、麥克・特納（Mike Turner）、桑迪・塔克斯格（Sandi Toksvig）。

我特別要感謝所有願意慷慨分享專才的朋友，願意讓一幅幅精彩圖畫於本書重現，特別是：Daniel Crouch Rare Books and Maps 公司的丹尼爾・克勞奇（Daniel Crouch）和尼克・崔敏（Nick Trimming）、Sotheby 公司的理查・法托里尼（Richard Fattorini）、美國麻州 Boston Rare Maps 公司的全體員工，以及阿根廷首都布宜諾斯艾利斯 HS Rare Books 公司的全體員工。另外，我也要謝謝各個機構單位的熱情協助，有大英圖書館（British Library）、紐約大都會博物館（the Metropolitan Museum of Art）、美國國會圖書館（the Library of Congress）、紐約公共圖書館（the New York Public Library）、英國威爾康收藏館（the Wellcome Collection）、美國約翰・卡特・布朗圖書館（the John Carter Brown Library）。

精選參考書目

Abbott, D. P. (1907) *Behind the Scenes with the Mediums*, London: Kegan Paul & Co.

Albinus, L. (2000) *The House of Hades: Studies in Ancient Greek Eschatology*, Aarhus: Aarhus University Press

Almond, P. C. (2016) *Afterlife: A History of Life After Death*, London: I. B. Tauris & Co.

Almond, P. C. (1994) *Heaven and Hell in Enlightenment England*, Cambridge: Cambridge University Press

Barrett, Sir W. (1917) *On the Threshold of the Unseen*, London: Kegan Paul & Co.

Beard, M. (ed.) & Rose, J. (ed.) & Shotwell, S. (ed.) (2011) *A Swedenborg Sampler*, West Chester: Swedenborg Foundation

Brandon, S. G. F. (1967) *The Judgment of the Dead*, London: Weidenfeld & Nicolson

Brown, P. (2015) *The Ransom of the Soul: Afterlife and Wealth in Early Western Christianity*, London: Harvard University Press

Bruce, S. G. (2018) *The Penguin Book of Hell*, New York: Penguin Books

Budge, E. A. W. (1975) *Egyptian Religion: Ideas of the Afterlife in Ancient Egypt*, London: Routledge & Kegan Paul

Budge, E. A. W. (1905) *Egyptian Heaven and Hell*, La Salle: Open Court Publishing

Burnet, T. (1739) *Hell's torments not eternal*, London

Casey, J. (2009) *After Lives: A Guide to Heaven, Hell, & Purgatory*, Oxford: Oxford University Press

Cavendish, R. (1977) *Visions of Heaven and Hell*, London: Orbis Publishing

Chadwick, H. (1966) *Early Christian Thought and the Classical Tradition*, Oxford: Clarendon

Clark, T. J. (2018) *Heaven on Earth: Painting and the Life to Come*, London: Thames & Hudson

Copp, P. (2018) *The Body Incantatory: Spells and the Ritual Imagination in Medieval Chinese Buddhism*, New York: Columbia University Press

Dalley, S. (trans.) (1989) *Myths from Mesopotamia: Creation, The Flood, Gilgamesh and Others*, Oxford: Oxford University Press

Dawes, Sir W. (1707) *The Greatness of Hell-Torments. A sermon preach'd before King William, at Hampton-Court*, London: H. Hills

Delumeau, J. (1995) *History of Paradise: The Garden of Eden in Myth & Tradition*, New York: Continuum

Ebenstein, J. (2017) *Death: A Graveside Companion*, London: Thames & Hudson

Eco, U. (2013) *The Book of Legendary Lands*, London: MacLehose Press

Ehrman, B. D. (2020) *Heaven and Hell: A History of the Afterlife*, London: Oneworld

Gardiner, E. (2013) *Egyptian Hell: Visions, Tours and Descriptions of the Infernal Otherworld*, New York: Italica Press

Gardiner, E. (2013) *Hindu Hell: Visions, Tours and Descriptions of the Infernal Otherworld*, New York: Italica Press

Gardiner, E. (1989) *Visions of Heaven & Hell Before Dante*, New York: Italica Press

Gearing, W. (1673) *A Prospect of Heaven; or, a treatise of the happiness of the Saints in Glory*, London: T. Passenger and B. Hurlock

Gordon, B. (ed.) & Marshall, P. (ed.) (2008) *The Place of the Dead: Death and Remembrance in Late Medieval and Early Modern Europe*, Cambridge: Cambridge University Press

Guggenheim, W. & Guggenheim, J. (1995) *Hello from Heaven!*, New York:

Bantam Books
Hall, W. J. (1843) *The Doctrine of Purgatory and the Practice of Praying for the Dead*, London: Henry Wix
Hartcliffe, J. (1685) *A Discourse Against Purgatory*, London
Hornung, E. (1999) *The Ancient Egyptian Books of the Afterlife*, Ithaca: Cornell University Press
Johansen, M. (2015) *The Geography of Heaven*, Monroe: Electric Tactics
Kajitani, R. & Kyosai K. & Nishida, N. (2017) *Hell in Japanese Art*, Tokyo: PIE International
Kroonenberg, S. (2011) *Why Hell Stinks of Sulphur: Mythology and Geology of the Underworld*, London: Reaktion Books
Law, B. C. (2004) *Heaven and Hell in Buddhist Perspective*, New Delhi: Pilgrims Publishing
Le Goff, J. (1981) *The Birth of Purgatory*, Chicago: University of Chicago Press
Levin, H. (1972) *The Myth of the Golden Age in the Renaissance*, Oxford: Oxford University Press
Lipner, J. (2019) https://www.bl.uk / sacred-texts / articles / the-hindu-sacred-image-and-its-iconography
Lucian, (trans.) A. M. Harmon *Works of Lucian* (1913), London: Loeb
MacGregor, G. (1992) *Images of Afterlife: Beliefs from Antiquity to Modern Times*, New York: Paragon House
Markos, L. (2013) *Heaven and Hell: Visions of the Afterlife in the Western Poetic Tradition*, Eugene: Cascade Books
Mercer, S. A. B. (1949) *The Religion of Ancient Egypt*, London: Luzac
Messadié, G. (1996) *A History of the Devil*, New York: Kodansha
Mirabello, M. L. (2016) *A Traveler's Guide to the Afterlife*, Rochester: Inner Traditions
Oldridge, D. (2012) *The Devil: A Very Short Introduction*, Oxford: Oxford University Press
Paparoni, D. (2019) *The Art of the Devil: An Illustrated History*, Paris: Cernunnos
Pleij, H. & Webb, D. (trans.) (2001) *Dreaming of Cockaigne: Medieval Fantasies of the Perfect Life*, New York: Columbia University Press
Russell, J. B. (1997) *A History of Heaven: The Singing Silence*, Princeton: Princeton University Press
Scafi, A. (2013) *Maps of Paradise*, London: British Library
Schall, J. V. (2020) *The Politics of Heaven and Hell: Christian Themes from Classical, Medieval, and Modern Political Philosophy*, San Francisco: Ignatius Press
Spufford, F. (ed.) (1989) *The Vintage Book of the Devil*, London: Vintage
Stanford, P. (2002) *Heaven: A Traveller's Guide to the Undiscovered Country*, London: HarperCollins
Stanford, P. (1998) *The Devil: A Biography*, London: Arrow Books
Thigpem, P. (2019) *Saints Who Saw Hell: And Other Catholic Witnesses to the Fate of the Damned*, Charlotte: Tan Books
Took, J. (2020) *Dante*, Princeton: Princeton University Press
Turner, A. (1993) *The History of Hell*, New York: Harcourt Brace & Co.
Wiese, W. (2006) *23 Minutes in Hell: One Man's Story about What He Saw, Heard, and Felt in that Place of Torment*, Lake Mary: Charisma House
Zaleski, C. G. (1987) *Otherworld Journeys: Accounts of Near-Death Experience in Medieval and Modern Times*, Oxford: Oxford University Press

圖片來源

PP1, 58 Norman B. Leventhal Map Center; P3 John Carter Brown Library; P4 British Library; P6 The Society of Antiquaries of London; INTRODUCTION; P9 Princeton University Library; P11 (both images) Biblioteca Nacional de España/Wikipedia.co.uk; PP12-13 State Art Gallery, Karlsruhe; P14 (both images) Library of Congress; P15 Seville University Library; P16 Boston Public Library; P17 Houghton Library, Harvard University; PART ONE: HELLS AND UNDERWORLDS; PP18-19 (background image) Heidelberg University Library; P19 Jahuey, Wikipedia.co.uk; P20 (top) © The Trustees of the British Museum; PP20-21 Keith Schengili-Roberts; P21 (top) Werner Forman / Universal Images Group / Getty Images; P22 Rama, Wikipedia.co.uk; P23 (top) © The Trustees of the British Museum; P23 (bottom) Chipdawes, Wikipedia.co.uk; P24 BabelStone, Wikipedia.co.uk; P25 Jastrow, Wikipedia.co.uk; P26 Rosemaniakos; P27 (both images) Marie-Lan Nguyen; P28 Edward Brooke-Hitching; P29 Smithsonian; PP30-31 (all images) Princeton University Library; P33 Victoria and Albert Museum, London; P34 British Library; P36 British Library; P37 Los Angeles County Museum of Art; P39 Anishshah19, Wikipedia.co.uk; PP40-41 Nara National Museum (public domain); P42 Wellcome Library; P44 Himalayan Art Resource; P45 Michael Gunther, commons.wikimedia.org; P47 Wellcome Collection; P48 (left) New York Public Library; P48 (right) Edward Brooke-Hitching; P49 Wellcome Library; P50 Metropolitan Museum of Art; P51 Museum De Lakenhal, Leiden; PP52-53 Museo Nacional del Prado; P54 Rijksmuseum; P55 (top) Remi Mathis; P55 (bottom) The J. Paul Getty Museum, Villa Collection, Malibu, California; gift of Lenore Barozzi; P56 British Library; P57 Robarts Library, University of Toronto; P59 (top) Royal Danish Library; P59 (bottom) National and University Library of Iceland; P60 Christie's; P62 Free Library of Philadelphia; P64 Metropolitan Museum of Art; P65 The David Collection, Copenhagen / Pernille Klemp / Wikipedia.co.uk; PP66-67 National Museum of India; P68 Ark in Time, flickr.com; P69 Museum of Fine Art Houston (Public domain); P70 (top) Public domain; P70 (bottom) Metropolitan Museum of Art; P71 Public domain; P72 (left) Public domain; P72 (right) Heritage Image Partnership Ltd / Alamy Stock Photo; P73 (top) Museo Larco, Lima, Perú. ML0044199; P73 (bottom) Metropolitan Museum of Art; P74 Metropolitan Museum of Art; P75 Yorck Project; P76 Cornell University Library; P77 Courtesy of the Vatican Museums; P78 Heidelberg University; P80 Brooklyn Museum; P81 National Gallery of Art, Washington; PP82-83 British Library; P85 Condé Museum; PP86-87 Edward Brooke-Hitching; P90 The Pierpont Morgan Library © Photo SCALA, Florence; P91 (top) J. Paul Getty Museum; P91 (bottom) British Library; P92 PHGCOM, Wikipedia.co.uk; P93 British Library; P94 The Warburg Institute; P95 Yorck Project; P96 Public domain; P97 Luca Aless; P98 British Library; P99 Národní museum; P100 Rijksmuseum; P101 Wellcome Collection; P102 (top) Cantor Arts Center, Stanford University; P102 (bottom) Luc Viatour; P103 (left) Library of Congress; P103 (right) Edward Brooke-Hitching; P104 Public domain; PP106-107 (all images) British Library; P108 Cornell University Library; P109 (top) British Library; P109 (bottom) Cornell University Library; PP112-113 (all images) Cornell University Library; PP114-115 Vatican Library; P116 Metropolitan Museum of Art; P117 Wellcome Library; PP118-119 National Museum, Gdańsk; P120 Yorck Project; P121 University of California Libraries; P122 LivioAndronico, Wikipedia.co.uk; P123 Daniel Crouch Rare Books; P124 Credit unknown; P125 (top) Barry Lawrence Ruderman Antique Maps; P125 (bottom) Beinecke Library; PP126-127 (all images) John Carter Brown Library; P128 Jeremyboer,

Wikipedia.co.uk; P130 Library of Congress; PART TWO: LIMBO, PURGATORY AND OTHER MIDWORLDS; PP132-133 (chainmail) Metropolitan Museum of Art; PP132-133 (background image) Indianapolis Museum of Art; P135 Nyingma Lineage; P137 Museu Nacional d'Art de Catalunya; P138 Indianapolis Museum of Art; P139 (bottom) Frick Museum, NYC / Barbara Piasecka Johnson Collection; P141 Thomas Fisher Rare Book Library; P142 Yorck Project; P143 Cornell University Library; P145 British Library; P146 Condé Museum; P147 Yorck Project; PART THREE: HEAVENS, PARADISES AND UTOPIAS; PP148-149 Sonia Chaoui; P150 Metropolitan Museum of Art; P151 Bristol Culture / Bristol Museum & Art Gallery; P152 Metropolitan Museum of Art; P154 Victoria and Albert Museum, London; P155 British Library; PP156-157 British Library; P158 (top) Los Angeles County Museum of Art; P158 (bottom) Robarts Library, University of Toronto; P159 Arthur M. Sackler Gallery, National Museum of Asian Art; P160 British Library; P161 Wellcome Library; P162 (both images) Library of Congress; P163 Rubin Museum of Art, Gift of Shelley and Donald Rubin, C2006.66.509 (HAR 977); P164 Metropolitan Museum of Art; P165 (both images) New York Public Library; P166 Metropolitan Museum of Art; P168 National Museum of Norway; P169 Rijksmuseum; P171 (top) Phillips Collection; P171 (bottom) © Alfredo Dagli Orti/Shutterstock; P173 (top) Collection of the Royal Academy of Painting and Sculpture; P173 (bottom) Michael Johanning; PP174-175 (all images) Walters Art Museum; P176 Metropolitan Museum of Art; P177 The Bodleian Libraries, University of Oxford, MS. Arch. Selden. A. 72 (3); P179 Thomas Aleto; P180 Teseum, Wikipedia.co.uk; P181 FAMSI; P183 Mestremendo, Wikipedia.co.uk; P184 Illustrated double folio from the 'Nahj al-Faradis', commissioned by Sultan Abu Sa'id Gurkan, Timurid Herat, c.1465 (opaque pigment & gold on paper), Islamic School, (15th century) / Private Collection / Photo © Christie's Images / Bridgeman Images; P185 Walters Art Museum; PP186-187 David Collection; P189 Walters Art Museum; P190 De Agostini Editore/agefotostock; P191 Árni Magnússon Institute, Iceland; P192 (top) Berig, Wikipedia.co.uk; P192 (bottom) National Museum of Denmark; P193 (top) NTNU University Museum CC BY-NC-ND 4.0; P193 (bottom) Wiglaf, Wikipedia.co.uk; P194 British Library; P195 Edward Brooke-Hitching; P196 Metropolitan Museum of Art; P197 Ghent University Library; P198 Pvasiliadis / Wikipedia.co.uk; P199 Metropolitan Museum of Art; P200 (top) British Library; P201 British Library; P202 Yorck Project; P203 Cornell University Library; PP206-207 Rijksmuseum; P208 Gallerie dell'Accademia, Venice; PP210-211 Royal Museums of Fine Arts of Belgium, Brussels; PP214-215 Edward Brooke-Hitching; P216 (left) Wikipedia.co.uk, public domain; P218 Cornell University; P219 British Library; P220-221 Prado Museum; P222 Mauritshuis, The Hague; P223 British Library; P224 Beinecke Rare Book & Manuscript Library; P225 Barry Lawrence Ruderman Antique Maps; P226 Folger Shakespeare Library; P228 Folger Shakespeare Library; P229 Paul Hermans; P230 Yorck Project; P231 Barry Lawrence Ruderman Antique Maps; PP232-233 (both images) Getty Research Institute; P234 National Gallery of Art; P235 Wellcome Collection; PP236-237 Image courtesy of Boston Rare Maps, Southampton, Mass., USA and HS Rare Books, Buenos Aires, Argentina; P238 (top) Public domain; P238 (bottom) © OpenStreetMap contributors; P239 Public domain; P240 Library of Congress; P241 (top) Public domain; P241 (bottom) Library of Congress; P242 State Library of Pennsylvania; P243 Wellcome Collection; PP244-245 Met Museum.

Every effort has been made to find and credit the copyright holders of images in this book. We will be pleased to rectify any errors or omissions in future editions.

2AB728

地獄地圖

天堂、煉獄、生命交界，靈魂歸處的終極解答

The Devil's Atlas: An Explorer's Guide to Heavens, Hells and Afterworlds

作　　者：愛德華・布魯克希欽 Edward Brooke-Hitching
譯　　者：吳盈慧
責 任 編 輯：張之寧
內 頁 設 計：家思編輯排版工作室
封 面 設 計：任宥騰
行 銷 企 畫：辛政遠、楊惠潔
總　編　輯：姚蜀芸
副　社　長：黃錫鉉
總　經　理：吳濱伶
發　行　人：何飛鵬
出　　版：創意市集
發　　行：英屬蓋曼群島商家庭傳媒股份有限公司城邦分公司
香港發行所：城邦（香港）出版集團有限公司
香港灣仔駱克道 193 號東超商業中心 1 樓
電話：（852）25086231
傳真：（852）25789337
E-mail：hkcite@biznetvigator.com
馬新發行所：城邦（馬新）出版集團
Cite (M) Sdn Bhd
41, Jalan Radin Anum, Bandar Baru Sri Petaling,
57000 Kuala Lumpur, Malaysia.
電話：（603）90578822
傳真：（603）90576622
E-mail：cite@cite.com.my
展 售 門 市：台北市民生東路二段 141 號 7 樓
製 版 印 刷：凱林彩印股份有限公司
初 版 一 刷：2022 年 3 月
I　S　B　N：978-986-0769-69-2
定　　價：950元

客戶服務中心
地　　址：10483 台北市中山區民生東路二段 141 號 2F
服務電話：（02）2500-7718、（02）2500-7719
服務時間：週一至週五 9：30～18：00
24 小時傳真專線：（02）2500-1990～3
E-mail：service@readingclub.com.tw

國家圖書館出版品預行編目（CIP）資料

地獄地圖：天堂、煉獄、生命交界，靈魂歸處的終極解答 / 愛德華・布魯克希欽（Edward Brooke-Hitching）作；吳盈慧譯. -- 初版. -- 臺北市：創意市集出版：英屬蓋曼群島商家庭傳媒股份有限公司城邦分公司發行, 2022.03

面：　公分

譯自：The devil's atlas : an explorer's guide to heavens, hells and afterworlds

ISBN 978-986-0769-69-2（精裝）

1. CST: 死亡　2. CST: 地獄　3. CST: 靈界

215.7　　110021891